行动学习实战指南

石鑫/著

清華大學出版社
北京

内容简介

本书详细阐述了开展行动学习项目的核心方法论和关键技术，对各类行动学习项目的实操要点做了深入的解读，并提供了大量实操工具和案例。

如何破解培训不落地的难题？如何运用行动学习创造组织绩效？如何运用行动学习为团队赋能突破团队绩效目标？如何运用行动学习推进组织战略落地？如何运用行动学习探索新的商业模式？如何运用行动学习发展干部的领导力？如何运用行动学习建设学习型组织？如何运用行动学习推进组织转型变革？如何成为一位合格的行动学习促动师？本书深入剖析问题本质，提供了针对性的方法论，对方法论原理进行了解读，并通过实战案例进行了示范。

行动学习很简单，一个难题、一个小组就可以起步；行动学习很不简单，不理解项目设计的底层原理，“照猫画虎”的最大可能是又把行动学习变成了培训。因此，如何有效地在组织中开展行动学习，真正实现组织绩效和团队能力的共同提升，这是所有试图引入行动学习的组织所关心的问题。本书为准备引入行动学习的组织，提供了实施各类行动学习项目的实战指导。

图书在版编目(CIP)数据

行动学习实战指南 / 石鑫 著. —北京：清华大学出版社，2019(2024.9重印)
ISBN 978-7-302-52255-3

Ⅰ. ①行…　Ⅱ. ①石…　Ⅲ. ①企业管理—职工培训—指南　Ⅳ. ①F272.92-62

中国版本图书馆 CIP 数据核字(2019)第 018844 号

责任编辑：施　猛
封面设计：熊仁丹
版式设计：方加青
责任校对：牛艳敏
责任印制：刘海龙

出版发行：清华大学出版社
网　　址：https://www.tup.com.cn，https://www.wqxuetang.com
地　　址：北京清华大学学研大厦A座　　**邮　　编**：100084
社 总 机：010-83470000　　**邮　　购**：010-62786544
投稿与读者服务：010-62776969，c-service@tup.tsinghua.edu.cn
质 量 反 馈：010-62772015，zhiliang@tup.tsinghua.edu.cn
印 装 者：三河市人民印务有限公司
经　　销：全国新华书店
开　　本：180mm×250mm　　**印　　张**：23　　**字　　数**：477千字
版　　次：2019年2月第1版　　**印　　次**：2024年9月第10次印刷
定　　价：68.00元

产品编号：080019-01

代序

以行动学习的方式感悟行动学习

三年前，我与行动学习公式【AL(行动学习)=P(结构化知识)+Q(质疑)+R(反思)+I(实践)】的提出者迈克尔·马奎特教授对话时，曾经调侃他的公式有侵犯中国的知识产权之嫌疑，因为《中庸》的“博学之，审问之，慎思之，明辨之，笃行之”这句话和行动学习公式有极大的相通和相似之处。马奎特很坦诚地说，他认为行动学习最原始的思想源自孔子，孔子的游学可以说是最初始的行动学习。

当时，我就萌生了一个愿望，条件成熟时，要邀请有志于行动学习事业的同道们以行动学习的方式去感悟行动学习。也许，游学是真正回归本源的行动学习方式。

行动学习强调场域与非线性的思维模式，而大自然是最大和最原始的场域，自然界的运行模式也是最大和最原始的非线性思维模式。

这个愿望后来于2018年秋天达成了。一群行动学习的忠实粉丝在广州白云山脚下展开激烈的研讨，并开启半年的游学式行动学习项目实践。本书的作者石鑫老师和我是这个项目的发起人，整个研讨的流程源于石鑫老师推荐的《U型理论——感知正在生成的未来》一书，有意思的是本书本身也是游学的产物。

学习型组织理论的开创者彼得·圣吉有一位合作伙伴，叫奥托·夏莫，两人以游学的方式不定期地邀请一群同道，在山水之间，在亲近自然的场所，开展游学式的深度会谈，历时一年半。后来，两人合著了《第五项修炼·心灵篇》一书，奥托·夏莫创建了U型理论，并撰写了《U型理论——感知正在生成的未来》一书，由彼得·圣吉写序。

石鑫老师的《行动学习实战指南》一书的内容是游学中大家的精神粮食，也带给了我一些灵感，开启了我的行动学习第二本专著的写作之旅，收获颇丰。

所以，建议行动学习的爱好者们，带上石老师的这本书，找一个亲近大自然的地方阅读，与同道们深度研讨，在工作甚至生活中践行，一定会带给你不一样的体会和收获。

是以为序，共同践行：行动学习。

刘永中

众行集团创始人

众行行动学习研究院　首席顾问

前言

这是我写的第三本书，也是我的第三本行动学习专著。

这是一本以本土案例为主体，系统解读行动学习的实践之作，也是一本全面阐述行动学习理论、方法论和工具的实战指南。

一、为什么要写这本书

与两年前我创作《搞定不确定——行动学习给你答案》一书时相比，行动学习已被较多的中国企业认可和接受，部分企业已开始尝试引入行动学习，这是一个令人欣喜的现象。然而，令人沮丧的是，不少企业所谓的引入行动学习，仅仅是将其当作培训的一种，与真正的行动学习相距甚远。究其原因，作为企业最有机会接触行动学习的“窗口”——人力资源管理者，其实并没有真正搞懂行动学习究竟是什么，只是望文生义地认为“行动学习”就是“行动力学习”，将其作为一种提升行动力的培训。

作为诞生已逾80年，已广为世界500强企业认可的人才发展方式，行动学习有着非常系统的理论体系和方法论体系，然而受限于传入中国为时尚短，而且作为了解行动学习的重要载体——行动学习相关书籍，迄今也不过十余本而已。国外著作过于学术，翻译又晦涩难读，本土原创众说纷纭，不少观点已背离了行动学习的本意，所以，广大人力资源管理者虽多闻行动学习之名，却不识行动学习“真面目”也就在情理之中。

与企业人力资源管理者交流时经常听到一个声音，期望推荐一本以中国本土实践为主体，系统、全面地介绍行动学习理论和方法的实战指南，所以我创作了这本书。

二、这本书写给谁看

本书是专业书籍，不是大众读物，给出的是对症药方、长效机制，不是心灵鸡汤、励志“鸡血”，本书适合以下两类读者。

1. 为培训无法创造绩效而倍感困惑的培训管理者

如果你是位培训经理，不妨想象一下，年终述职会上，公司的总经理突然问你：“你花了公司这么多钱，到底创造了多少可量化的绩效？”你有答案吗？根据我五年来对上千名培训管理者的调研，99%的被访者无法给出确切的答案。如果你也属于这99%，且正为此倍感困惑，那么本书会给出不一样的思路，因为行动学习项目不是空对空地搞培训，而是直接针对绩效的达成展开的、典型的“在战争中学习战争，在游泳中学习游泳”的全新实战模式。通过在组织中推行行动学习项目，可以让培训工作直接推动组织绩效目标的达成。

2. 为绩效无法突破而夜不能寐的企业管理者

毋庸置疑，组织一切有效行为的目标都应该是创造绩效，然而绝大多数组织的结果却并不理想，在绩效预期与实际结果之间有一条横亘其间的鸿沟，这条鸿沟让无数对未来的洞见没法落地，也让无数的组织错失了先机，让无数的管理者夜不能寐。如果你也是上述管理者中的一员，你将从本书中受益，因为行动学习是“绩效、能力双轮驱动”的组织发展全新范式，是以“突破绩效难题”为载体的人才发展方式，可以为管理者提供有效的管理抓手，并在突破绩效的过程中实现员工的能力提升。

三、这本书包含哪些内容

作为一本实战指南类书籍，本书着重阐述各类行动学习项目的原理、方法论、工具和案例实践。本书共包括四部分内容。

第1部分为理论篇，重点阐述培训无法落地的根本原因、行动学习和培训的区别、行动学习的起源和发展、行动学习的基础概念、行动学习的类型、行动学习的理论基石及行动学习的不同流派，帮助读者全面理解行动学习。

第2部分为实战篇，系统阐述了攻克组织绩效难题、突破团队绩效目标、促动战略落地、促动商业模式转型、促动领导力发展五大类行动学习项目的原理、方法论和实践案例。

第3部分为升华篇，这一部分是行动学习的高级应用，阐述了如何用行动学习“重装组织操作系统”，如何通过行动学习建设学习型组织，如何通过行动学习促动组织转型变革。

第4部分为修炼篇，本部分内容专门针对实施行动学习项目中的核心技术——促动技术进行解读，系统阐述了促动师的三个角色所对应的各类促动技术和工具。

作为一本行动学习专业书籍，本书在力求内容贴近实际的同时，也非常注重读者的阅读体验，在行文表述上，不仅注重专业度，还力求文风生动活泼。

感谢清华大学出版社的施猛先生，正是因为他的慧眼才有了本书的出版；感谢众行行动学习研究院的刘永中老师，和他的深入交流让我获得了许多有益的启迪；特别感谢我的爱人王红梅，在本书的创作过程中给予我极大的支持和鼓励。

由于本人阅历和学识水平有限，书中肯定会存在不足之处，还请广大读者不吝赐教。

如果在阅读本书的过程中有任何疑问或需要帮助的地方，可以关注微信公众号“众行行动学习研究院”和我的个人微信“istephenshi”。在那里，我和我的团队会随时与你交流。

石　鑫

众行行动学习研究院　首席顾问/院长

众行行动学习研究院

石鑫-行动学习

目录

第1部分 理论篇

第1章 培训不落地的破解之道

第2章 行动学习是什么

第2部分 实战篇

第3章 攻克组织绩效难题

第4章 突破团队绩效目标

第3部分 升华篇

第8章 打造“赢的游戏”

第9章 建设学习型组织

第10章 促动组织转型

第4部分 修炼篇

第11章 促动技术概述

第12章 派对主人

第 13 章 流程专家

第14章 团队教练

第1部分　理论篇

第 1 章

培训不落地的破解之道

“我们总经理是个变态！”杨蓉的愤怒溢于言表。

一位美女用这样的措辞形容她的总经理，很容易让人联想到男女之间那点事上，不过你想多了，她说的“变态”总经理是位女士。

杨蓉是某民营企业的人力资源经理，是个典型的“85后”，说话直截了当。初次见面，她就毫不讳言地告诉我，她正在和猎头接触，为自己寻求下家。

“非要让我证明，培训到底能产生多少可量化的业绩，你说是不是很变态？”

我笑了笑，不置可否，继续听她抱怨。

“谁都知道培训对业绩只是一个辅助作用，而且需要时间转化，立竿见影地转化为可量化的业绩，根本就是乱弹琴！”

“具体情况是什么？”看着激动的杨蓉，我笑着问。

“我们是生产制造型企业，最大的特征就是劳动力密集、生产成本高，过去市场好的时候还不明显，近两年受市场整体下行的影响，成本成了大问题，所以今年培训工作的重点就是降本增效。”

“你们怎么做的呢？”我问。

“我们安排了不少课程，包括精益生产、员工职业化、班组管理、成本管理、绩效管理……都是围绕降本增效开展的，年初制订培训计划的时候，总经理还说，这些课程挺有针对性。所以，今年给的培训预算比去年翻了一番。”

“现在9月份了，效果怎么样呢？”

“成本降了一些，但是离目标还很远，而且……”她顿了顿，愤愤地说，“总经理觉得降低的这点成本也不是培训的功劳，是因为加大了惩罚力度。”

“学员们的反应如何呢？”

“起初还行，时间长了就开始抱怨，”她摇了摇头说，“都说学的东西理论性太强，不适用，无法落地，耗费这些时间还不如多花点时间盯盯现场。”

“你怎么看这个问题？”

“我能有什么办法？”她沮丧地摇了摇头说，“培训最多只能解决大家‘会不会’的问题，还有‘愿不愿’的问题，就像精益生产，刚学的时候，有好几个班组都说要推行，而且推行得像模像样的，可是没过一个月就又回到老样子了。”

“还有呢？”

“还有制度‘允不允许’的问题，比如绩效管理课程里面讲的考核办法就和我们现在的绩效制度是不一样的，制度不调整，培训了又能怎么样？培训又不是万能的。”杨蓉说得直叹气。

“想让培训解决所有问题，”她一字一顿地说道，“臣妾做不到！”

随着环境的不确定性越来越高，市场竞争越来越激烈，企业上下对培训的期望也越来越高，不少企业的培训负责部门都有一种心有余而力不足的感觉。当笔者与其他人力资源经理分享这个案例时，大家对杨蓉的处境都感同身受，都觉得老板太“变态”，纷纷感叹“臣妾也做不到呀”！

不过，当笔者与企业的总经理分享时，大家普遍觉得这位总经理的诉求很正常，公司花了那么多钱搞培训，我向你要结果，有什么“变态”？

这是一个很有意思的认知错位。如果你是人力资源经理，不妨想象一下，如果年终述职会上，公司的总经理突然问你：“你花了公司那么多钱，到底创造了多少可量化的业绩？”你有答案吗？试想又有哪位总经理不期望培训产生最直接的业绩呢？

一句“臣妾做不到”里面蕴含了多少人力资源经理的无奈戏谑！而这句话也点中了企业培训工作所面临的“死穴”——培训无法落地。

1.1 培训不落地之痛

“干什么学什么，缺什么补什么”一直被不少企业奉为培训的指导原则，美国的柯克帕特里克基于这一指导原则提出了著名的柯氏培训四级评估模型(见图1-1)，成为培训评估的金科玉律。

第一级反应评估，通过问卷判断学员对培训的反应；第二级接受评估，通过考试判断学员理解和接受了多少；第三级行为评估，判断培训让学员的行为转变了多少，在实际工作中用了多少；第四级绩效评估，判断培训带来了多少工作绩效。听起来似乎很合乎逻辑，实际效果如何呢？笔者近5年对超过1 000位人力资源管理者进行了调研，其中99%的培训评估止步于第二级，第三、四级从来就无法真正实现。换言之，99%的企业培训无法落地。

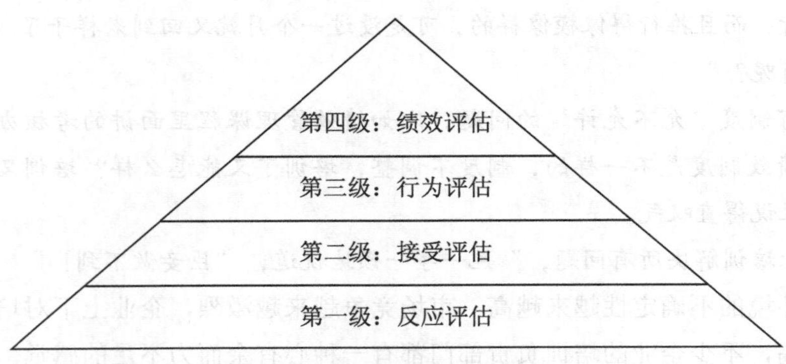

图1-1　柯氏培训四级评估模型

为什么听上去很有道理，而实际中却无法操作呢？其根源在于企业的培训模式本身就存在问题。目前绝大多数企业采用的培训模式不外乎基于菜单选择培训课程、基于绩效考核实施培训、基于素质模型定制课程和基于岗位构建学习地图四种类型，下面就结合柯氏培训四级评估模型了解各培训模式存在的问题。

1.1.1　基于菜单选择培训课程——所学非所用

基于菜单选择培训课程是我刚参加工作在企业做培训主管时就采用过的培训模式，迄今将近20年过去了，仍然有大量的企业采用。制订年度培训计划前，人力资源部门列出一些备选课程供大家选择，美其名曰：培训调研。然后听取主要领导的意见，汇总起来形成所谓的培训计划，当然这个计划的变动也很随意。这种做法的不足显而易见，具体体现在培训活动的短期性、临时性、局部性和随意性上，效果很难评价，其结果自然是所学非所用。

1.1.2　基于绩效考核实施培训——所知非所行

该培训模式以KPI(关键绩效指标)绩效考核为基础，从过去的绩效差距以及未来的绩效目标中发现培训需求，依据需求选择课程，让培训直接支持到绩效。这是今天不少公司采用的培训模式，公道地说，有了绩效指标的牵引，其针对性比菜单式选课提升了不少，至少学员在选课的时候不会再泛泛选择，但其效果也仅限于此。企业面临的难题和挑战是个性化的，是企业特殊情境下的产物，而市场上供给的培训课程却是通用的，通用的理论要转化到特殊的情境中，又岂是简单听一听就能行得通？最终是理论听得头头是道，而实际行为却一如既往，其结果就是所知非所行。

1.1.3 基于素质模型定制课程——中看不中用

基于素质模型定制课程的逻辑是这样的：业绩来自行为，把绩效好的行为描述出来建立素质模型，通过素质模型构建职业发展通道，找出素质模型不同层级对应的知识点，针对知识点定制开发课程，以测评为手段，发现人员素质短板，针对性地实施培训，进而提升了素质，改变了行为，从而带来绩效提升，使组织得到发展。

听着似乎很有道理，而实质上经过抽象出来的素质模型已经脱离了管理者的实际任务情境，最终对应的还是脱离企业真实情境的通用管理课程，除了为培训课程找了一点依据之外，对落地毫无帮助。而企业投入不少钱开发的所谓的基于素质模型的培训体系，其最终结果其实只是在逻辑概念上绕来绕去，实质上中看不中用。

1.1.4 基于岗位构建学习地图——费力不给力

这种培训模式广为国外的著名公司所采用，而且也确实有落地的实例，最有名的就是GE公司基于学习地图结合行动学习的30/30模式：公司每一个关键岗位通过30天的学习路径再设计流程，最终使所有关键岗位人才的培养周期缩短30%。

我最早接触到学习地图是在中海油工作期间。中海油湛江分公司早在2003年就开发了学习地图，命名为STEP体系，专门用于海上操作岗位的职业晋升和学习发展。2005年，我参加中海油总公司组织的培训会议时听到了这个内容的分享，当时眼前一亮，马上就想如何才能把这个体系引入我所属的公司。说来也巧，2006年恰好有一位中海油湛江分公司的管理者加入了我所属的公司，于是就借助他的经验为一家下属公司的部分操作岗位开发了STEP体系。

这个体系把一个岗位划分为8～9个层级，每个层级都列出了非常详尽的岗位应知应会内容，并且配套考试题库，结合师带徒和培训，再以岗位晋升为牵引，确实能够有效地推动知识、技能的学习和落地，大幅度缩短人才培养周期，对经验的传承非常有效。

学习地图虽然仍不能直接创造绩效，但针对技能性岗位可以做到三级评估，这已经远远好于前三种模式。不过，学习地图在缓慢、稳定的工业时代是非常有效的，随着时代的不确定性越来越高，其适用范围正变得越来越小。学习地图的本质是组织经验的有效传承，而组织经验的有效性要基于稳定的环境和熟悉的问题，然而，我们今天所处的时代却具有高度的不确定性，大量的不熟悉问题激增，使学习地图的适用范围已变得越来越小，而开发学习地图是一件非常耗费精力的事，有点事倍功半。我们当时总共开发了13个操作岗位的STEP体系，汇集起来的最终文档近千页。耗用如此大的人力和时间，开发适用范围很小的学习地图，完全是一件费力不给力的事。

这就是目前绝大多数企业培训工作所面临的现状，无论采用哪一种培训模式，都无法解决培训的落地问题。

1.2 三大障碍阻碍培训落地

传统培训为什么无法落地呢？因为有三个绕不开的障碍阻碍培训落地。

我们再回到本章开篇时的案例，杨蓉在解释培训为什么不能产生业绩时，分别提到了“会不会”“愿不愿”“允不允许”三个问题，这正对应了阻碍业绩达成的三大障碍，如图1-2所示。

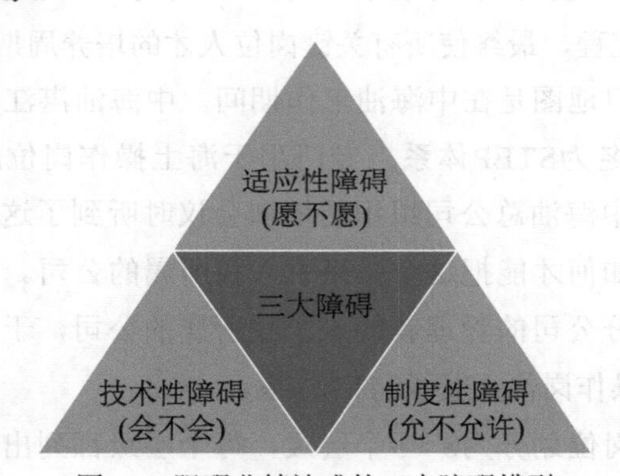

图1-2 阻碍业绩达成的三大障碍模型

“会不会”是技术性障碍，是指人员的知识、技能、经验能不能支持业绩达成；“愿不愿”是适应性障碍，是指人的心智模式层面是否愿意转变；“允不允许”是制度性障碍，是指期望表现出来的行为是否在制度上允许。

通过这个模型，我们可以一目了然地看出传统培训所存在的问题。传统培训针对的仅仅是技术性障碍，对适应性障碍和制度性障碍从未涉及，所以不能产生直接的业绩也就理所当然了。

这三大障碍就像三座大山一样，让传统培训无法落地。

1.2.1　技术性障碍让培训学用脱节

传统培训建立在一个基本的假设上：业绩不理想是因为人的知识、技能或经验不足造成的，通过培训改变人的能力进而带来业绩提升。从这个逻辑来看，传统培训应该对技术性障碍是具有针对性的，但是我们通过前面的分析了解到，除了学习地图有一定效果外，其他脱离任务情境的各种培训，最终都会因为学用脱节而使效果大打折扣。

1.2.2　适应性障碍让培训知行不一

适应性障碍源自人的心智模式，是无法通过培训解决的障碍。显然，无论如何强化知识和技能，都无法解决学员“愿不愿”的问题，这就像一个将下属视为竞争对手的经理，即使让他学上100遍授权技能，他也不会授权一样。即便通过培训，最终让学员意识到他的认知有问题，他也很难改变。因为这个世界上最远的距离就是从知到行的距离，如果没有挑战性难题的牵引，让一个人主动走出舒适区是一件非常困难的事，其最终结果往往是知行不一。

1.2.3　制度性障碍让培训劳而无功

培训更无法解决制度性障碍上“允不允许”的问题，比如一个以奖励个人绩效为主的组织，即使进行100遍团队协作培训也很难创造出期望的协作。所以，当组织期望的行为与其制度相悖时，不对制度做变革，却期望通过培训来解决，其结果一定是劳而无功。

有没有办法同时突破三大障碍，拿出最直接的绩效？办法当然有，只不过首先要转变我们的思维方式。

1.3 行动学习破解培训不落地

三大障碍是传统培训永远无法绕开的三座大山，其根本原因在于传统培训的基本逻辑存在谬误。要破解培训不落地的难题，我们必须跳出传统培训的思路重新思考新的路径，而这个新路径正是本书的主题——行动学习。在介绍行动学习之前，我们先来了解一下传统培训存在的逻辑谬误。

1.3.1 传统培训“学以致用”的逻辑谬误

毋庸置疑，组织的一切有效行为都是为了产生持续的绩效，传统培训作为组织的一项活动也不例外，我们首先来了解传统培训支持绩效的基本假设是什么。

为了便于表述，以任务的挑战性和能力两个要素为基础构建了一个绩效—能力二维矩阵，如图1-3所示。

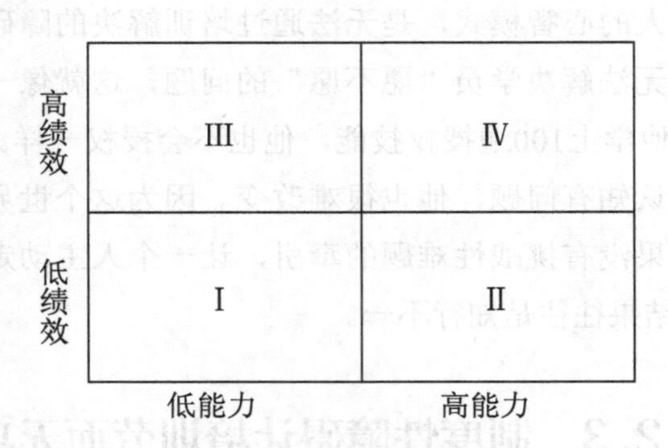

图1-3 绩效—能力二维矩阵

通过这个二维矩阵，我们很容易得出一个结论：无论什么样的人才发展手段，其目的就是将处在区域I(低能力、低绩效)的人迁移到区域IV(高能力、高绩效)。那么，传统培训实现这一目标的路径是什么呢？很显然，是从I到II再到IV，如图1-4所示。

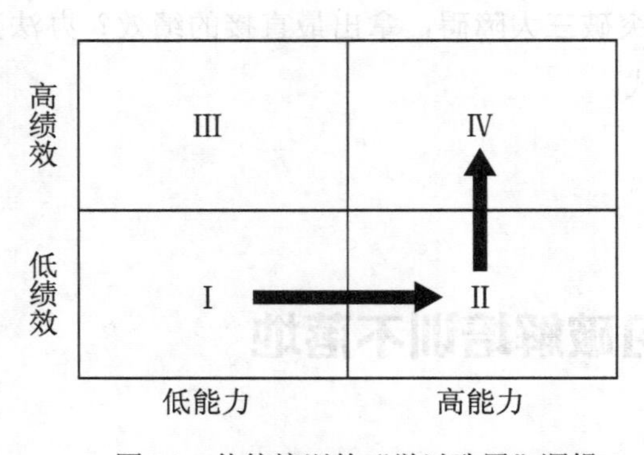

图1-4 传统培训的“学以致用”逻辑

所有的传统培训都基于一个基本假设：一个人不能创造更高的绩效，是因为其能力不足，应先提升其能力，能力提升之后自然可以承担更具有挑战性的任务了。所以，传统培训强调最多的就是“学以致用”，而事实上，我们可以通过三大障碍模型了解到，这恰恰是最难的，其结果往往是学用脱节、知行不一和劳而无功。所以，传统培训的“学以致用”路径本质上就隐含着逻辑谬误。

既然传统培训对此问题无解，还有没有其他路径？当然有，即行动学习“用以致学”的颠覆路径。

1.3.2　行动学习“用以致学”的颠覆路径

既然培训的目的是让其创造高绩效，那么我们为什么不直接给他一个富有挑战性的高绩效任务或目标呢？如图1-5所示。

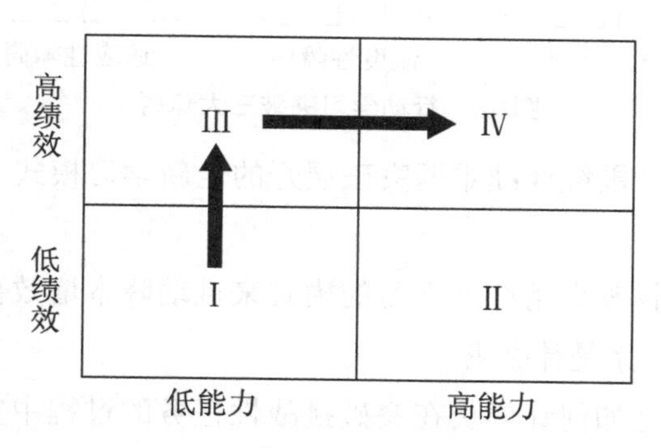

图1-5　行动学习的“用以致学”逻辑

不要觉得不可思议，回想一下我们是如何学习游泳的？不是站在岸上学完所有的动作技巧后再下水，而是在泳池中学习的游泳，教练教你几个基本动作之后，就让你下水了，虽然免不了要呛几口水，一边游一边学，但不知不觉中就学会了。

这条颠覆传统培训模式的学习路径就是行动学习，其本质就是在实践中学习，是一条“用以致学”的全新路径，可以全面突破传统培训遭遇的三大障碍。

1.3.3　行动学习全面突破三大障碍

行动学习如何全面突破三大障碍呢？我们再回到杨蓉的案例，既然降本增效是培训的目的，那能不能直接从降本增效入手呢？当然可以！

围绕降本增效难题，把相关人员组成小组，研究导致成本高的问题有哪些，问题背后的原因有哪些，提出解决问题的对策，然后再推动方案落地。解决问题的过程中，遇到知识、技能不足导致的技术性障碍就组织培训学习；遇到制度性障碍就反思管理系统的合理性，推进管理变革行动；遇到适应性障碍则通过集体反思转变心智模式、更新行为，并养成习惯，全面突破三大障碍，如图1-6所示。最终结果是，降本增效难题得以攻克，组织业绩得以提升，人员的行为和心智模式获得转变，个人和组织得到学习与成长。

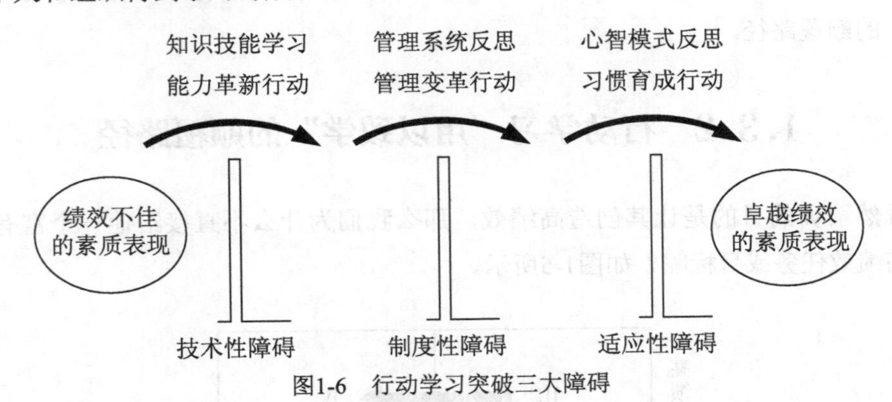

图1-6 行动学习突破三大障碍

行动学习就是一种围绕业绩难题突破展开的全新学习模式，是组织解决问题、应对挑战的全新范式。

试想一下，如果杨蓉采用行动学习的模式来推动降本增效会怎么样？还会被老板质疑培训和绩效的关系是什么吗？

那么，行动学习是如何让学员在突破挑战性任务的过程中实现学习成长的呢？我们通过一个案例来一窥究竟。

1.4 案例：某制造业集团在降本增效中学习成长

2013年是某制造业集团的“成本年”，优化库存管理、提升采购管理水平、提升工程项目管理、降低物流成本是公司降本增效的重要举措，同时，集团在2013年的工作报告中也提出了强化本集团能力建设的工作要求。为落实上述要求，2013年，集团副总裁邹总发起了“降本增效行动学习项目”，以承担“降本增效”职责的三个职能部门为项目责任人，以解决关键绩效问题作为项目载体，以提升核心骨干员工业务能力为目的，以期达到降本增效和本公司人员学习成长两个目的。我作为行动学习促动师，经历了该项目的全过程。

1.4.1　紧扣战略选课题

降本增效行动学习项目自2013年7月底启动，项目紧扣集团“成本年”的战略要求，选择了5个极富挑战性的难题作为降本增效的课题。

课题一：采购成本下降3亿元。

课题二：存货降低10亿元。

课题三：提升工程项目按期完成率。

课题四：仓储物流系统规划。

课题五：规范EPC工程项目管理。

以上5个课题都是集团2013年的战略重点，其中前3个课题已困扰了集团好几年，一直得不到有效解决。

1.4.2　围绕课题建小组

围绕5个重大战略课题，以集团物资管理部、工程管理部和物流中心相关人员为主体组建了5个行动学习小组，3个部门的正副职领导亲自担任组长，承担起突破难题，实现降本增效的责任。

1.4.3　激励小组创绩效

行动学习项目历时5个多月，在集团高管的支持和大力推动下，5个行动学习小组围绕课题进行了调研，学习基础理论，对标学习，提出解决方案，小范围试验，纠偏调整后大范围推广。最终5个小组都攻克了难题，有效完成了降本增效的绩效目标。

课题一：采购成本下降3亿元。截至2013年年底，采购成本下降3.92亿元，超出既定目标的31%。

课题二：存货降低10亿元。课题组累计清理呆滞存货11.07亿元，累计清理SAP系统因素造成的存货3.385亿元，超出既定目标的14%，并从全供应链出发系统地研究了导致存货的原因，建立了长效机制，避免反弹。

课题三：提升工程项目按期完成率。课题组找出了导致工程项目延期的关键问题27项，找到了针对性的创新举措32项，并完善了制度和规范。在项目开展期间，工程的按时交付率从过去的不足50%提升到了70%以上，预计在未来一年随着各项举措的全面推动，工程按时交付率将提升到80%以上。

课题四：仓储物流系统规划。课题组完成了仓储物流系统规划，并开始了一期工程的建设，预计新的仓储物流体系全面投入使用后第一年度就会节约成本2 690万元。

课题五：规范EPC工程项目管理。课题组建立了EPC工程项目管理规范，并投入使用，确保了20亿元的微电网光伏项目和3.8亿元的电动汽车充电站项目的顺利签约与规范运作。

1.4.4 突破绩效共成长

困扰了集团很久的绩效难题被行动学习小组攻克了，行动学习小组的所有参与者也获得了学习成长。项目进行过程中，针对该项目课题难度大、小组成员专业水平不足等特点，针对选题匹配了相应的标杆，进行了专业知识、管理技能等的强化学习。同时，在解决真实难题的牵引下，促动师不断推动小组反思行为，促进其效能的提升。最终伴随着业绩的突破，行动学习带来了两个方面的发展。

1. 人员发展

历时半年的行动学习，攻克了远远超过自己能力水平的难题，所有行动学习参与人员的能力都迈上了一个新的台阶，对比项目前后学员的表现，不需要借助任何测评工具，学员的进步一目了然。

行动学习过程中，采购课题组结合项目需要学习了谈判等方面的专业课程，能够独立组织谈判的人员数量从原来的4人提升到12人，其组员王福军分享道，他在项目实施前是跳跃式、经验式工作，工作内容只可意会，不可言传；项目进行过程中应用行动学习工具，可以针对关键点进行反复推理；到行动学习项目结束时，通过质疑反思，转变了思维模式，并将在项目中掌握的方法应用到了日常工作中，提升了绩效。

物流中心的王卓媛在行动学习之前只是一个进出库管理人员，用她自己的话讲，对于物流园区规划这样的课题连想都不敢想，更别提出谋划策，但是经过一段时间的行动学习推进，拓展了物流知识，见证了大量的标杆案例后，渐渐在小组聚会时能为课题贡献出创意观点。物流中心的年轻员工刘爽也坦言，项目之初对物流体系规划这个课题是一片空白，项目进行过程中学习了海尔、戴尔和现代物流企业的先进做法，对于课题也敢发表观点了，当最终方案出来的时候，她简直不敢相信这个方案就是自己所在的团队做出来的。

2. 组织发展

个人的进步一目了然，团队的进步更是有目共睹：从团队会议被少数人的观点左右，到能够充分发挥团队智慧；从团队成员对自己不自信、领导不相信团队的能量，到成员自信、领导充分相信团队的力量。这些变化是如此明显，而转变过程更是非常自然，没有指令，没有宣贯，完全是润物细无声式自然发生的。

同时，本着学以致用的原则，学员们把行动学习的方法充分运用到了日常工作中，在单位研讨会议、民主生活会议、党小组会议、工会会议等会议中广泛使用头脑风暴、团体列名和团队共创等工具，在合理化建议征集活动中使用团队共创的模式。这些方法和工具在工作场所的使用，让没有参与行动学习的其他领导都感到惊讶并赞叹不已，由此对行动学习产生兴趣，其中营销中心就是因为这个原因引入了行动学习项目。

该项目迄今已过去四年多了，偶尔和当时的老学员交流起来，大家对开展行动学习的经历仍难以忘怀，既达成了挑战性绩效目标，又获得了受益匪浅的学习经历。

1.5 本章总结：行动学习——培训落地根本解

行动学习将 “解决问题”和“学习发展”统合为一个双螺旋上升的过程，构建了组织发展的双引擎，如图1-7所示。难题和挑战逼迫小组成员走出熟悉的旧环境，迈向陌生的新环境，通过“解决问题”带来“学习发展”，而“学习发展”又为“解决问题”探索出了新的路径，最终带来“业绩增长”和“人员成长”。

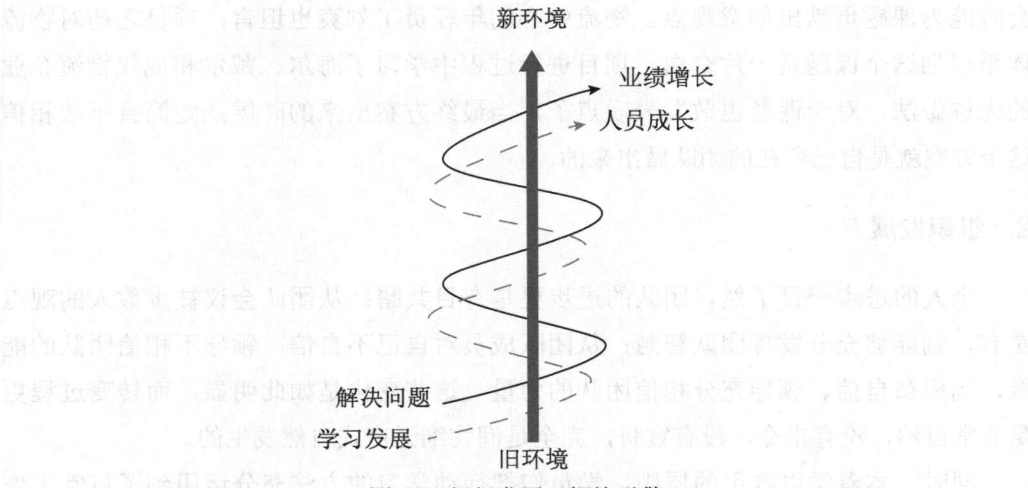

图1-7 组织发展双螺旋引擎

双螺旋上升的过程既是行动学习小组将复杂难题最终转变为组织业绩的过程，同时也是不断地唤醒心灵的力量对抗各种阻碍，转变思维方式，完成自我超越的学习成长旅程。通过行动学习构建组织发展双引擎，是破解培训不落地难题的根本解。

1.6 学习反思：智慧火花，精彩再现

3点收获：本章让我印象最深的三点

____

____

____

2个感悟：此时此刻，我的感受和启发

____

____

____

1项行动：我决定用到工作中的一点

____

____

____

____

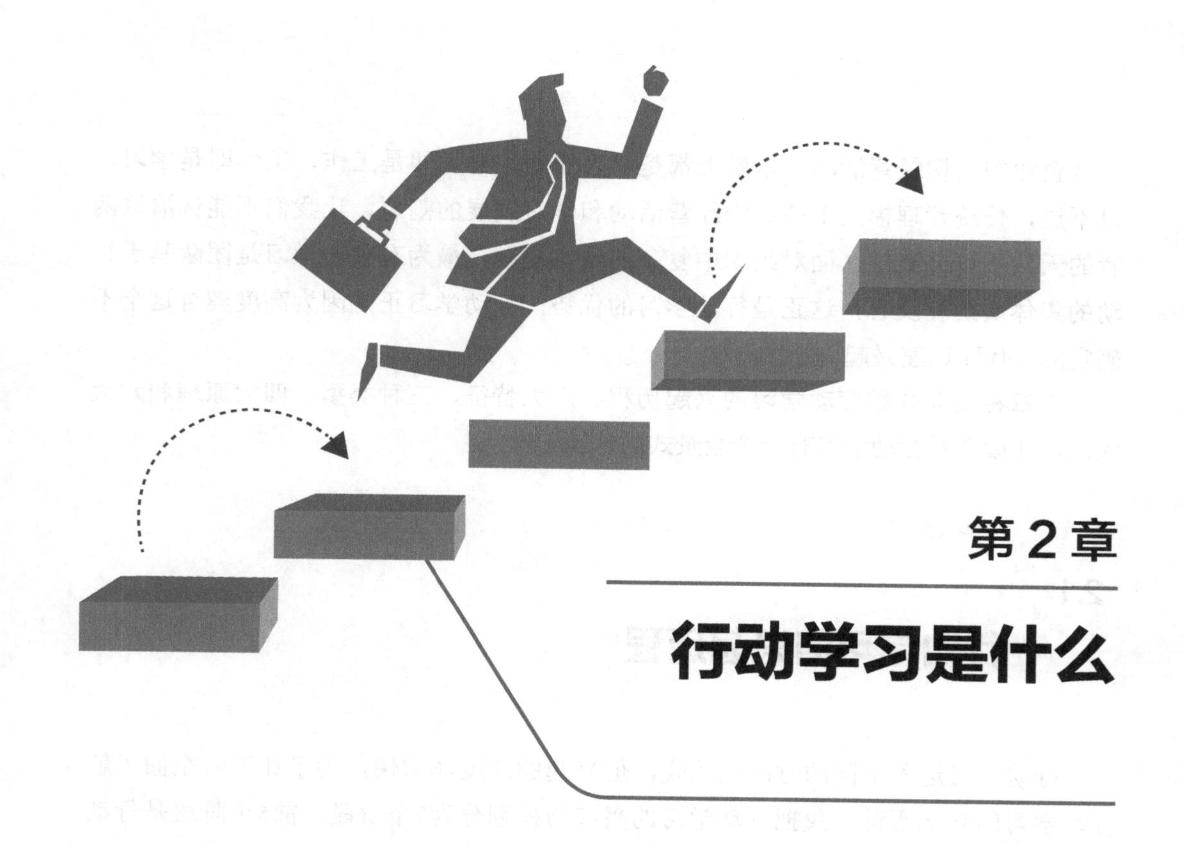

第2章

行动学习是什么

企业的一切经营活动，本质上都是学习活动，学习即是工作，工作即是学习，只不过，传统管理模式下的组织经营活动和学习发展的割裂，让我们不能认清这两者的天然不可分离性。面对组织中复杂的现实问题，最为有效的学习是团队基于行动的集体质疑和反思，这正是行动学习的优势，行动学习正是因为高度契合这个不确定的时代而迅速兴起。

本章将全面介绍行动学习的兴起历程、六大特征、三种类型、四大原理和六大流派，让读者对行动学习有一个全景式的认知。

2.1 行动学习的兴起历程

行动学习进入中国的时间比较晚，但兴起的速度非常快，为了让读者全面了解行动学习的兴起历程，我把行动学习的兴起历程划分为7个阶段，前5个阶段是行动学习在国际上的发展历程，后2个阶段是行动学习在中国的发展历程。

2.1.1 生而不凡——诞生于顶级科学殿堂

坐落于英国剑桥大学的卡文迪许实验室，被冠以“物理学发源地”的称号，是举世闻名的科研机构，从1871年创建至今，这里共走出了26位诺贝尔奖获得者，是培育了大量物理学顶级科学家的摇篮，行动学习就诞生在这里。

20世纪20年代，有一位当时还名不见经传的人物在这里攻读核物理学博士，他就是“电子之父”汤姆逊的弟子，名叫雷格·瑞文斯，后来被称作“行动学习之父”。

汤姆逊时任卡文迪许实验室主任，他每周会组织12位物理学家分享成功和失败的经验，瑞文斯称之为“与未知作斗争”(struggling with the unknown)，这12位物理学家后来都成为诺贝尔奖的获得者。

瑞文斯发现，即便是顶级的科学家照样存在认知局限，而打破这种局限的最有效方式不是他们自己的闭门研究，而是别人对他们认知的质疑，一旦有人提出有效的质疑，就会引发反思，由此迸发不少新的见解，而这种新的见解又可以产生裂变效应。一个人的独创见解会让很多人眼界大开，别人走过的弯路也可能成为他人的借鉴。

于是瑞文斯思考：学习究竟是什么？最后，他将学习总结为一个公式：

$$L=P+Q$$

他认为L(learning，学习)是P(programmed knowledge，结构化的知识)与Q(questioning insight，洞见性提问)的结合，其中P是针对某个事物已有的概念性知识，是关于完成某项任务的行为或操作步骤的知识，而Q则是对已有认知的质疑。显然，对于常规性的问题，有非常确定的解决方案，通过学习和掌握P就可以解决，而一旦遇到高难度的复杂问题，没有现成的解决方案时，继续试图通过P的学习解决问题就行不通了，这时Q就成为解决问题的关键，通过Q可以激发出新的思考，带来全新的认知。

瑞文斯在卡文迪许实验室受到启发提出L=P+Q，这是行动学习的第一汪源头活水。

后来，瑞文斯看到自己从事的核物理学研究正被应用到毁灭人类的武器领域，这与他的信仰相背离，所以他选择离开核物理学领域，转行到英国的煤炭委员会担任教育培训主任。从核物理研究到成人教育，这是一次重大的跨界，也正是这次跨界，让他把在科学研究领域的洞见带到了传统的教育领域，并带来了完全不同的教育模式。

20世纪30年代末，瑞文斯开始将自己对学习的新认知应用于解决威尔士和英格兰煤矿的生产力和士气问题。他把煤矿的管理者们组织起来，分成4～5人的小组，每个人陈述面临的工作难题，其他人从自己的视角提出质疑并分享经验，启发当事人找到解决方案。这种全新的模式很快取得了重大成效，经过瑞文斯指导训练的煤矿企业的生产力比相邻的煤矿企业高出30%，更为重要的是企业员工士气高涨。

20世纪60年代，瑞文斯担任伦敦急救服务机构负责人时，同样应用这套方法解决了伦敦医院所面临的问题。瑞文斯指导护士们解决复杂问题，建立了一系列有效的问题解决方法，行动学习法雏形形成。

瑞文斯在1938—1970年发表了大量的论文阐述这一方法，又在1971年出版了《发展高效管理者》一书，对行动学习法进行了系统的阐述。至此，这一诞生于顶级科学殿堂的学习方法正式走向公众。

2.1.2 初显峥嵘——助力比利时经济腾飞

1968年，瑞文斯受比利时政府邀请，用行动学习帮助改善比利时的经济状况，5所比利时大学和23家比利时规模较大的组织参与了瑞文斯主持的项目。在项目中，每个参与者所在的机构都提出了一个比较棘手的问题作为课题，参与者们组成一个个团队去研究和解决这些难题。很多参与者被交换到不属于自己专长的课题小组，大家群策群力、分享知识和经验，在一段较长的时间内，以学习团队的方式共同解决这些棘手的难题。

这一项目获得极大的成功，短短几年，比利时年度经济增长排名获得大幅度上升，国民生产总值迅速提升，其多项指标甚至超过了“二战”之后发展速度最快的德国和日本。鉴于行动学习在比利时经济改革过程中的重要贡献，瑞文斯被比利时国王授予骑士爵位。

行动学习助力比利时实现经济腾飞，引起了包括中国在内的大量国家的关注，这也为行动学习被引入中国奠定了基础。

2.1.3 惊雷乍现——谱写韦尔奇铁血传奇

1974年，英国GE公司总裁通过电视节目了解到瑞文斯在比利时主导的行动学习项目的成效，便邀请瑞文斯到GE公司推广行动学习，瑞文斯欣然接受，开启了一段新的行动学习实践。瑞文斯将不同事业部的经理人集中在一起，以解决组织面临的难题为载体，实现经理人的学习与发展，并取得了卓越的成效。

1981年，杰克·韦尔奇接任GE董事长兼CEO，当时的GE正面临巨大的挑战，过度强调分散经营，使业务发展失去焦点，内部战略业务单元达150多个。强调分散经营责任制的架构，导致各业务板块间壁垒森严、部门职能重叠、资源配置极度分散，成为世界上最大的企业官僚机构。这一切最终带来的是运营执行不力，有令不行，有禁不止，而GE是一个近40万人的航母级公司，不难想象其变革任务之艰巨。

作为行动学习法的拥趸者，韦尔奇认为，解决庞大官僚机制带来的问题、清除官本位思想，最有效的办法莫过于通过行动学习调动一线员工，让其参与管理决策。套用韦尔奇的话，即让这些在封闭系统内运转的工作暴露在阳光之下。

于是GE与哈佛大学合作，针对GE的实际需求，开发了新的行动学习方法——

Work-out(译作群策群力法)，企业相关人员以简化运营流程、提升组织高效执行为主要目标组成小组，通过研讨形成解决方案，清除“多余”的官僚机制。这是行动学习的一次重要演进，从早期的多问题模式演进出小组单一问题模式，而Work-out也成为韦尔奇时代管理机制变革的重要举措。

到了20世纪80年代中后期，GE完成了集团层面业务重组，最终形成了12个战略业务单元，完成了华丽转身，而这些都建立在Work-out带来的管理思想、文化、行为转变的基础之上。

最终，GE的市值从韦尔奇上任时的130亿美元提升到其2001年卸任时的4 800亿美元，排名也从世界第10位提升到了第1位，旗下12个事业部成为其各自市场领域的领先者，其中9个事业部可以单独入选《财富》世界500强排行榜。

这是世界企业发展史上的一段浓墨重彩的铁血传奇，而行动学习在这段历史的谱写过程中居功至伟。

2.1.4 舞动大象——缔造郭士纳不朽神话

如果说行动学习在GE谱写的是铁血传奇，那么在IBM缔造的则是不朽神话。

1993年，因深陷泥潭而即将分崩离析的蓝色巨人——IBM迎来了最后的希望，曾担任食品公司总裁的郭士纳来到了IBM，担负起了拯救IBM这一美国象征品牌的重任。

经过半年时间的客户走访和员工走访，郭士纳认识到，靠一己之力绝无可能力挽狂澜、扭转颓势，只有动员一切可以动员的力量，充分释放群体智慧，才有望让IBM走向重生。

用什么方法释放群体智慧？正在GE开展得如火如荼的行动学习进入了郭士纳的视野。郭士纳早年曾是麦肯锡的咨询顾问，他敏锐地洞察到行动学习在推动变革和重塑企业文化方面所具有的独特优势，他确信这就是他需要的释放群体智慧、推动变革的有效方法。

1994年，在郭士纳的倡导和亲自参与下，IBM开始大力推行行动学习，并开发了自己的行动学习方法论——ACT(变革加速器)，将行动学习作为激发团队潜能，转变企业文化，推动企业变革的核心手段。

通过开展行动学习，IBM激活了组织的活力和创造力，改变了僵化的企业文化，实现了从制造向服务的重大战略转型。

短短两年时间，郭士纳就使IBM实现了扭亏为盈，其后，IBM又用了10年时间，从一个制造行业的庞然大物转型为全球最大的服务提供商。从濒死到盈利，从盈利到成功转型，这一成就堪称神话。

谁说大象不能跳舞？郭士纳就让IBM这头巨象轻盈起舞，而缔造这一不朽神话的又是行动学习。

2.1.5 引爆业界——成为人才发展新范式

行动学习为GE和IBM带来的巨大成功吸引了广泛的关注，引爆了企业界，行动学习作为组织解决重要、复杂问题和人才发展的全新范式迅速崛起。

众多世界500强企业，包括花旗银行、壳牌石油、霍尼韦尔、波音、强生、西门子、AT&T、杜邦等纷纷引入行动学习，广泛应用于新产品开发、提升服务、降低生产成本、缩短生产和交付时间、扩大客户群、改变组织文化等领域。同时，这些企业也把行动学习作为领导力开发、团队建设和组织能力提升的主要方法。美国培训与发展协会最近调查显示，美国2/3的领导力开发项目采用了行动学习；美国公司执行委员会2009年所做的调研表明，77%的组织高管认为行动学习是发展后备领导者的最佳方法；《商业周刊》认为，行动学习是“领导力开发最新且增长最迅速的组织工具”。

2.1.6 西学东渐——成就华润和中粮奇迹

行动学习进入中国是20世纪90年代，时任中组部培训中心主任的陈伟兰老师通过外教将行动学习引入中国，在中国甘肃等地的政府部门进行行动学习推广并产生良好的效果，引起了国内组织的关注。而真正引起中国企业界广泛关注的则是行动学习在华润集团和中粮集团创造的奇迹。

2003年，在华润集团董事长陈新华的大力支持下，陈伟兰老师将行动学习引入华润集团，从解决具体问题入手，行动学习逐渐发展成为华润集团推动大型组织变革、实现战略落地和发展领导力的手段，成为华润人的工作方法和思想方法。华润集团在推广行动学习的高峰期，每年行动学习小组超过百个，很多经理人把行动学习作为日常管理与会议组织的工作方法。行动学习在帮助华润集团实现人才发展和组织发展的同时，也创造了巨大的经济效益，华润集团在10年内实现了“两个再造”，一家国有企业能取得这样的进步是相当神速的。虽然低调的华润集团不太对外宣传，但其高速发展还是引起了不少企业的关注。

2004年，原华润集团总经理宁高宁入主中粮集团，在宁高宁担任董事长期间，中粮集团从一家机会型的粮食贸易企业快速转型为一家全产业链的粮油食品企业，其转型难度之大、转型速度之快、转型成效之高，让无数企业侧目。溯其根源，关键在于宁高宁从华润集团给中粮集团带来了两个重要的管理工具：6S战略管理体系和行动学习。

华润集团在五年之内实现“两个再造”和中粮集团的成功转型，在不少本土企业看来堪称奇迹，本土企业为之震动，这也让成就这一奇迹的行动学习进入众多本土企业的视野，吸引了国内大量企业的关注，行动学习在中国迅速兴起。

2.1.7 全面兴起——震动中国本土企业界

由于华润集团和中粮集团的示范效应，今天，越来越多的本土企业开始认识行动学习这一完全不同于传统培训的人才发展模式，中国银行、中海油、东风汽车、华为、腾讯、百度、京东等公司都开始在组织内部积极探索和实践行动学习。对于这些公司而言，从提升公司业绩到培养干部领导力，从日常运营改善到项目管理，从解决实际问题到创新管理模式，从团队建设到组织发展，行动学习的作用已经充分显现。

这就是行动学习从诞生到在中国全面兴起的历程，回顾这一历程，我们发现行动学习作为一个有效的组织发展手段，在中国本土的兴起是非常迅速的，排除商业推广的因素，最重要的是因为行动学习所具有的独特特征高度契合这个不确定的时代。

2.2 行动学习的六大特征

要说清行动学习究竟是什么并不是一件容易的事，因为行动学习之父雷格·瑞文斯并没有给行动学习下一个明确的定义。瑞文斯认为，如果定义了行动学习反而受局限，这违背了行动学习开放的核心原则。

作为行动学习的推广者和实践者，经常会有企业管理者向我咨询，究竟什么是行动学习？ 为了便于沟通，我结合雷格·瑞文斯的本意，以及目前行动学习主要流派的观点，用一句话来描述行动学习：一个多元化的小组，在促动师的促动下，通过质疑与反思、行动验证，解决组织实际存在的复杂难题，实现个人及组织的学习与发展。这句话里包含了行动学习的六个独特核心要素：复杂难题、多元化小组、质疑与反思、行动验证、学习与发展和促动师的促动，这是行动学习必备的六个要素。可以这样说，只要完整具备这六个要素的活动，都可以称为行动学习，缺少了任何一个，都不能称为行动学习。行动学习的六个要素反映了行动学习的六个显著特征，也正是这六个特征让行动学习高度契合这个不确定的时代。

2.2.1 以解决复杂难题为载体

正如全球领导力发展的权威机构CCL(创新领导力中心)的7∶2∶1法则所揭示的规律：人的学习与成长70%来自工作中的挑战，20%来自人际互动的发展型关系，仅有10%来自教育和培训。也就是说，90%的学习和成长发生在课堂之外、工作之中。由此可见，使用虚构难题进行案例分析的课堂培训对学员的发展是极其有限的。而行动学习不同于传统培训，同时涵盖了7∶2∶1法则中的三个要素，行动学习以解决复杂难题作为人员学习发展的载体，这是源自工作中最真实的挑战；多元化小组的相互促进与学习为参与者提供了有效的发展型关系，行动学习过程中基于难题解决所需要的知识和技能补充又让传统培训的价值得以升华。

行动学习与传统培训最大的区别就在于行动学习以解决复杂难题为载体。所谓复杂难题，是指现实工作中与战略密切相关的难题，不是虚构的问题，其最终解决方案必须对个人、团队和组织意义重大，问题要具有挑战性，能够为小组成员带来知识、技能以及领导力的发展机会，这正是行动学习与传统培训的显著区别。

是不是任何难题都适合行动学习？答案是否定的。

从“不确定性”和“协作需求”两个维度，可以将难题分为三种类型：救火任务、规范课题和复杂难题，如图2-1所示。

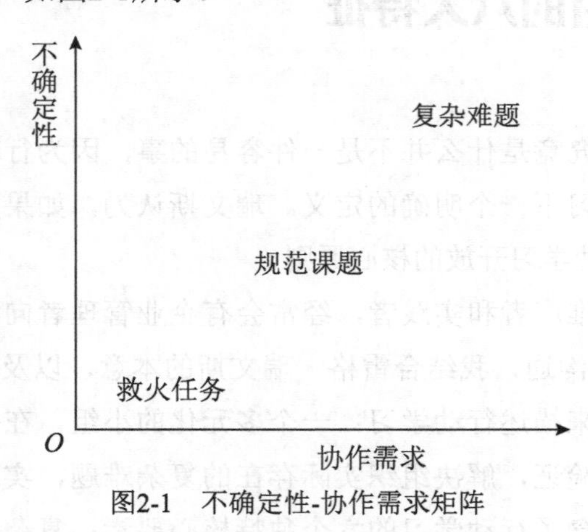

图2-1　不确定性-协作需求矩阵

救火任务，如心脏病突发、火车事故、火灾、抗震救灾等需要迅速行动的任务。针对这类难题，当事人根本没有时间考虑过程和不确定性，需要按照预案快速行动，当然不适合行动学习。

规范课题，如心脏手术规划或建设一个厂房等。这些难题虽然也比较复杂，但可以参照现成的流程和规范，利用成熟的结构化知识就可以解决，最多通过几次培训明确一下任务、进度和分工即可，也不需要开展行动学习。

复杂难题，如构建战略、降本增效、组织变革等。这些难题没有固定答案，充满不确定性，协作需求又非常高，没有现成的结构化知识可以采用，最适合通过行动学习进行突破。

不确定性大，协作需求高，没有先例可循，这正是处于不确定时代的组织面临的难题的显著特点，传统的问题解决方法已不适用。

2.2.2 以发展多元化小组为中心

行动学习小组既是解决问题的主体，同时也是被发展的对象。小组成员一般来自不同部门、不同专业，从而尽量保证成员背景的多元化，体现了行动学习的民主、开放、包容的特点，有助于讨论过程中形成多样化的观点。行动学习小组负责澄清问题、制定目标、分析问题、寻找解决方案、评估并选择方案、推动方案落地实施，当超越小组成员当前能力的挑战性难题得以攻克时，自然也意味着小组成员得到了学习与发展。

处于不确定时代的组织面临的难题不确定，任何个体都无法全面把握其复杂性，而行动学习以多元化小组为解决问题的中心，这既为解决问题提供了多元化视角，让问题的解决成为可能，也创造了突破认知障碍的学习契机。

2.2.3 以促进质疑与反思为重点

促进质疑与反思是行动学习过程中的重点，瑞文斯给出的学习公式L=P+Q中，Q就是质疑，无质疑无学习，无反思无成长，通过质疑与反思，可以在行动学习过程中创造出四个方面的价值。

第一，通过质疑澄清观点。质疑不只是为了寻求答案，而是为了更真实、全面地理解观点。有时问题陈述者见到的只是问题的表象，只有通过质疑才能引发对问题本质的反思，真正看清问题。

第二，通过质疑凝聚团队。想提出洞见性的问题首先要深度倾听，真正理解他人想要表达的观点，而对事不对人的探寻更易于把握问题本质，获得针对性的解决方案。当方案取得绩效时，成功的喜悦会让团队成员彼此更加信任，协同更加有效，合作更加默契，集体主义感油然而生。

第三，通过质疑发展领导力。领导者最重要的能力不是给建议，而是通过提问启发思考，促进他人成长。能提出好的问题也证明领导者对他人的关注和信任。所以，在项目中强化质疑能力，可以充分发展学员的领导力。

第四，通过质疑实现个人和团队的学习成长。质疑不仅可以让我们了解是什么导致问题，而且可以让我们发掘问题背后的不恰当行为，更重要的是找到不恰当行为背后不恰当的心智模式，通过转变心智模式，进而转变行为，在解决问题的同时促进个人和团队的学习成长。

所以，行动学习的目的不仅是解决问题，更重要的是引发个人、团队和整个组织的学习与成长。行动学习过程中，通过质疑使来自不同部门、不同专业的人员公开、坦诚地交流，激发不同角度的思考，打破旧的认知范式，建立新的认知范式。

在不确定时代，组织面临的最大挑战是范式发生重大转变，原有的旧范式已经无法适应今天的难题，通过质疑与反思建立新的范式就变得尤为重要。

2.2.4 以进行行动验证为落脚点

没有行动，学习也就无从谈起，没有行动的行动学习不过是思维体操和模拟训练，所以行动学习需要小组切实地就所要解决的问题展开行动。如果只是让小组提供建议，而不是被授权去行动和实践，小组就会失去能量、创造力和承诺。除非采取行动，并对行动进行验证，否则无法得知方案是否有效，也不可能对组织产生实质性影响，也就违背了行动学习的本意。所以，在实践中进行行动验证是行动学习解决难题和学习发展的落点。

正如明茨伯格所言，行动不是学习，对行动的反思才是学习。所以，行动验证包括行动和反思两部分内容。

提出并验证原型：提出解决问题的假设，最终建立解决问题的方案原型，并在实践中进行验证。

对行动进行反思：根据原型验证的实际情况进行反思总结，在修正解决问题假设的同时反思学习。

不少有识之士认为，在不确定时代，组织推进战略的方式已不应再是过去那种按照缜密的计划严格推进的模式，而应该采用小步快跑、不断迭代的科学试错模式，而这正是行动学习行动验证的模式。

2.2.5 以实现学习与发展为目的

学习与发展是行动学习的核心目的，解决难题只是其载体，一旦学习发生，整个组织的能力就会获得提升，组织的领导力就会获得发展。通过行动学习，可以让三个层面的学习发生。

第一，知识、技能提升。伴随行动学习项目的深入，依据小组成员在解决问题的过程中表现出来的知识、技能短板，进行针对性知识补充，在问题的牵引下，小组的学习主动性会倍增，从过去的被动学习转变为主动学习，从过去的“要我学”变成“我要学”，而学习到的知识、技能也会被马上应用到要解决的问题之中。

第二，行为的持久转变。通过行动学习过程中小组成员彼此之间的反馈，不断提升行为的有效性，提升个人和团队效能。问题本身源自行为，从问题出发进行反思，会对无效行为有更深刻的认知，带来的转变也会更加持久。

第三，心智模式的根本转变。支配人行为的是其心智模式，行动学习不仅追求行为的转变，更追求心智模式的根本转变。复杂问题源自组织共同的无效心智模式，除非小组集体转变了心智模式，否则不能真正创造性地解决复杂问题，即便短期产生变化，一段时间之后也会迅速反弹回原点，甚至变得更糟。行动学习追求的是个人和组织的深层学习——心智模式转变，是真正意义上的学习。在行动学习过程中，通过质疑与反思带来小组成员心智模式的根本转变，而源自心智模式转变的学习为组织带来的影响会更为深远。

瑞文斯认为，组织变革只有符合L≥C才有效，也就是说，学习(learning)的速度必须大于等于环境(circumstance)变化的速度，学习才会对组织发展有帮助，否则就是在做无用功。今天，环境的变化速度之快超越过去任何一个时代，继续延续过去那种向历史经验学习的方法已远远赶不上环境的变化速度，我们只能在做的过程中学习，而这正是行动学习的价值。

2.2.6 以借力促动师促动为手段

真正的不确定难题从来就没有所谓的标准答案，只能靠行动者在实践中探索和验证，再根据验证去修正假设，让答案在实践中一步步显现，而促动师的促动无疑是促成这一过程的最有效模式之一。

促动师是行动学习过程中的一个独具特色而又非常重要的角色，促动师不是培训师，培训师教大家如何做，其基本假设是问题有标准答案，而促动师不提供答案，因为持有问题的人才最清楚问题的答案。促动师专注于解决问题的过程设计，让解决问题的过程更高效；专注于学员解决问题时的团队促动，让学员的合作和思考更有效；专注于解决问题团队的范式转变，让真正的学习发生。

不确定时代解决难题的根本在于释放群体智慧，而传统的科层制结构管理模式只能塑造出“服从指令”的听话员工，扼杀群体智慧。行动学习通过促动师的促动，让参与者成为解决问题的主体，充分激活了群体智慧。今天，促动技能已成为组织管理者释放群体智慧的必备技能。

以上是行动学习最本质的六个特征，是行动学习和别的人才发展方式或问题解决方式的最显著区别，也是行动学习高度契合这个不确定时代的最大原因。

行动学习的六个特征可能会颠覆大家过去对行动学习的印象，过去大家一提到行动学习似乎就是头脑风暴法、团体列名法、团队共创法、世界咖啡、解决问题几步法之类的工具，行动学习似乎是一个解决问题的工具箱。这实在是对行动学习最大的误读，因为从本质上来说，行动学习根本就没有固定的工具，因此也可以说行动学习的工具无穷无尽。

其实，符合这六个特征的所有活动都可以称为行动学习，比如组织里的QC、精益和六西格玛等，这些活动有难题、小组、质疑与反思、行动验证，如果加上学习发展和促动师，都可以称为行动学习，但是我们不能说QC、精益和六西格玛都是行动学习工具。其实，工具不过是帮助行动学习小组解决问题的手段，对照瑞文斯给出的公式L=P+Q，工具是什么？不言而喻，P其实就是工具，即结构化知识的一种类型。面对复杂难题，工具是必要的，但却是不够的，解决问题最重要的是通过提问来打破我们已经形成的惯性思维，建立新的认知模式。

工具远不能代表行动学习，真正指导行动学习的是其背后的一系列原理，吃透了这些原理，一切解决问题的工具都可以为我们所用，而又不受这些工具局限。

2.3 行动学习的三种类型

行动学习有多种分类方式，按照行动学习问题的来源不同，可以将行动学习分为三种类型：第一种是每人带着一个难题，称为个人议题行动学习(或多问题行动学习)，现在流行的私董会就属于这种类型；第二种是一个小组只解决一个难题，称为组织议题行动学习(或单一问题行动学习)，是现在最常见的行动学习类型；第三种是将行动学习法作为经理人日常解决问题的方法，称为工作场所型行动学习，这是行动学习追求的最终结果。三种类型行动学习的难题来源不同，导致开展方式也有差异，从而实现的学习与发展也有区别。

2.3.1 个人议题型——解决个人难题，发展个人领导力

个人议题型行动学习是指小组成员围绕个人难题开展的行动学习项目，重点在于达成个人知识、行为和心智模式的根本改变，从而实现个人领导力的发展。

个人议题型行动学习适合不同组织的人一起进行学习，早期的行动学习往往采用这种学习方式。目前，我在中层经理人的领导力训练中也经常采用这种模式，小组成员将自己管理过程中的困惑或问题带到研讨中讨论，并通过与其他团队成员的交流、互动以及质疑、反思寻求解决方案，让同事成为解决问题的伙伴，既解决了个人工作难题，发展了个人领导力，又增进了团队的协作和信任。

2.3.2 组织议题型——解决组织难题，发展组织领导力

组织议题型行动学习是指小组成员围绕组织存在的共同难题开展的行动学习，重点在于达成个人和组织认知、行为和心智模式的根本改变，从而实现组织领导力的发展。

这类行动学习项目解决组织问题、提升业绩的成效显著，更易于获得组织高层的支持。GE的群策群力法就是比较典型的组织议题型行动学习，目前国内的行动学习项目大多采用这种模式。

2.3.3 工作场所型——融入工作场所，发展团队领导力

工作场所型行动学习是指真实的工作团队(行动学习小组)围绕团队关键任务开展的行动学习，其目的是将行动学习作为工作团队的有效工作手段，从而实现团队领导力的发展。

组织议题型行动学习项目，往往是先找到组织内部的一个难题，然后组织一个

团队解决问题。对于小组而言，解决这样的问题属于额外的任务，这被管理大师明茨伯格称为“不自然的经验”。那么，是否可以基于组织自然的经验——日常管理工作进行行动学习呢？答案当然是肯定的。我们认为，组织内部的关键决策过程，从战略的制定及规划、预算的编制、市场的规划、运营的检讨、人才的发展、新产品的开发等，这些关键的企业活动都可以通过行动学习进行，从而实现工作学习化和学习工作化，进而大大提升组织的反思能力和学习能力，这也是学习型组织的重要标志。目前，我组织实施的组织议题型行动学习项目的收官阶段都要进行行动学习向工作场所迁移的研讨，将行动学习法应用到经理人的日常工作场所中，成为其基本工作方法。

2.4 行动学习的四大原理

行动学习背后的理论基础主要源自心理学的分支组织学习理论，包括认知主义学习流派、社会主义学习流派、人本主义学习流派、建构主义学习流派、行为主义学习流派等。这里不展开讲这些理论，只结合案例介绍四个行动学习背后的指导理论，帮助培训管理者理解行动学习的底层原理。

2.4.1 在战争中学习战争——人类一般行为理论

行动学习的本质就是“在战争中学习战争”，这一点在行动学习之父雷格·瑞文斯提出的“人类一般行为理论”中有非常鲜明的体现。

人类一般行为理论包括三个相互作用的系统，瑞文斯认为，在组织中，人的行为会受到三个相互作用的系统的影响，瑞文斯将其分别命名为α系统、β系统和γ系统。

1. α系统——需要解决的组织难题的源头

α系统具体包括影响决策的外部因素、经理人的价值观系统和经理人工作于其中的组织内部系统。当组织提出一项战略决策时，必然受到这三个部分的相互作用，如图2-2所示。

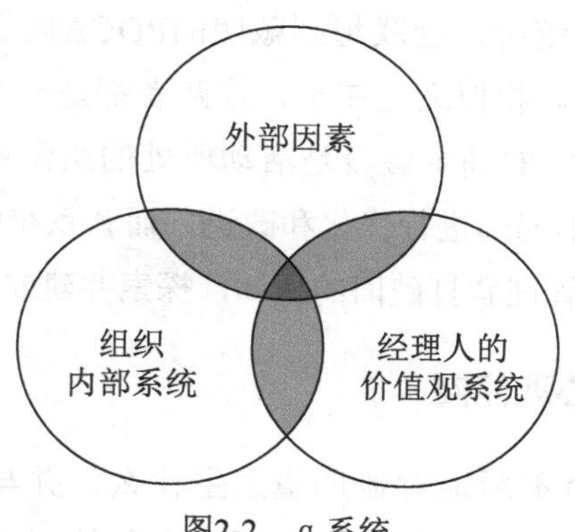

图2-2　α系统

例如，组织提出“商业模式转型”这一重大战略决策，其背景可能是组织目前的模式(组织内部系统)已不能适应外部环境的需要(外部因素)，而经理人已经习惯了原有的模式，不愿意主动改变(经理人价值观系统)，所以商业模式转型就成了一个组织难题。

“本次行动学习项目五个小组所选择的课题，每一个都是2013年推进既定战略过程中的难点问题，比如‘采购成本下降3亿元’和‘存货降低10亿元’两个课题的提出，就是因为组织要实现集约化经营战略，而原有的管理模式不能适应这一战略的需要，而变革这一管理模式面临的最大挑战就是在座的管理者固有的认知习惯……”

——摘自某制造业集团降本增效项目发起人总结发言

2. β系统——对于战略的决策与实施

β系统具体包括调查、假设、实验、审核和回顾。瑞文斯从科研方法中提取出这个系统，β系统既是解决问题的步骤，也是学习的流程，因为学习正是伴随解决问题的过程自然发生的，如图2-3所示。

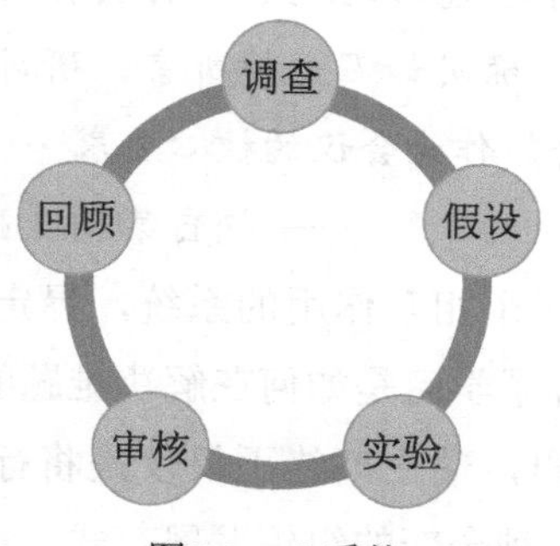

图2-3　β系统

不少管理者看到β系统时，会联想到戴明的PDCA质量循环，而这两者既有相似之处，又有显著的区别。相似之处在于，这两者都是一个持续改进和提升的闭环系统；而区别在于，PDCA的基本假设是活动所处的组织系统整体是有效的，通过PDCA可以不断地对系统的局部进行优化和改进，而β系统的基本假设是组织系统尚未建立或已经无效，需要管理者打破旧的认知，探索并建立新的系统。

3. γ系统——经理人的心理倾向

γ系统是指经理人会不断地对他期望发生什么，并与实际发生了什么进行对照。只有当经理人能够识别出他的最初认知和实际情况之间的差别，改变其看法时，学习才会发生，如图2-4所示。

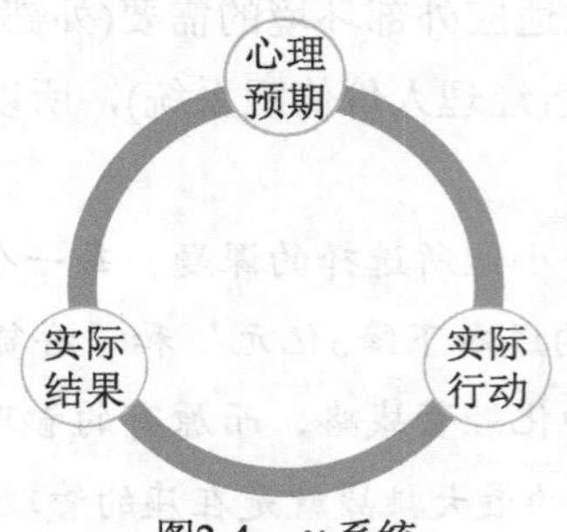

图2-4　γ系统

γ系统告诉我们学习是如何发生的，当组织人员想着手解决组织遭遇的复杂难题时，个人的心智模式倾向决定了个人对解决问题的期望，而实际行动带来实际结果，当期望和实际结果一致，则强化原有的心智模式倾向；如果不一致，则带来认知的改变，学习就是这样发生的。

“过去听到不同意见就喜欢打断，认为这样做的效率更高，后来石老师让大家给我反馈，不少人都提到了这一点，我在之后的研讨中努力管住自己的嘴巴，一段时间后发现，那些听起来似乎很荒谬的观点，其实背后是有他的假设和认知的，不充分说出来你就不可能知道。确实如石老师所言，研讨的过程‘慢就是快’，我现在将‘视不同意见为学习机会’作为会议的核心要求……”

——摘自某制造业集团行动学习项目学员反思

瑞文斯通过α、β、γ三个相互作用的系统，界定了组织难题，给出了解决难题的方法论和学习流程，诠释了学习是如何在解决难题的过程中发生的。

从这三个系统也可以看出，瑞文斯绝不仅仅是将行动学习作为一个解决问题或发展人才的手段，而是作为一种全新的组织发展范式。

此外，人类一般行为理论和约翰·杜威的实用主义教育理论，以及毛泽东的实践论在基本原理上是一致的，其本质都是“在战争中学习战争”。

2.4.2 反思经验沉淀智慧——经验学习圈理论

行动学习过程以解决难题为载体，复杂难题为小组成员创造了学习机会，而通过促动小组成员反思解决问题的过程中所积累的经验，可以不断地沉淀组织智慧，这正是经验学习圈理论所揭示的原理。

1984年，心理学家大卫·库博在总结了约翰·杜威、库尔特·勒温和皮亚杰经验学习模式的基础上提出了自己的经验学习模型——经验学习圈理论，如图2-5所示。

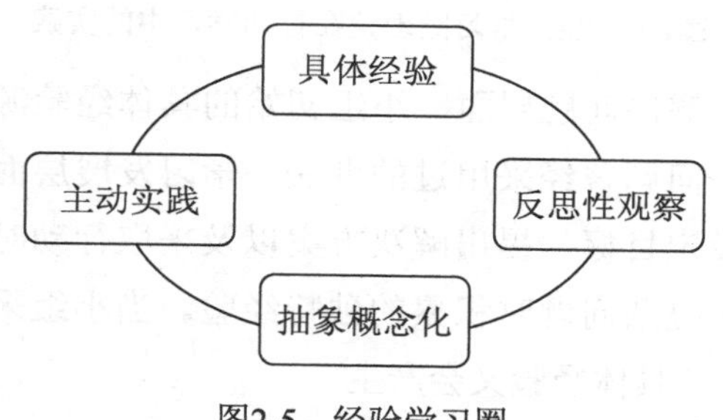

图2-5 经验学习圈

经验学习圈认为学习的起点首先源自人们的具体经验，具体经验可以是通过做具体的事情取得的直接经验，也可以是通过他人的成果获得的间接经验。有了具体经验，学习的下一步便是对具体经验的反思性观察，然后进入了学习的第三阶段抽象概念化，零散的经验被归纳为理论，这是对经验进行升华和理论化的过程。之后进入下一个阶段，通过行动主动实践，这是对已获知识的应用和巩固的过程，当行动中发现有新的问题，则学习循环又有了新的起点，新一轮的学习圈又开始运转，人们的知识就在这种不断地学习循环中得以增长。

将经验学习圈和行动学习对照，会发现行动学习的学习发生过程也是围绕问题，借助小组成员原有的具体经验，经过对经验的观察和反思，从经验中形成概念，然后再应用于实践产生的。所以，经验学习圈理论提出后，因其与行动学习的天然融合性，很快被作为行动学习背后的指导理论之一。

行动学习以经验学习圈为理论指导，通过促动师的促动，让解决问题和学习发展一个双螺旋的上升过程，如图2-6所示。

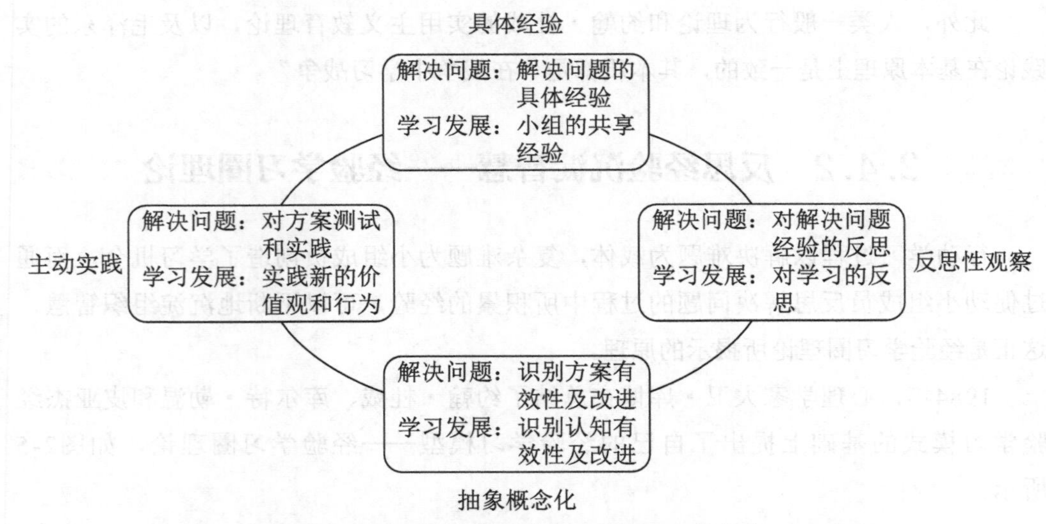

图2-6　经验学习圈理论在行动学习中的实践

第一，具体经验。解决问题层面，小组初始的具体经验源自小组必须解决的复杂难题，以及针对这个问题曾经采用过的做法；学习发展层面，当小组成员共同重新界定问题、为问题设定目标、提出解决方案以及采取行动时，这些行为又形成了新的经验——小组解决复杂问题时积累的独特经验。当小组采取行动实践又返回这一阶段时，新的、共享的具体经验又会产生。

第二，反思性观察。解决问题层面，通过对小组第一阶段界定问题、分析问题和制定解决方案积累的经验进行反思，获得新的经验；学习发展层面，通过对在小组研讨、互动方面所表现出来的行为的自我反思和相互反馈，使个人和团队的效能得以提升。

第三，抽象概念化。解决问题层面，将总结、反思获得的经验上升为一般性规律，并对其他情境的行动进行指导；学习发展层面，通过促动师的促动，小组成员更新其假设系统，建立新的假设，转变心智模式。

第四，主动实践。解决问题层面，小组对解决方案进行试点实践，修正并建立原型，获得新认知；学习发展层面，将行动学习过程中的有效行为和新的认知向日常工作场所迁移。

“最初我们经过数据分析、现场调研、深入做原因分析，发现有11亿元的呆滞物资是导致库存高的重要原因，我们当时认为，如果把这些呆滞物资清理掉了，那么课题就可以完成了，所以我们就花大力气清理呆滞物资。结果是什么呢？当我们清理了一部分呆滞物资后，没出两个月，存货又上来了，仅仅通过清理呆滞物资降存货的假设是行不通的。

……

我们解决问题的过程就是按照老师讲的经验学习圈理论展开的，不断地提出假设，通过验证假设积累经验，再对经验进行反思寻找规律，继续对规律进行行动验证，最终找到了降低存货的长效解决方案。”

——摘自某制造业集团行动学习项目学员反思

2.4.3 持久转变心智模式——双环学习理论

组织遭遇绩效难题，源自组织成员的行为无效，而行为无效源自心智模式无效，所以只有心智模式的根本转变才能带来最彻底的学习发生，这正是双环学习理论揭示的组织学习原理。

双环学习理论是组织学习理论的代表人物克里斯·阿基里斯和唐纳德·舍恩在20世纪80年代初，借鉴了罗斯·.阿什比《为大脑而设计》一书中的观点而提出的。双环学习理论模型如图2-7所示。

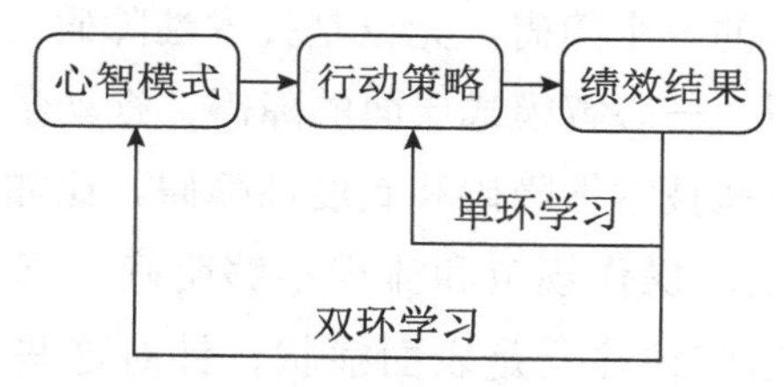

图2-7 双环学习理论模型

单环学习是指特定的工具性学习，它可以改变行动策略或其潜在的假定，但不改变指导行动的价值观(心智模式)。

双环学习是指让使用理论的价值观及其策略和假定都发生改变的学习。

双环学习理论告诉我们组织的绩效结果源自组织人员的行动策略，而支配行为的是人员背后的心智模式。孟子曰：“行有不得，反求诸己。”组织也是如此，当绩效结果不理想时，就会反过来找原因进行修正，而找原因也有不同的次第，只反思到行动策略层面，称为单环学习；反思到策略背后的心智模式，则称为双环学习。心智模式一旦转变，行动策略自然就会发生转变。

比如，发现缺陷产品的质检员可能会把信息传达给生产人员，而生产人员可能会因此改变生产方法以纠正缺陷，这属于典型的单环学习，也是大量组织采用的方法。这种学习方法有时会有效，有时却会失灵。当我们发现导致产品缺陷的根源一是生产方法本身的问题，二是生产人员对这种产品缺陷袖手旁观、置之不理时，那么只改变生产方法就无助于纠正产品缺陷，即使短期内见效，但一段时间之后又会迅速反弹。这正是大量企业面临的问题，绩效改善运动化。单环学习属于典型的“头痛医头，脚痛医脚”，而双环学习则触及问题的根本，当管理者追问，他们为什么从未采取行动，是什么心智模式导致了他们这种状态，并找到针对性的解决方案带来心智模式的转变时，两个层次的学习就会自然发生，这就是双环学习。

如果说经验学习圈理论告诉我们学习的过程是一个体验的过程，那么双环学习理论则告诉我们学习的本质是对无效的心智模式进行质疑并引发转变。针对问题反思行动背后所秉持的假设，对假设进行质疑，通过转变心智模式带来行为的转变，进而带来期望的结果。凡不触及心智模式的学习都容易流于形式，最终无法从根本上解决问题。

双环学习理论对行动学习的指导意义非常重大，因为组织遇到的复杂难题往往不是行动策略上的问题，都是行为背后的心智模式问题。按照双环学习理论所揭示的原理，行动学习开展过程中要坚持以下两点，才能让学习更有效地发生。

第一，解决问题时不要停留在问题的表面，要深挖其背后的心智模式。我们前面提到阻碍组织业绩突破的三个障碍，无论是技术性障碍还是制度性障碍，深挖到本质都会涉及适应性障碍——心智模式层面的障碍。行动学习过程中对问题进行分析，最初发现的往往是一些技术性障碍和制度性障碍，比如，产品质量缺陷是因为员工缺少知识和技能、生产操作规范和流程不够明确，真是如此吗？其实未必。对于大量的复杂问题，这些往往只是表面症状，针对这些表面症状给出的解决方案称为症状解，对问题解决的帮助非常有限，有时甚至会让问题变得更糟。比如，针对操作规范不明确给出更细致的规定，让操作变得高度复杂，会让操作者产生心里抵触，从而导致“捉迷藏”的游戏，检查时就遵守规范，不检查时就搁置一边。真正解决问题，需要深挖到这些表面问题背后的根本原因，针对这些根本原因再给出解决方案称为根本解。比如，导致质量缺陷的表面原因是操作规范不明确，而其实质却是员工认为他们只为遵守操作规范负责，而不必为产品质量负责，如果能让员工愿意为产品质量负责，那么员工自己就可以找到更有效的操作规范。

第二，促动师要高度关注行动学习小组人员不恰当的心智模式。行动学习小组成员一般由与难题相关的利益关系人组成，而组织内的复杂问题往往正是源自其利益关系人不恰当的心智模式，所以，促动师一定要洞察到行动学习小组成员中的不恰当心智模式，通过质疑与反思，促动小组成员首先转变心智模式。也只有当解决问题者自身的心智模式转变了，才有望带来问题的解决。

“学习前，茫然，只低头看路，不抬头看天，带病未求医；学习中，纠结，一度迷失方向，纠偏后继续前进；学习后，豁然，对症下药，轻装上阵才能走得更稳、更好！心智模式转变才是学习的核心，总结起来我们共有五大心智模式转变。

第一，从原来的'铁路警察各管一段'到项目全过程管理。每个工程项目任命一个项目经理，实行项目经理负责制，打破原有各个处室各管一段的管理模式，实现组织结构扁平化管理，提升工程响应速度。

第二，从推脱责任到出现问题归因于内，从自身找原因、找举措。比如，××项目的实施，为保证年底具备搬家条件，将影响工期的因素重新梳理，问题归因于内，不再抱怨使用单位配合不积极等外部原因，加强内部管控。项目经理重新编制网络计划图，落实装修进度节点、设备采购安装节点、电气安装节点，12月具备搬迁条件，目前正在配合进行单位搬家。

第三，从被动等、靠、要到主动汇报、提出解决问题方案。在实施××项目中，由于政府交地延期，没有被动等、靠、要，而是主动提出解决方案，把该项目分为两期实施。先行对具备实施条件的办公生活区进行设计、招标、提前开工，剩余项目根据交地进度陆续开工。

第四，提升了盯事的意识，主动强化自身的执行力。按照常规报建程序，××产业园两个园区8个单体项目，从项目报建到具备发证条件需要5个月的时间。为了保证工程项目的顺利开展，工程管理部发扬'蚂蟥精神'，紧盯关键事项，安排专人每个工作日在政府部门对每个审批环节实时跟进，利用周末时间整理各类报建资料，2个月内完成两个园区8个单体项目的各类证件。

第五，提升了工作中主动分析问题、解决问题的能力。××项目后期水、电、暖通安装工程、装修工程的施工，立体交叉作业多、施工周期长、施工人员多而且杂，不安全因素多。为保证该工程的顺利竣工，项目经理主动与使用单位、各施工单位沟通与协调，现场确定安装位置、变更方案，确保一次到位，杜绝返工。积极组织现场图纸会审、技术交流、每周例会，定期进行质量和安全检查。通过主动发现问题、解决问题，保证了各收尾工程的按期完成。”

——摘自某制造业集团行动学习项目小组总结

2.4.4 集体顿悟洞见未来——U型理论

U型理论的提出者是一位行动学习促动师——奥托·夏莫。夏莫在促动组织变革的过程中思考：团队、组织或更大型的系统需要经历怎样的过程才能接近集体创造力的深层根源？最终根据自己的实践，构建了七个步骤的U型过程，帮助组织向未来学习，转变心智模式，称为U型理论，如图2-8所示。

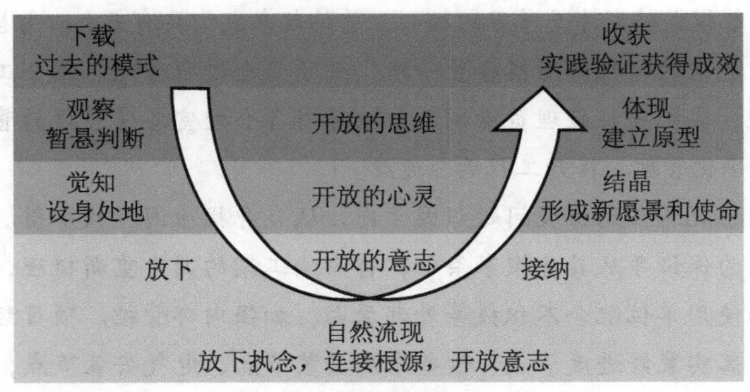

图2-8 U型理论

U型理论的七个步骤是一个体验过程，没有体验，理解起来会比较抽象，读者可以随着阅读去想象、感受这一过程。

第一步：下载——过去的模式。这是进入“U”的第一步，仍然延续我们的习惯来看问题，按照个人的惯性思维来看待世界，就像下载软件一样，从大脑中下载我们对问题的认知。例如，你和你的爱人刚发生了一场争吵，如果问你们俩刚才都发生了什么，大多数人都是以自己的视角来讲刚才发生的一切，这就是下载思维。我们以为看到了真实的世界，其实只不过是看到了我们大脑中想象的世界而已。

第二步：观察——暂悬判断，开放思维。开始沿着“U”下潜，我们先搁置习惯性判断，跳到系统层面来观察系统，不要被过去的惯性思维局限了，以开放的思维看世界，去发现新的事实，也就是常说的旁观者视角。继续刚才的案例，想象一下，如果房间的顶部有一台摄像机，回放刚才的场景，你都看到了什么？敞开心扉，放下防卫，把自己也作为被观察对象，一定会有新的发现。

第三步：觉知——设身处地，开放心灵。让自己的心智继续下潜，观察者与系统融为一体，在系统中不再区分你我，从系统的视角感知系统，通俗点说，从理性左脑进入了感性右脑，或者说从我们的大脑进入了我们的心，用你的真心去感受，就进入了开放的心灵。延续刚才的案例，从你和你的爱人组成的夫妻共同体的视角来观察和感悟，你会发现什么？换位到对方的视角你能感受到什么？你感到你们相互攻击，不去理解对方的行为，让彼此都很受伤，对夫妻的感情造成了伤害，你们为此感到很沮丧，也很懊悔。

第四步：自然流现——放下执念，连接根源，开放意志。当我们不执着于我与非我，不执着于得与失，不执着于过去与未来，恒定不变的原则就会自然涌现。当我们到达了“U”的底部，和“大我”进行对话时，就会看到正在发生的未来。延续刚才的夫妻吵架案例，一般我们会这样解释：“我就是这个脾气，他就是这个样子。”这些都是在给自己找借口，其实我们可以决定自己成为什么样子，我们的良知知道我们应该成为什么样子，与我们的良知进行对话的时候，答案就会自然涌现出来。

第五步：结晶——形成新愿景和使命。从“U”的底部沿着“U”的右边上行，带着我们在“U”的底部与自我良知对话得到的指引、顿悟到的本源智慧，接纳我们当下的顿悟向上走，就会看到对未来的梦想，“新的使命和愿景”就会如水晶般晶莹剔透地呈现在我们面前，或者也可以理解为，我们会集体洞见“新的使命和愿景”。延续刚才的案例，你们期望的夫妻关系的未来愿景是什么？体会在良知的指引下什么是你真正想要的，明确夫妻共同体的未来愿景。

第六步：体现——建立原型。再继续沿着“U”上行，从宏观世界进入微观世界，为了让愿景实现，我们该建立怎样的实践原型？在建立原型的时候，继续在良知的指引下，制定出新的规则，让一切变成现实。延续刚才的案例，要制定什么样的规则来实现愿景？要为愿景采取哪些具体行动？是经常换位到对方的视角去看问题吗？是约定以后两个人绝不同时发火吗？是约定即使吵架后也要给对方一个拥抱吗？将愿景落地为可见、可实施的行动和规则。

第七步：收获——实践验证获得成效。到达了“U”右侧的顶部，通过执行新的规则、开始新的行动，带来组织系统的转变，收获成效。把实证后的内容以规则的方式融入组织，带来组织所处的大生态系统的整体进化，如我们的供应商、客户等利益关系人组成的大生态系统的整体进化，我们不仅改变了自己，也改变了世界。延续刚才的案例，将夫妻间良性互动带来的成效进一步深化，形成健康夫妻关系并融入更大的生态系统中，比如双方家庭这个大生态系统，并使整体健康发展。

基于以下两点，我把U型理论列为行动学习指导理论之一：第一，我们身处高度不确定的时代，无论是经验学习圈理论还是双环学习理论，这种向过去经验学习的模式，在今天都已显得不足够，我们需要向未来学习；第二，就心智模式转变而言，U型理论能让大家共同见到真相，在转变心智模式方面具有强大的力量，这是迄今为止在世俗的学习理论中见到的利用心灵的力量最深入的理论，而且给出了非常明确的促动步骤。

U型理论对行动学习的指导意义非常重大，可供探索的空间也很大，我对这个理论的探索目前主要集中在三个方面。

第一，打破思维定式。思维定式会阻碍小组的创新，进而让课题得不到进展。比如，当组织尝试商业模式转型时往往会受到原有思维定式的束缚，会理所当然地认为自己不具备转型的能力，对转型的方向存在疑惑。我基于U型理论设计了两天一夜的转型研讨会，首先要做的就是打破大家的思维定式，进而促动学员一起洞见未来。

第二，开启真诚对话。当行动学习小组充斥着防卫、质疑和敌视，阻碍真诚对话时，最有效的方式莫过于让大家共同见到“真相”，我会依据现场的情况，借助U型理论进行设计，让大家看到当下的自我并进行反思，与自己的“真我”进行对话，承诺做出改变。一旦大家看到了“真相”，整个能量场就会发生变化，团队的心智模式会发生重大转变。

第三，发现顿悟的场景。在任何促动场景中，促动师一旦发现小组成员有可能通过看到当下、顿悟未来带来重大的范式转变时，都可以应用U型理论促动大家实现范式转变。

“我们对别人提出的问题非常敏感，会下意识地为自己辩护而无视问题的存在，要解决问题，我们必须改变现状。”

“我们一直处于对抗、自我保护的防卫思维中，我们敌视别人就事论事提出的问题，这是导致我们的课题无法深入进行下去的根本原因，我们必须做出改变，让我们的思维和心灵更开放……”

“就在刚才，仍然有一半的人认为我们的团队现在的状态是开放思维，这足以说明我们的自我防卫，其实每一个人都看到了我们刚才表现出来的防卫思维，我们不敢真实面对团队存在的问题。直面问题是解决问题的第一步，只有直面团队存在的问题，才有希望提升我们的团队效能，提升解决问题的有效性，继续延续目前的状况，无效的心智模式会让我们无法直面问题，即使找到了解决方案，方案也只能解决表面问题，无助于根本问题的解决。”

……

这些分享来自一个行动学习项目的学员感言，这是2015年我作为促动师促动的一个行动学习项目。当时小组成员在研讨问题的过程中表现出强烈的防卫思维，对任何的质疑都不断地为自我辩护，我让大家暂停了讨论。

我讲解了心智模式对解决问题的重要性，解释了对待质疑的四个层级的心智模式：下载思维、开放思维、开放心灵和开放意志。然后鼓励大家就刚才团队表现出来的行为进行评价，在我画好列表的白板纸上用黑点标识出当前团队心智模式所处的位置，用白点标识出对团队未来的期望。我鼓励大家真实、客观地评价团队，倾听自己的心声，用自己的心去指引自己的行为。最终评价结果如图2-9所示。

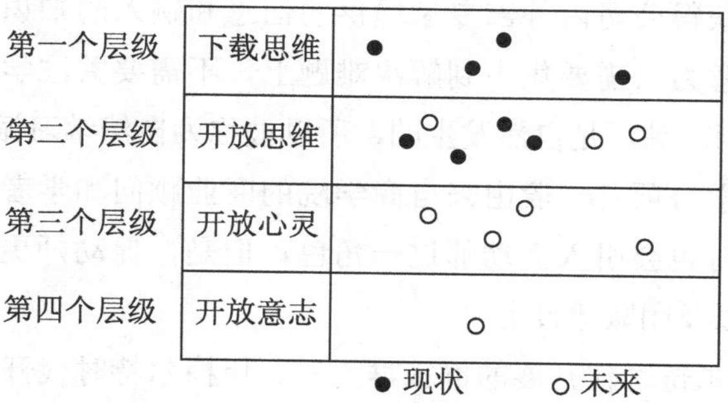

第一个层级	下载思维
第二个层级	开放思维
第三个层级	开放心灵
第四个层级	开放意志

● 现状 ○ 未来

图2-9 评价结果

当大家看到黑点都集中在第一和第二个层级上，而白点分布于第二、第三、第四个层级上时，每个人都陷入了沉思。一阵静默之后，我让每个人分享一下自己的感受，于是就有了之前列举的那些感言。

在场的每个人都有不同程度的顿悟，不带防卫色彩地表达自己真实的想法，整个团队开始变得真诚、阳光和坦率。随后进行的研讨中，大家变得包容、支持和理解，团队的能量发生了质的转变。

心智模式的转变其实并不难，当我们目睹真相时，变化自然就会发生。

以上是行动学习背后的四大理论，也是行动学习促动师需要潜心修炼的最基本的内功心法，有兴趣深入研究的伙伴可以参阅相关书籍。

2.5 行动学习的六大流派

从1938年行动学习诞生至今已经有80年的时间，在此期间，推广者和实践者不断地丰富着行动学习的理论和方法，也由此衍生出了行动学习的不同流派，这既繁荣了行动学习，但也不可避免地增加了企业理解和认知行动学习的难度。本节介绍一下行动学习的六个主要流派，帮助读者更加全面地理解行动学习，并按照自己的实际情况选择合适的行动学习做法。

2.5.1 自然学习派——专注解决问题，学习自然发生

自然学习派的基本假设是，当精心挑选的参与者通过一起协作解决难题，并在

解决难题的过程中获得公司内外部专家提供的信息和输入的知识时，学习就会自然发生。参与者的注意力只需要集中到解决难题上，不需要关注学习是如何发生的，学习是解决问题的副产品，是自然发生的，所以被称为自然学习派。

该类型的行动学习项目一般由来自商学院的商业顾问和学者主持，为解决问题提供知识支持，有时也会引入促动师这一角色，但是，促动师更多地出现在各个关键节点的会议组织以及团队建设上。

比如，GE在韦尔奇时代开展的群策群力法、伊梅尔特时代开展的LIG(leadership innovation growth)模式，都属于这一类型，小组成员将注意力集中于解决问题上，而不是学习上。

自然学习流派注重“做中学”，“做”当然是学习的核心，但是我们从行动学习的四大理论也可以看出，单纯的“做中学”缺少了对经验的反思、理论化和归纳，也缺少了对心智模式的反思，学习的发生其实是不足的。

2.5.2 科学方法派——遵循科学方法，质疑转变范式

科学方法派植根于瑞文斯早期所进行的研究以及提出的理论，基于瑞文斯的物理学家背景，所以该流派以科学方法为基础。

该流派的理论基石就是瑞文斯提出的人类一般行为理论中的α、β、γ三个系统，其中α系统确定了问题的来源，β系统中的调查、假设、实验、审核和回顾为解决问题和学习发生提供了方法论，γ系统明确了学习是如何发生的。该流派以质疑式提问作为学习发生的主要途径，这也源自瑞文斯的L=P+Q的行动学习公式。

由于行动学习开始时，学员对问题是迷茫、困惑和混乱的状态，所以该流派实施的行动学习项目在开始的时候需要有促动师这一角色的介入，以便帮助小组通过有序的讨论建立初步的、值得依赖的凝聚力。当然，瑞文斯也强调促动师必须尽力使小组尽早获得独立，然后迅速离场。瑞文斯认为，行动学习小组要通过问题的解决，自己尽快具有能够提出洞见性问题的能力，而不是一直依赖促动师。瑞文斯担心，促动师这一角色如果长期存在于小组中，很容易形成专家权威，让小组依赖促动师。所以，在科学方法流派中，促动师发挥的作用是非常有限的。

从我的实践来看，瑞文斯这种担忧是非常有道理的，习惯于向老师寻求正确答案的学员很容易视促动师为专家，而这种被视为专家的感觉也会让促动师乐在其中，从而违背了行动学习的本意。所以，我本人在实践中一直坚持采用让学员学习促动技术，然后在小组中轮流担任促动师的模式，最终让小组实现自我促动。

2.5.3 经验学习派——强化经验反思，洞悉客观规律

经验学习派以库博的经验学习圈理论作为理论基础，该流派认为，学习之所以发生，是由于小组成员通过反思自己过去的经验，然后通过实践验证形成新的经验，所以学习的目标是改变，通过转变认知获得新的认知，而不是重复过去的模式。通过行动学习，让学习在经验学习圈理论发生在四个阶段的每一个阶段。

由于在学习设计上具有明确的目的性，所以经验学习派区别于自然学习派从经验中学习的方式，不仅仅关注难题解决本身，更加关注在这一过程中的学习反思。行动学习小组在一个相对较长的时间内完成难题，同时要对学习过程、学习成果等进行明确的讨论，进而强化学习意向。在每一次会议中要专门安排时间进行学习回顾，坚持完成学习日志、个人发展计划和学习协议，所以不仅是解决问题，也让小组成员学会学习。

该流派继承并发展了瑞文斯的学习公式L=P+Q，并提出既然行动学习要求采取行动而不仅仅是提出建议，所以该公式需要增加R(reflection，反思)和I(implement，实施)，将公式发展为L=P+Q+R+I，这也是目前国际公认的行动学习公式。

这个行动学习公式与《中庸》对学习的论述高度契合，《中庸》告诉我们，学习首先要“博学之”(对应P)，然后“审问之”(对应Q)，再“慎思之，明辨之”(对应R)，最后是“笃行之”(对应I)。果然是大道相通。

在经验学习派的观念里，促动师在整个周期中对行动学习小组都很关键，承担小组解决问题以及学习的促动，示范质疑式提问的方式，让行动学习小组成员尽快学会并掌握，促动大家反思，让经验升华为智慧。

在我的实践中，尤其是针对长期的行动学习项目，会从两个方面来设计和促动行动学习项目，一是以解决问题为主线，二是以学习反思为主线，这种设计思路就源自经验学习派。

2.5.4 批判反思派——培养批判思维，转变心智模式

批判反思派认为，人们的认知往往存在缺陷，因为这些认知是经过自我过滤的，这种过滤源自其社会实践中积累的经验，所以要让学习发生，就要培养批判性思维，对自我认知要有明确的批判性反思，进而转变认知范式。这也让该流派明显区别于经验学习派，经验学习派的反思是对解决问题过程中的经验进行沉淀，而批判反思派则重在通过对认知的批判与反思促成范式转变。

批判反思派以批判心理学为理论基础，前面提到的双环学习理论也源自批判心理学，所以我将其列为行动学习的重要指导理论。在前面提到的行动学习项目中，对心智模式的反思和该流派的思想完全一致。学习的本质其实就是心智模式的转变，所以该流派是四个流派中触及并利用人类心智的力量让学习发生最为深入的。

在批判反思派中，促动师发挥着至关重要的作用。该流派认为，如果没有促动师和小组一起工作，小组的全部焦点往往容易仅仅聚焦于问题的解决方案上，小组变成了一个简单的项目小组，有失去学习维度的危险。该流派建议，促动师要全程加入，而且最好是来自外部，因为局外人的身份没有组织身份的约束，更利于自由地提问。

该流派的思想对行动学习的发展意义重大，当然，对促动师的挑战也比较大，任何心智模式的转变都有可能带来不同程度的对抗，所以在实践过程中非常考验促动师的功力。

2.5.5 自主协作派——自发组织推进，成为工作方法

自主协作派是近几年兴起的一个流派，其理论基础是通过在组织或非正式组织中创建实践社区，自主形成行动学习小组，形成小组的一致承诺，并按这个一致承诺自主运作。

自主形成的小组成员拥有共同身份，共同身份可以源自某一专业或行业的兴趣主题，如3D打印行动学习社区、人力资源管理互联网化实践社区等；也可以源自某一共有特征，如创新者实践社区、转型实践者社区等。围绕这些共同身份，小组成员通过定期交流、相互分享、质疑与反思，在解决挑战性难题或追求利益和机遇的过程中彼此有机地进行学习。

与传统的行动学习小组不同，自主协作式学习小组首先更加强调自主性，淡化了组织的组织作用。其次难题的来源变得非常灵活，既可以是大家共同倡导的某一难题，也可以是每一个人提出自己的难题；既可以在某一阶段有固定的题目，也可以是适时发现的问题。虽然存在这些不同，但其追求自主性的核心理念完全一致，鼓励参与者自主完成他们具有强烈动机和兴趣的课题，让所有参与者对自己的学习过程承担起完整的责任。

随着组织平台化的演进，分布式协作逐渐成为主流，该流派所倡导的行动学习将成为未来行动学习的主流。

2.5.6 众行绩效派——借鉴各大流派，专注绩效提升

众行绩效派是中国本土的众行行动学习研究院在广泛借鉴前面五大流派的成功经验的基础上，结合自身的行动学习实践，提出并推广的一个行动学习流派，是目前在中国本土产生的、影响广泛的一个流派。

众行绩效派是一个整合借鉴而来的流派，在关注焦点上借鉴了自然学习派的理论，注重实战效果而非理论研究，注重方法的简单、有效而非系统、全面；在项目实施上借鉴了经验反思派的理论，注重不断复盘以促进反思；在现场促动上借鉴了批判反思派的理论，复盘时围绕绩效目标的达成情况强调走出舒适区，以求彻底转变范式；在成果固化上借鉴了自主协作派的做法，在项目结束时强调将行动学习工作场所化，以期成为组织工作方法。

众行绩效派是西方行动学习在中国本土化过程中产生的，与前面五个流派相比，其最大的特征是更加适应中国本土企业的需求，这也是众行绩效派作为行动学习领域的后起之秀能够迅速在中国崛起，并成为领导品牌的重要原因。

以上是行动学习的六大流派介绍，其实就组织引进行动学习而言，什么流派并不重要，重要的是关注学习的目的，以及组织对于可能遇到的挑战是否能够提供足够的支持。选择经验丰富的促动师，促动师会根据组织对行动学习的准备度，给出合适的设计。

2.6 本章总结：行动学习——组织发展新范式

通过阅读本章的内容，我们认识到行动学习是与传统管理模式完全不同的全新范式。传统管理以“控制”为核心，行动学习以“释放”为灵魂；传统管理的地基是“把人当作机器”，行动学习的立足点是相信“心灵的力量”；传统管理构建的是“束缚人的他组织”，行动学习促成的是“平等协作的自组织”。

在传统管理为王的工业时代，行动学习偏安一隅，作为一种独特的学习发展手段而存在。当稳定、缓慢的工业时代行将结束，不确定、复杂的新时代已经到来时，以控制为核心的传统管理与不确定时代开始格格不入，而行动学习因为与这个时代的高度契合性而快速崛起，成为组织发展的全新范式。

2.7 学习反思：智慧火花，精彩再现

3点收获：本章让我印象最深的三点

2个感悟：此时此刻，我的感受和启发

1项行动：我决定用到工作中的一点

第2部分　实战篇

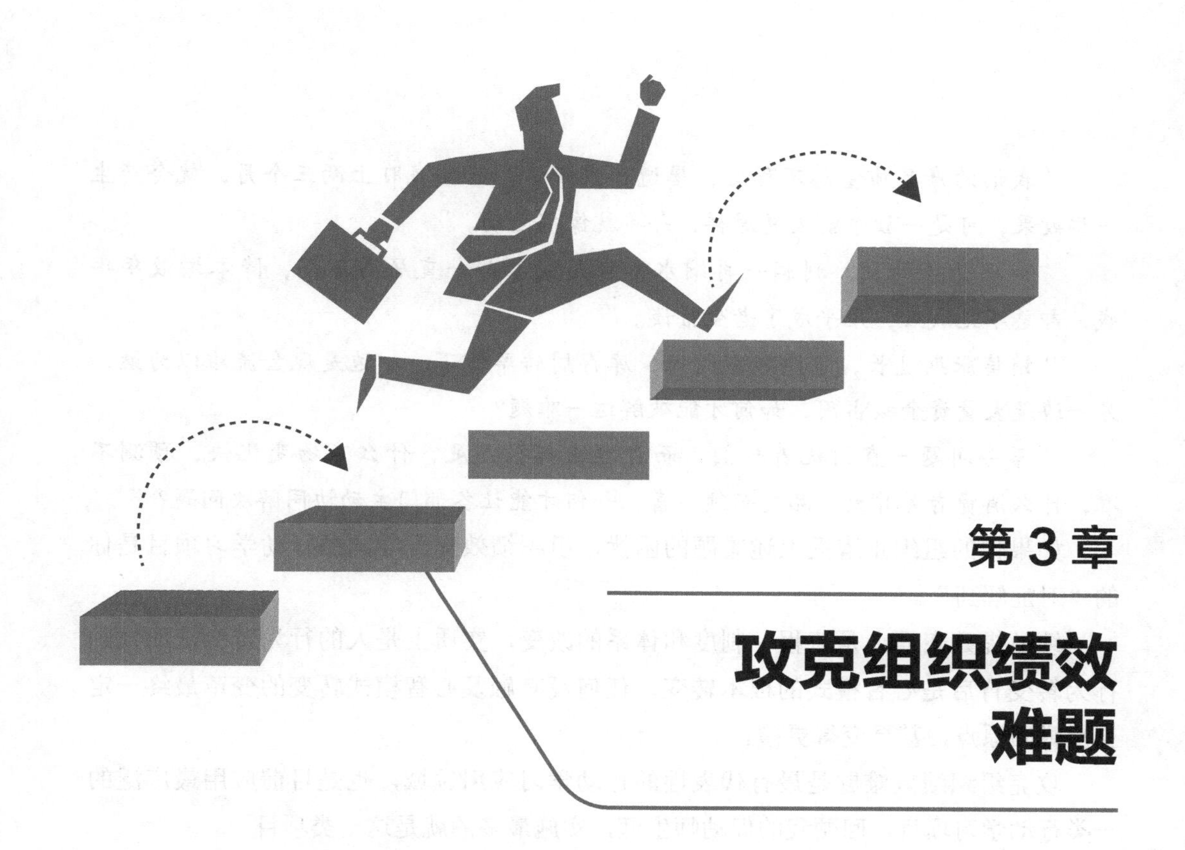

第3章

攻克组织绩效难题

“我们的产品质量总不稳定，屡遭客户投诉，只要我盯上两三个月，就会产生一些效果，可是一放手就恢复原样，每年就像搞运动。”

“市场竞争加剧，利润一再缩水，可是成本却一直居高不下，降本增效年年喊，却总不见成效，几乎成了老生常谈。”

“销售账期过长，采购账期过短，库存周转率低下，一边是现金流难以为继，另一边是大量资金被占用，如何才能破解这一难题？”

“库存问题一直困扰着我们，而且理由都很充足，什么市场变化快，预测不准，什么消费者差异大，品类必须丰富，如何才能让各部门主动协同解决问题？”

如果你的组织正遭受上述难题的困扰，组织绩效提升导向的行动学习项目是你的“对症解药”。

绩效提升表面上是流程、制度和体系的改变，实质上是人的行为转变，而人的行为转变背后是心智模式的根本转变，任何没有触及心智模式转变的变革最终一定会反弹回原点，甚至变得更糟。

攻克组织绩效难题是最有代表性的行动学习应用领域，也是目前应用最广泛的一类行动学习项目，回顾我的促动师生涯，实施最多的就是这一类项目。

本章将结合实际行动学习项目案例，全面阐述该类项目的引进前提、项目角色、推进步骤和人员成长等内容，以便读者全面把握该类项目的实施要点。

3.1 项目引进“两前提”

组织绩效导向的行动学习，将解决组织绩效难题和人的发展整合为同一过程，这既是优势所在，也是组织引入的难点所在。不言而喻，解决组织绩效难题需要组织投入比培训更大的资源和支持力度。引入行动学习攻克组织绩效难题能否成功，把握住两个前提是关键。

3.1.1 前提一：聚焦悬而未决的难题

难题是行动学习的载体，如果组织没有需要解决的难题，也就失去了引入行动学习的前提。当然，也并不是所有的难题都需要用行动学习解决，如果组织面临的难题可以通过组织熟悉的问题解决技术或系统分析工具解决，就不需要引入行动学习。行动学习要求组织面临的业务难题一定是悬而未决的复杂难题。试图引入行动学习之前，可以用下面的5个问题对难题进行检测。

问题1：没有人知道问题的答案吗？

问题2：是关键、紧迫的业务问题吗？

问题3：是对业务成果产生关键影响的问题吗？

问题4：是必须解决的非结构化问题吗？

问题5：该问题没有人知道如何解决，但很多人对此都有见解吗？

如果5个问题的回答都是“是”，那么引入行动学习就是一个非常合适的选择。如果有一个回答是“否”，则说明该问题并不适用于行动学习。

当然，所谓难题并不仅指组织遭遇的“麻烦”，也包括组织想要抓取的机遇、面临的各种挑战，所以想要取得更大业绩的组织永远存在适合行动学习的复杂难题。

比如，几年前楼市正旺，有一个房地产企业的人力资源总监一直想把行动学习引入公司，他对老板说，咱们开展行动学习吧，非常有实效。老板问，有什么实效？他说，可以提升业绩。老板狠狠瞪了他一眼说，你别浪费大家的时间，就是最大的业绩提升。当他和我分享这段经历时，我笑问，营销业绩没问题，但是内控怎么样？成本怎么样？质量和服务怎么样？这些都是业绩相关的问题。组织在任何一个阶段都会遇到难题，关键是要换位到高层的视角去思考。如果发自内心地想通过行动学习帮助组织发展，一定可以找到组织真正需要解决的绩效难题。

3.1.2 前提二：获得组织高层的支持

行动学习是不同于培训、咨询的组织发展干预手段，所以组织在推动行动学习项目的过程中会遭遇比较多的质疑——组织“噪音”，这既是改变现状的机会，也是阻碍行动学习推进的威胁。机会在于，可以通过行动学习解决问题的过程刺激组织范式发生转变；威胁在于，正在实施的行动学习项目容易被传统的力量抵制而遭遇失败。所以，获得高管支持对处理潜在阻力和确保成功就变得非常重要。

是不是所有组织开展行动学习项目都需要高管的支持？答案是肯定的。不过，不同的组织准备度需要高管支持的强度不同。当人力资源部门试图引进行动学习时，可以通过表3-1衡量组织的准备度，然后通过表3-2确认需要获得的高管支持强度。

表3-1 组织准备度测评表

序号	组织准备度问题	评分 (最低1分，最高5分)
1	组织鼓励并奖赏人们针对组织提出好问题	
2	组织中的人员经常提出新点子	
3	组织内部的沟通非常顺畅	
4	直面冲突并积极处理而不是压制下去	
5	鼓励人员学习新技能	
6	经常对工作进行反思回顾	
7	组织拥有书、影像、文件包等丰富的学习资源	
8	组织人员之间彼此帮助、鼓励，可以接受建设性批评	
9	工作模式比较灵活，经常同时开展多项工作	
10	高层人员鼓励并包容他人说出内心的想法	
合　计		

表3-2 高管支持需求评价表

得分	准备度等级	需要的高管支持强度
10～20分	低	需要高管拥有坚定的转型变革决心，愿意以身作则做出转变，全力消除组织“噪音”，否则行动学习项目很难推进
21～40分	中	需要高管给予大力的支持，出席关键环节表示对项目的支持，并对项目有功人员进行激励
41～50分	高	组织人员已经在用与行动学习类似的方式工作，行动学习项目将更加有效地提升组织人员的质疑与反思能力，组织人员可以迅速认识到其价值，只需高管发出号召表达支持的态度即可

从过往的实践来看，绝大多数组织的准备度处于“中”级别，项目的开展仍然需要高管提供大力的支持。在引入行动学习之前，可以反思以下五个问题，以确认是否获得了高管的足够支持。

问题1：高管了解行动学习带来的价值和利益吗？

问题2：高管会对行动学习小组提供时间和资源支持吗？

问题3：高管意识到并支持行动学习将会产生的潜在的文化变革吗？

问题4：高管愿意向项目的利益关系人澄清项目的重要性及其目标吗？

问题5：高管会支持并授权行动学习小组为解决问题而采取行动吗？

如果以上5个问题存在否定的答案，说明高管的支持是不充分的，仍然需要提高高管支持强度，让高管加大对行动学习的支持力度。

其实高管一旦能够认识到行动学习的价值，对行动学习的支持力度就会大幅度增加。因为行动学习是以解决难题为载体实现人的学习与发展的，而这恰恰是组织高管所期望的。

有一次，一家合作机构组织了一个半天的迷你型沙龙，参与的只有8个人，其中5位企业一把手，1位分管人力资源的副总，2位人力资源总监，笔者当时分享的主题是“战略落地导向的行动学习”。分享结束后，5位企业一把手都表现出强烈的兴趣，期望就下一步合作有更深入的交流。事后，5位企业一把手都有开展行动学习项目的意向，其中3家进行了合作，而3位人力资源管理者则表示回去向领导推荐，最后的结果是不了了之。

这是一次很有意思的经历，当组织的高管和业务大佬们真正认识到行动学习对他们的价值和意义时，经常会感觉相见恨晚。而当人力资源部向他们推荐时，又因为行动学习的专业度较高，人力资源部掌握和了解的信息有限，很难向这些大佬讲清楚。

人力资源部门可以借助外部的行动学习专家，采用高管研讨会的模式，向高管阐述行动学习的概念，分享其他组织开展行动学习取得的成效以及带给组织的价值和利益、可能会遇到的阻力、高管支持的意义和必要性等，通过提升高管对行动学习的认知而获取支持。

如果以上两个前提都具备，恭喜你，组织绩效导向的行动学习将非常适合你所在的组织，你可以考虑引进了。

3.2 项目成功“六角色”

组织绩效导向的行动学习项目要想取得成效，必须清晰界定6个关键角色：发起人、召集人、促动师、组长、组员和专家。这6个角色在行动学习过程中承载着不同的任务，发挥着不同的价值，是项目成败的关键。

3.2.1 项目推动的发动机——发起人

发起人负责在组织内发起和推动行动学习项目，发起人一般来自组织的高层甚至是最高领导，能深刻认识到行动学习的意义和价值，具有推动组织变革的决心。虽然行动学习最终打造的是自组织，但是我们也要回归现实，在目前的金字塔结构的组织中，如果没有高层的大力推动很难真正让行动学习启动起来。

想要让木头燃烧，首先要用火种将其加热到燃点，发起人就是点燃行动学习团队的火种。所以，金字塔结构下高层的行政权力推动是启动行动学习项目的第一推动力，当行动学习运转成为组织习惯时，反而会帮助组织打破这个金字塔结构，释放所有人的智慧。

当然，高层是个相对概念，取决于行动学习课题的边界，如果课题的边界就是一个事业部范围，那么事业部总经理或更高层领导可以充当发起人，如果课题边界是一个部门，那么部门经理或更高层领导可以充当发起人。确定合适的发起人对于行动学习非常重要，发起人在行动学习项目中要发挥4个方面的作用。

(1) 界定课题边界。这是发起人的首要职责，行动学习围绕课题展开，而课题的边界也决定了行动学习小组的行动大方向，发起人要帮助行动学习小组界定行动学习课题所涉及的公司战略或策略边界；明确职能分工下自己的控制范围边界；界定与要解决的问题直接相关的，如预算、可用的时间方面的边界；界定要使方案满足要求和获得认可而必备的因素；界定小组获得的授权边界等。

(2) 全程参与支持项目。发起人要在项目开始时帮助课题小组明确课题边界，中期跟进课题的进展，跟踪课题产生的阶段性成效、行动学习小组人员的状态、遇到的困难、需要的支持等，后期对行动学习方案需要经过的决策程序的把握，行动的验证及调整情况的跟进，以及最后收官阶段的回顾总结与成果固化。

(3) 与课题利益关系人沟通，清除项目障碍。当职能分工形成的壁垒给行动学习小组形成阻碍时，发起人要与课题相关的利益关系人进行沟通，为行动学习小组消除干扰，清除障碍。

(4) 人员激励。在项目初期，通过明确项目的重要性以及对组织和个人的重大意义，激励行动学习小组愿意为项目投入，全力以赴；项目过程中，结合行动学习小组取得的成效，通过个性化认可和集体庆祝的模式为项目成员加油鼓劲；项目结束时，奖励和重用在项目过程中表现突出的人员，以示组织价值导向。

“逯总是本次行动学习项目的发起人，经过前期的沟通，逯总深刻认识到行动学习的意义和价值，对项目高度重视，从项目前期的沟通到课题的确定，从第一次启动会与各组签订行动学习协议到第二次集中听取初步方案汇报后对课题纠偏，从每周工作会听取行动学习汇报到最后一次方案汇报的确认，全程大力推动，逯总这样推动，我们不敢不重视……”

——安信乐布难题攻关行动学习项目总结

3.2.2　项目过程的协调者——召集人

召集人负责具体管理和跟进行动学习过程，为行动学习提供资源支持，一般由发起人委派。召集人要充分认识到行动学习的价值，具有良好的沟通和协调能力，具有一定的调配资源能力。

召集人可以是一人担任，也可以是一个小组，一般来自组织学习发展部门或者运营协调部门，与行动学习项目推进的课题有一定的关系，在平时的工作中和其他部门有较多的交集，彼此熟悉，利于沟通。

召集人要在行动学习项目中发挥3个方面的作用。

(1) 跟踪管理课题进展并提供资源支持。行动学习项目持续的时间一般是几个月甚至一年，而绝大多数时候，行动学习小组是临时小组，除了行动学习项目工作外，还有岗位正常工作要完成，也意味着在项目开展期间，行动学习小组成员的工作量会大幅度增加，如果没有对课题进行跟踪管理，很容易出现懈怠的现象，所以课题召集人要跟踪行动学习小组的计划推进情况，跟踪其小组聚会情况，及时和发起人沟通，借助发起人的力量确保行动学习项目在正常的轨道上运行。当行动学习小组需要正常的组织层面资源支持时，召集人要发挥好协调作用，为行动学习小组的课题进展保驾护航。

(2) 发挥行动学习小组和发起人、促动师之间的桥梁作用。一个行动学习项目一般会同时有4～5个行动学习小组在运转，发起人因为所处的层面较高，很难有精力随时予以关注，而行动学习的促动师以外聘的促动师居多，与小组聚到一起的时间有限，所以召集人要定期将行动学习小组的进展情况、遇到的问题反馈给发起人和促动师，以确保发起人和促动师给予行动学习项目小组及时的支持。

(3) 创造行动学习在组织内的推广机会。如果召集人来自人力资源部，那么项目的启动阶段、初步方案汇报阶段、最终方案汇报阶段及成果总结回顾阶段都是向公司内其他部门推广行动学习的机会，可以通过邀请其他部门领导观摩项目、参与方案评审、参与成果点评等活动，在组织内推广行动学习。

“本次行动学习项目，王总亲自担任了召集人的角色，具体通过人力资源部进行跟踪和推进行动学习项目，为行动学习提供资源。为了保证项目成功，人力资源部和外部促动师团队组成了联合项目组，跟踪了各小组每周一次的聚会，对各小组的聚会进行管理和推进，为行动学习项目提供了很好的组织保障……”

——某食品集团降本增效行动学习项目总结

3.2.3 解决问题的催化剂——促动师

促动师可以外聘，也可以来自内部，因为内外部身份有别，在发挥促动作用时会有不同的注意要点。

对于外部促动师来说，过程设计时，要考虑到组织的个性化特征、课题特征和人员特征，做到有针对性的设计；过程促动时，要注意组织的文化、团队所处的阶段，从学习顾问的视角给出组织更有利于长期成长的学习建议。

对于内部促动师来说，当促动师职位较低时，要做到不被组织身份所干扰，确保中立，对小组成员不论职位高低一律平等对待；当促动师职位较高时，要有意识地消除职位带给员工的影响，营造民主、平等的氛围，除非小组犯了重大错误必须跳出促动师身份进行干预，否则一律保持中立。

“行动学习促动师是行动学习过程中的一个非常关键的角色，负责行动学习的设计和过程把握，需要具备良好的促动技巧、良好的沟通和协调能力，做事认真，有热情，有稳定的心理素质。本次行动学习项目能够取得成功，很大的原因在于和资深行动学习促动师的深度合作，在行动学习项目进展过程中，给予五个小组全程最专业的促动……”

——北京燃气集团领导力发展行动学习项目总结

3.2.4 小组课题的推进者——组长

组长负责在促动师的指导下具体组织小组研讨，负责行动学习小组行动计划的推进落实，一般来自组织内部，由相关职位的经理人员或业务骨干担任，需要掌握基础的促动技术，具有负责精神和协调能力。

组长既是本小组的课题贡献者，又同时扮演着本小组的召集人角色，对行动学习项目的成功有着很关键的作用。组长主要发挥以下五个重要作用。

(1) 确保组员人人头上有任务。从行动学习启动开始以及其后的每次聚会，都要确保每一个人都承担阶段性任务，避免小组中有“打酱油”的人员，更不要让自己沦为小组秘书，所有的任务都压到自己头上。

(2) 团队建设。组长要承担起行动学习小组的团队建设的责任，包括小组聚会的定期开展，也要关注小组成员的心理状态，及时进行正式或非正式的团队建设，保持团队的积极状态。

(3) 把控行动学习课题的推进节奏。对行动学习项目要有整体的规划，把控每一个阶段的节奏，确保课题的推进。

(4) 在组员、促动师、发起人以及召集人之间建立连接。组长是小组与外界连接的重要纽带，也最清楚行动学习的实际进展，所以组长可以通过书面(周报)或口头的方式与促动师、发起人和召集人保持良好的沟通互动，获取支持，沟通进展，寻求帮助。

(5) 培养促动习惯。在小组启动行动学习项目之初，往往没有形成促动的习惯，所以组长要有意识地进行强化，让小组成员人人都有承担促动师角色的机会，让大家体验促动过程，培养习惯，而不是仅仅把目光聚焦于课题上。

“本次行动学习项目的四位组长都是相关部门负责人，每位组长都为项目的推进承担起了责任：库存组的组长在行动学习项目组之外又成立了三个支持小组，协同推进课题；营销课题组的组长坚持人人担任促动师的原则，让组内成员普遍掌握了促动技能，并带入了日常工作；另外两位组长今年的工作量非常大，但是每周都坚持半天的小组聚会。所以本次四个课题的顺利推进和四位组长的尽职尽责密不可分……”

——某食品集团盘活1.5亿元现金流项目总结

3.2.5 解决问题的行动者——组员

行动学习小组的组员是解决问题的主体，也是行动学习的发展对象，其来源以组织内部为主，有时也从外部引进少量小组成员。组员要对问题有基本的认识，关注问题的解决，有学习的承诺，专业背景要体现互补性。

从具体的项目实践来看，除了在行动学习的六大特征中提及的对组员的要求，对组员还有以下两个关注要点。

(1) 保持组员的稳定性。除非在项目开展过程中发现小组成员知识、技能存在重大不足，需要补充新鲜血液，或者个别小组成员严重影响课题的进展和小组的协作，否则不轻易更换小组成员。小组成员的更换会给小组成员带来课题无足轻重的感觉，同时也会带来课题的延续性问题，所以小组成员一经确定非极特殊的情况下要确保人员稳定。

(2)尽量避免小组之间人员重叠。同一人员加入不同的行动学习小组会给个人带来较大的工作量，不易平衡不同小组的工作，所以不在迫不得已的情况下，应尽量避免小组之间人员重叠。如有需要，小组成员可以以协作者的角色去帮助其他小组，一般不承担所协助小组的行动任务。

“传统培训不能有效发挥作用，很重要的一点就在于培训往往是给学员增加了麻烦，而不是解决问题。而行动学习则不同，选择的是公司的重点、难点工作作为课题，对学员来说，行动学习是帮助他解决问题，而不是增加麻烦。同时，课题对学员具有足够的挑战性，常规的方法无法行得通，广大组员被激发出解决问题的最大渴望与动力，所以，这一次学员们都承担起了课题的责任，充分发挥了自主性……”

——华蒙通精益创业行动学习项目总结

3.2.6 专业知识的支持者——专家

专家是负责阶段性为行动学习小组提供理论或专业支持的人，既可以来自外部的咨询公司、科研院所、行业协会等专业机构，也可以来自组织内部，专家要对小组所请教的问题有很深的理论功底或了解最新的发展动态和信息。发挥好专家的作用需要注意两个要点。

(1) 小组内部无专家。专家来源于小组外部，只是负责为小组提供阶段性理论和专业支持，完成这种支持后就要离场。小组内部没有专家这个角色存在，即使有现实中的专家进入小组，一旦进入小组就不再是专家，只是小组一员。因为如果某小组成员被冠以专家称号，就很容易在小组内被贴上“权威”的标签，影响小组的民主、平等，阻碍集体智慧的激发。

(2) 把握好专家介入的时机。发起人、召集人、促动师或组长随着课题的进展发现小组存在短期内无法通过自己努力学习弥补的理论或专业缺陷，那么就可以结合课题的需要及时邀请专家为小组提供支持，另外，当进入方案评审阶段时，也可以邀请专家对小组的方案给予点评。不过，专家的价值只是理论和专业支持，最终的决策权在小组和发起人。

“流程专家和研发专家的1+1现场促动模式提升了现场成果的品质，双师促动模式是整体设计的一个创新之举，流程专家通过过程设计和过程促动，确保了过程的有效性；而研发专家的点评和及时的知识输入，补充了学员的知识短板，提升了成果质量。学员在解决实际问题的同时也开阔了思路，提升了认知，转变了认知，实现了解决问题和学习发展的双螺旋上升。”

——东风汽车企划和研发深度融合行动学习工作坊总结

行动学习的本质就是组织变革，其强大的威力毋庸置疑，而变革从来都充满挑战，行动学习要想取得成功，充分发挥好六个关键角色的作用至关重要。

3.3 项目推进“七步骤”

组织绩效提升导向的行动学习过程要经历七个步骤，本节内容将详细介绍七个步骤的核心要点，并提供每一个步骤的辅助工具，读者可参照每一个步骤的要点和工具，结合组织的实际情况，在组织中成功启动并推动行动学习的实施与深化运用。

3.3.1 选择课题——发起项目，聚焦难题

行动学习的标志性特征就在于围绕组织难题的突破展开，所以选题是关键。课题无论是一般人员提出，还是业务部门提出，抑或直接由组织最高领导人提出，都应该是值得解决的问题。选择具有挑战性、需要创新性的解决方案才能解决的重大难题更能体现组织对行动学习的重视，从而建立起广泛的承诺，确保行动学习项目的有效推进，为组织带来深远的收获，选题阶段需完成以下六项任务。

(1) 发起行动学习倡议。行动学习倡议通常由发起人在组织核心团队中以动员会的形式发起，在组织内凝聚广泛共识，为行动学习的推动积蓄力量。动员会可以邀请资深促动师分享行动学习的基本原理和成功案例，让组织核心层了解行动学习的基本概念和实施方式，认识到行动学习项目对组织发展的重要价值和意义，对可能投入的资源和提供的支持预做心理准备。

(2) 确定行动学习召集人。发起人选定并委任行动学习召集人，在组织核心团队中明确召集人在行动学习项目推动期间需要承担的职责，以及相关人员需要给予的

支持和配合。

(3) 确定行动学习促动师。组织在引进行动学习初期，建议聘用外部专业促动师，当广泛开展行动学习后，要加大内部促动师的培养力度，可在外部促动师的指导下转入自主实施，当组织成员具备一定的促动技能后，可以采用自我促动模式。

(4) 征集行动学习问题。由行动学习召集人按照发起人的项目意图界定问题范围，向相关人员征集行动学习问题。提出问题的人称为问题所有者，发起人的职务要高于问题所有者，便于课题推进。

(5) 准备行动学习候选问题。问题所有者准备行动学习候选问题，凡符合征集范围，对组织重要且需要突破性解决策略的问题都可以考虑。问题既可以是需要几个月时间才能解决的重要且复杂的问题，也可以是经过一次工作坊就能快速解决的、复杂度相对较低但紧急程度较高的问题。问题通常与战略、运营、人才、管理、市场营销、客户关系等密切相关，比如下列问题：

- 如何提升营销业绩
- 如何优化运营体系
- 如何建立全新的薪酬绩效体系
- 如何降低制造部门生产成本
- 如何降低库存
- 如何优化公司信息管理系统

……

(6) 收集并评估问题，确定行动学习课题。课题可以由发起人在候选问题中直接指定，也可以通过发起人、召集人、促动师和问题所有者共同评估确定。由于问题的选择对行动学习非常重要，因此，评估和选择过程一定要严格，表3-3是常用的行动学习问题评估工具，要确保选定的问题平均得分不低于4分，单项得分不低于3分。

表3-3 行动学习问题评估表

评估标准(1～5分)	问题1	问题2	问题3
1. 组织当前的重要难题，具有迫切的现实意义			
2. 参与面广，有助于提高个人与组织的能力			
3. 问题的解决过程可以提供学习机会			
4. 需要持续性解决			
5. 问题没有现成答案			
6. 方法和成果可在组织内分享			
7. 成员有权针对问题采取行动			
平　均			

3.3.2 组建小组——选择人员，确定周期

小组是行动学习解决问题的主体，也是被发展的对象。选定课题后，就要组建行动学习小组，确定项目周期，这一环节共包括六个步骤。

(1) 确定候选人名单。召集人和问题所有者根据问题类型拟订15～20人的候选人名单。人力资源部可介入小组成员的选择过程，以便通过行动学习实现人力资源开发目的。

(2) 候选人资质评估。促动师、召集人、问题所有者共同对小组成员进行资质评估，最终从大名单中选择10名左右候选人。表3-4为常用的小组成员资质评估工具，合格的小组成员平均得分应不低于4分，单项得分低于3分的不能超过3项。

表3-4 小组成员资质评估表

序号	准则(1～5分)	候选人				
		A	B	C	D	……
1	关注行动学习的问题并对解决问题做出了承诺					
2	对问题有一定的认识和理解，对解决问题可以有一定贡献					
3	具有落实行动学习方案的能力和决心					
4	具有个人学习与发展以及帮助他人学习与发展的强烈愿望					
5	具备倾听和反思能力、自我质疑和质疑他人的能力					
6	心态开放、有向小组其他成员学习的愿望					
7	花时间参加行动学习对日常工作影响不大					
8	现在或过去的职务、资历及经验对解决问题有帮助					
平均						

(3) 候选人多样性评估。促动师、召集人、问题所有者将10名左右的候选人组合成2～3个小组，评估小组的构成具有多样性。表3-5为小组构成多样性评估工具，最后选定的行动学习小组平均得分要超过4分，单项得分应不低于3分。

表3-5 小组构成多样性评估表

序号	准则(1～5分)	符号程度		
		小组1	小组2	小组3
1	专业背景多样性：小组包括解决问题所需的不同专业背景的成员			
2	学习风格多样性：具有实干、反思、创新、理论等风格			
3	组织来源多样性：来自课题相关的不同部门，具有不同职能			
4	社会属性多样性：性别、年龄具有差异性和互补性			
	平 均			

(4) 确定小组成员名单。召集人与候选小组成员及其上司沟通，以考察候选人是否有时间保证，是否关心行动学习的问题，是否具有参与热情，最终确定6～8人的小组成员名单，并将召开行动学习启动会的通知发送给小组成员及其上司。

(5) 指定组长。召集人、课题所有者在小组中选择合适的人员，经与本人沟通，指定为行动学习小组组长。

(6) 确定项目周期。依据问题的类型、难度，小组成员的知识储备等确定行动学习项目周期，如图3-1所示。

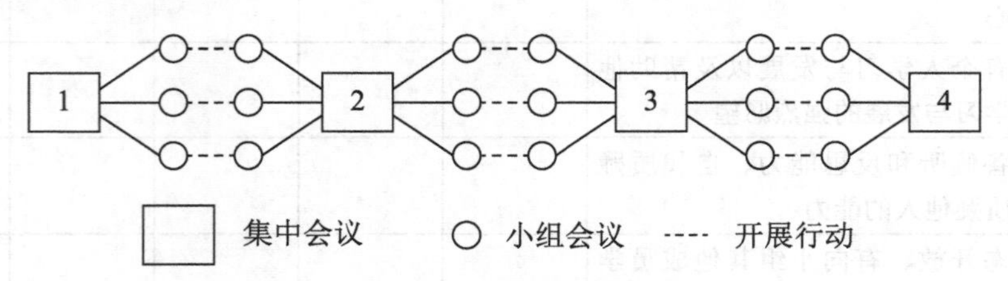

图3-1 行动学习项目周期

行动学习过程其实就是一个研讨，行动，再研讨，再行动不断循环往复的过程，期间，无论是集中会议，还是小组会议都是研讨的过程。每次会议最后会明确小组成员接下来要采取的行动，在会议间隔，针对课题由个人独立或成员合作开展行动。项目周期的设计以下面四个要点为基础。

要点一：项目持续时间要符合课题需要。视行动学习问题的复杂性和紧迫性，整个行动学习从启动到结束持续的时间一般为几天～12个月。在可能的情况下，要确保给予足够的时间，如时间得不到保障，将导致问题解决和学习走过场、不充分。时间安排上，尽量少占用休息时间，避免引起小组成员抵触。

要点二：小组会议时间要长度适中。每次小组研讨会最理想的时间是4小时左右，这样最能发挥成员的创造力。如果项目复杂，可以持续更长的时间，但最好不多于两天，避免成员过度疲劳，影响效果。

要点三：小组会议频率要张弛有度。研讨会频率不能少于每月1次，否则成员会花大量时间回顾前一次研讨的内容，也不建议每天1次，会导致行动和反思的时间不够充分，当然，问题特别紧急的情况除外。从长期实践来看，每周1次是比较理想的频率。

要点四：集中会议时间和频率要节奏适当。一个典型的行动学习项目，多个小组集中学习、相互分享和汇报一般为4次集中，共10天时间，如表3-6所示。

表3-6　典型项目设计(4～5个组)

项目阶段	时间	与前次间隔	主要任务
启动会	3天	—	学习行动学习基本理论、学习解决问题工具、学习研讨工具、学习促动技术、澄清课题、制订行动学习计划
第二次集中	2天	1～1.5月	学习质疑与反思工具、学习创新工具、汇报初步方案、完善方案、制订行动学习计划
第三次集中	3天	1～1.5月	汇报最终方案、确认最终方案、研讨推动变革的相关举措
第四次集中	2天	2～3月	汇报行动学习成果、分享成功和失败案例、行动学习成果固化

3.3.3　启动项目——澄清课题，凝聚共识

“好的开始是成功的一半”，行动学习启动会的召开意味着整个项目正式拉开帷幕，项目能不能顺利推进，启动会发挥着重要的作用。一次成功的启动会要把控好七个重要环节。

(1) 启动会准备。召集人与促动师、发起人确认启动会具体时间，并通知课题所有者和学员出席参加。

(2) 行动学习动员。发起人进行动员讲话，强调项目的重要价值和意义，激励行动学习小组全情投入。

(3) 签订三方承诺。问题所有者向小组成员阐述问题背景及解决问题的积极意义，并承诺实施小组成员的最终解决方案。问题所有者的承诺非常关键，将直接影响小组成员的投入度。问题所有者、小组成员和促动师签订三方承诺协议，小组成员签订行动学习契约，并庄严宣誓承诺。

(4) 学习行动学习理论、实践促动技能。促动师向小组成员介绍行动学习原理、要素、过程及研讨工具，小组成员围绕课题学习并实践促动技能。

(5) 澄清问题。要解决问题首先要澄清问题，课题所有者最初提出的问题很有可能并不是真正要解决的问题，所以在解决问题之前需要对问题做进一步澄清，并与课题所有者进行澄清确认，确保课题的起步方向正确。

(6) 学习解决问题过程工具。就解决问题过程而言，无论什么问题，都跳不出澄清问题、设定目标、分析问题、提出对策、制订计划、复盘推进六个步骤，但就解决具体问题而言，只按照这个大逻辑是不够的，需要针对性更强的过程设计，这种针对具体问题类型设计的研讨工具就是我们前面讲过的“过程工具”。

(7) 制订行动学习计划。小组成员制订详细的行动学习计划，并经召集人和促动师确认，作为小组未来行动的依据，同时也作为召集人对课题跟踪管理、促动师指导的依据，具体内容如表3-7所示。

表3-7 行动学习计划表

<table>
<tr><td>课题</td><td colspan="5"></td></tr>
<tr><td>组长</td><td></td><td>组员</td><td></td><td>总周期</td><td></td></tr>
<tr><td rowspan="2">序号</td><td rowspan="2">时间</td><td rowspan="2">地点</td><td colspan="2">研讨会</td><td rowspan="2">跟进的行动</td></tr>
<tr><td>解决的问题</td><td>目标或预期取得的成果</td></tr>
<tr><td>启动会</td><td></td><td></td><td>(例：澄清问题、确定目标)</td><td>(例：制订行动学习计划)</td><td>(例：核实问题的现象、核实目标)</td></tr>
<tr><td>第一次</td><td></td><td></td><td>(例：分析原因)</td><td>(例：因果分析网络图)</td><td>(例：查阅资料、与专家交流、现场核实等)</td></tr>
<tr><td>第二次</td><td></td><td></td><td></td><td></td><td></td></tr>
<tr><td>第三次</td><td></td><td></td><td></td><td></td><td></td></tr>
<tr><td>……</td><td></td><td></td><td></td><td></td><td></td></tr>
</table>

3.3.4 研讨问题——质疑认知，转变范式

研讨问题是小组解决问题的核心过程，无论选用何种类型的解决问题过程工具，其核心过程一般包括以下四个步骤。

(1) 分析问题。要有足够长的时间用于分析问题，以确保对问题的界定有效，促动师必须有意识地促动小组成员放慢思考节奏，避免小组成员直入主题，过早形成方案。

(2) 收集数据，验证假设。闭起门来的研讨形成的观点都是假设，必须经过验证，小组成员要依据课题的需要去收集内外部各种数据，或者深入现场调研去确认事实，通过验证不断修正假设，澄清认知。

(3) 补充知识。当发现小组成员对问题存在知识缺口时，可根据需要采用自学、

网络学习、专家培训等方式及时输入解决问题所必需的知识，使解决问题更有效。

(4) 提出解决问题方案。针对问题，小组成员共同研讨并提出解决方案。条件允许的情况下，应该在小范围内测试初步方案，创造证明方案有效性和学习反思的机会。

表3-8展示的就是针对偏差型问题设计的典型的行动学习研究问题、转变范式的过程。

表3-8 研讨过程示范表

过程	负责人	方法及工具
1.陈述者陈述问题，小组其他成员质疑问题，澄清问题	小组成员	
2.如果需要，可以引入一些理论工具	促动师或专家	
3.剖析问题的原因	小组成员	鱼骨刺图
4.针对原因制定多个候选方案	小组成员	
5.评估方案并选出效果较好的方案	问题所有人、小组成员	T型评估工具、成本收益分析
6.实验方案的可行性	小组成员	
7.完善方案并评估学习效果	小组成员	
8.向问题所有者演示并提交方案	发起人、召集人、问题所有人	

3.3.5 执行计划——推进方案，验证假设

执行行动计划前，必须通过组织正式的决策程序才能启动，表3-9展示了执行行动计划所涉及的具体任务。

表3-9 执行行动计划任务表单

内容	负责人	方法及工具
制订行动计划	问题所有者和行动学习小组	PDCA、5W2H1R
召开正式的工作会议，批准行动计划	决策部门或问题所有者	
成立执行小组	行动学习小组成员以及所在组织的其他人员	
实施计划	执行小组	工作结构分解图、甘特图
定期研讨和反思，并修正方案	行动学习小组成员	
项目验收	问题所有者、召集人、发起人	

需要特别注意的是，执行行动计划过程中的反思是学习发生的最重要的阶段，所以小组成员一定要参与实施行动计划过程，才能对解决方案及问题本身形成进一步的反思，让学习得到升华。

3.3.6 复盘评估——反思过程，升华成效

项目正式结束前，对行动学习进行全方位复盘，表3-10展示了行动学习复盘具体涉及的任务。

表3-10 行动学习复盘任务表

内容	负责人
1. 制定会议日程	召集人
2. 对问题解决效果进行评估	问题所有者
3. 对问题解决过程中的经验进行总结	小组成员
4. 个人的学习体会和感言	小组成员
5. 质疑与反思过程表现评估	小组成员
6. 行动计划质量评估	小组成员
7. 对促动师评估	小组成员
8. 学习效果评估	小组成员
9. 行动学习过程改进建议	小组成员
10. 问题解决方案改进建议	小组成员

复盘评估是行动学习重要的学习反思环节，是将经验升华为一般规律的过程，是持续提升和改进的过程，所以复盘过程必须严格，不能流于形式，这是行动学习的重要组成部分，绝不能省略。

3.3.7 固化分享——固化成果，分享传播

固化分享是为了使行动学习成果进入组织的制度和流程，扩大到组织其他部门，利用行动学习成果改善业绩，将学习成果融入组织的文化中，使行动学习成果最大化。固化与分享的具体任务如表3-11所示。

表3-11 固化与分享任务表

内容	负责人
1. 制定会议日程	召集人
2. 行动学习经验交流和分享的意义	发起人
3. 行动学习问题解决的效果分享	问题所有者
4. 组织研讨行动学习成果如何固化到组织的制度和流程中	召集人
5. 组织研讨其他部门如何利用行动学习经验及行动学习的成果	召集人
6. 对行动学习小组成员表示感谢	发起人或召集人
7. 宣布行动学习小组使命完成，解散	发起人或召集人

一定要在完成成果的固化和分享后再宣布行动学习小组的解散，否则行动学习

小组成员可能会感到组织对成果固化和分享的重视不足，而失去将行动学习融入日常工作的热情。

以上七个步骤可帮助组织充分发挥行动学习的作用，并促进行动学习在整个组织的推广应用，产生更为深远的影响，保障行动学习的成功和延续性，帮助组织克服在行动学习前进道路上的阻碍。

组织变革的核心是持续，常态化才是组织变革的终点。行动学习只有开始，没有结束。所以，第七步既是结束，也是新的开始，重新回到第一步，选择更有挑战性的课题类型，在组织的其他部门中开始新的推动，转入新的循环。只有当行动学习融入组织的“血液”，完全演进为组织的工作方法，甚至组织已不再提及行动学习这个名称，但随处都是行动学习的时候，才是真正的成功。

3.4 案例：攻克食品龙头企业的绩效顽症

成本高是不少生产型企业面临的问题，也是行动学习中的一类典型难题。不少企业试图采用咨询、培训和自主变革的办法降低成本，但往往收效甚微。咨询和培训最大的阻碍是“落地难”，看着似乎不错，一到实施就走样；自主变革的最大阻碍是“运动化”，一抓就见效，一放就反弹。最终结果是降本增效成了老生常谈，年年都在喊，却总不见成效，我服务的客户中遭遇这一类难题的有很多。2014年，我在一家食品集团实施的一个项目就颇具代表性。

3.4.1 症状：一抓就见效，一放就反弹

第一次见到孟总是2014年3月，他当时正为一件事烦恼：降本增效。孟总是某食品集团的生品事业部总经理。这是一家全国食品行业的龙头企业，是一家从事种鸡养殖、饲料加工、肉鸡养殖以及鸡肉制品加工生产的全产业链公司。全产业链带来质量保障的同时也让管控难度加大，最直接的表现就是成本在同行中不占优势，所以降本增效一直是公司的重点工作，但却没有好的成效。

生品事业部是公司的成本大户，有5 000多人，人数占全公司的一半，是劳动力最密集的部门。加工过程中产生的人工费用、资源消耗、加工损耗等一系列成本是

附着在鸡肉制品之上的最大成本，虽然降本增效一直是其重点，但成效不大，细究原因，共有两个难点。

第一，密集的劳动力增加了管控的难度，让降本增效的难度大幅度增加。工人大多是初中没毕业的农村妇女，5 000多人的规模导致管理层级多、幅度大，从总经理到一线工人有六个层级，管控举措层层衰减，很难落地，十几个部门的管理幅度也让管控难度加大，难免顾此失彼。

第二，承上启下的部门位置增加了协同挑战，让降本增效难度大幅度增加。生品事业部的上游是养殖事业部，下游是食品事业部和国际营销中心，外部是麦当劳、肯德基等客户，简单来说，其工作就是把上游提供的活鸡，按照下游的规格要求加工为各种生的鸡肉制品。听起来似乎很简单，但想要做好并不容易。鸡是活物，不同于其他原材料，虽然鸡的出栏也有计划，但是计划只是预期，具体出栏时间得看鸡的情况，上游的计划变动性比较大导致生品事业部的排班计划经常被打乱，而任何排班计划的变动都意味着成本的增加；下游跟着客户需求走，一旦有新的规格要求，就意味着加工工艺的调整，工人的熟练又需要一个过程，也意味着新的成本的增加。

降下来的成本就是纯利润，孟总深知降本增效的重要性，也采取了培训、精益生产咨询和加强管控等举措，但最大的困惑在于各种举措施行时，狠抓一段时间就会见效，一旦不抓就会反弹。“狠抓”与“反弹”交替了两年，收效甚微。

3.4.2 处方：用众人之智，治绩效顽症

当时我正在该集团实施两个行动学习项目，一个是食品事业部的营销战略项目，另一个是分管财务的副总发起的“盘活1.5亿元现金流”的项目，两个项目的良好反馈，让孟总看到了降本增效的可能途径。所以在“盘活1.5亿元现金流”项目间隙我们进行了一次沟通。孟总很想尝试一下这种新的模式，但是，对此他也有一些担忧。

“让大家通过自主解决问题来学习成长是一个可以尝试的新模式，但是感觉有两个障碍不好突破。”孟总说。

“第一，大家的知识、技能可能不足以支撑项目的开展。当然，这并不是说管理者们的能力不够，而是近几年能采用的举措基本上都用了，长期待在一个环境里时间久了就会熟视无睹，很难再看到问题，就是再提出一些举措，也基本上是一些常规的举措，很难产生突破性效果。就像我刚来的时候，很快就能看到部门里面存在的各种问题，采取一些举措，马上就能见效，但是时间久了就习以为常了，很难

再看到什么问题。

"第二，中基层管理者在降本增效方面的动力不足。作为一个承上启下的部门，需要中基层管理者有比较强的协同能力，而大多数的中层管理者都是被动应对，基本上是上面有要求就应对一下，缺少主动协同。"

孟总提及的两个障碍，正是我在第一章提到的阻碍业绩提升的三大组织障碍中的技术性障碍和适应性障碍，因为降本增效必然意味着制度、流程的革新，所以制度性障碍未被提及。而全面突破三大组织障碍、提升业绩正是行动学习项目的核心。

经过解释，孟总理解了行动学习对三大障碍的突破路径，认为通过行动学习释放群体智慧，让管理者自主解决降本增效难题，同时在解决难题的过程中实现管理队伍的能力发展可以说是一举两得。虽然对具体的操作仍有疑惑，但既然找不到别的更有效的办法，就决定试一试。

3.4.3　治疗：难题是起点，绩效为落点

降本增效项目的最初提出者谭总(集团总经理)责成生品事业部和人力资源部共同承担此项目，因为课题的范围界定在生品事业部，所以孟总担任了项目发起人，人力资源总监王总及人力资源部门的相关人员担任了召集人的角色。

课题方向很明确，就是降本增效，但就行动学习而言，这个问题还不够具体，需要进一步细化。和孟总沟通后，决定用一天的时间召开选题研讨会完成选题和小组组建。

2014年4月24日，生品事业部60多位管理骨干集中在会议室中，他们对将要发生的一切感到非常陌生，仅限于通知上了解到这次会议和降本增效有关，会引入一种新的降本增效方法——行动学习，听说在食品事业部和财务部使用之后很有成效，除此之外一无所知。

会议开始后，孟总首先对事业部的管理骨干进行了动员讲话，阐述了降本增效的重大意义、公司对降本增效工作的决心，以及事业部目前面临的成本压力，同时简单介绍了行动学习在食品事业部和财务部所取得的效果，鼓励大家要集思广益，帮助事业部查找出导致成本高企的具体问题。

接下来，我作为促动师介绍了行动学习的基本概念，绩效提升导向行动学习的理念，通过其他企业的降本增效案例向大家展示了行动学习解决问题和学习成长的双螺旋过程。

在学员对行动学习和要实施的项目有了一定认知后，接下来请大家就事业部目前成本高企的现状进行分组研讨，找出导致成本高的具体问题有哪些。

学员的热情和参与度出乎孟总的预料，大家围绕成本问题积极踊跃发言，最终提出事业部当前存在的具体问题达70多项。

这些具体问题被归集为7个大类，通过对课题聚焦和评选，最终确定了7个课题。

课题1：生产工艺流程优化

课题2：提升计划协同性

课题3：优化产品结构，提升综合肉价值

课题4：设备替代人工

课题5：建立新的薪酬体系

课题6：提升职能部门效能

课题7：加强班组建设，提升员工敬业度

确定的7个课题既有业务类课题(课题1、2、3、4)，也有管理类课题(课题5、6、7)，都属于降本增效这个大课题下的子课题，同时也明确了降本增效的总绩效目标——在现有产值规模的基础上增加1 100万元毛利。

选定7个难题是降本增效的起点，实现增加1 100万元毛利的绩效目标则为衡量本次项目成败的落点。

3.4.4 相济：高层搭平台，小组唱主角

课题选定后，接下来就是组建小组。7个课题需要组建7个小组，总人数规模为50人左右，基本上覆盖了生品事业部的所有骨干力量，所以小组成员可供自由选择的空间不大。

孟总与本人沟通后指定了7位课题组长，然后由7位组长组建小组，小组组建采用组长邀请和本人自愿加入结合的模式，尽量保证小组构成的多元化。

当时在场的共有6位组长，其中“提升职能部门效能”课题小组的组长不在现场，所以该小组为事后组建，而当这个课题组组建时，不少骨干力量已进入了其他6个小组，所以人员选择余地比较小，也导致这个课题的进展不及另外6个课题。

项目的周期设计采用标准的行动学习设计，从选题并组建小组开始，一直到推动方案落地结束，整个项目历时半年多，共包括4个阶段、5次集中会议和若干次小组会议和行动，期间安排了一次小组促动辅导，提升小组的自我促动能力，同时也

根据学员表现出来的知识短板安排了知识补充学习。

7个小组的数量超出了行动学习项目一个集中班级承载的小组上限，同时，7个课题分别属于不同类别，需要采用不同的解决问题逻辑，所以为了确保学习效果，决定将7个课题分为两个班推进，第二、三次集中会议采用分班模式，第四、五次集中会议采用合班模式，小组每周至少聚会一次。项目日程如图3-2所示。

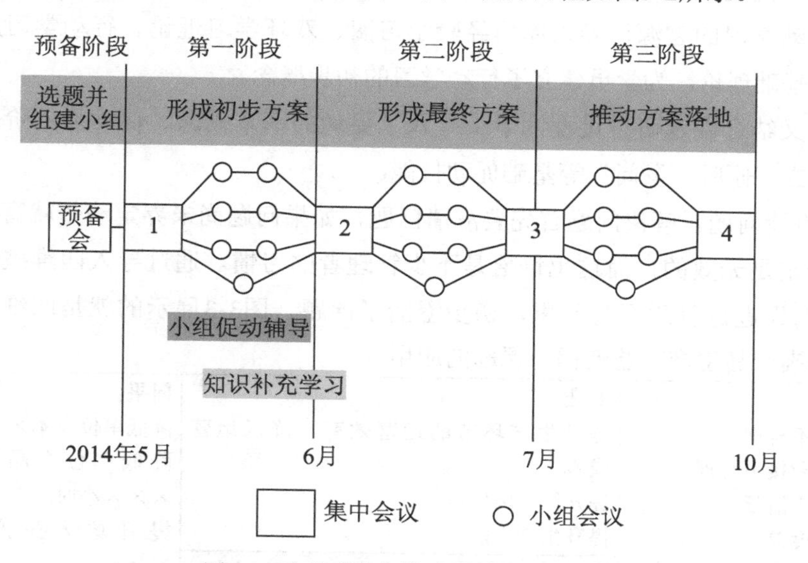

图3-2　生品事业部降本增效项目日程

行动学习小组组建完成后，孟总进行了总结讲话："这一次的主角是大家，你们放开手来解决问题，我负责搭建平台为大家提供资源支持。"

3.4.5　启动：上下互承诺，全员聚共识

2014年5月12日，行动学习项目正式启动，7个课题组分成两个班，所以启动会也是分两次进行。每个班的启动会都是历时三天，共完成以下7项任务。

(1) 动员讲话。行动学习项目正式启动，孟总非常认真地准备了动员讲话，除了强调项目对组织的重要意义，也着重强调了项目对个人的重要意义，包括项目过程会给大家带来的成长，还有项目最后产生的成效将会和大家进行分享，所以项目名称也从降本增效改为"提薪增效"。

(2) 签订三方承诺协议并宣誓承诺。发起人孟总、项目促动师、各小组三方签订了业绩发展承诺书，各小组向孟总承诺将全情投入课题，为解决问题和自己的学习成长负责。孟总则承诺会全力支持大家推进项目，所有人都进行了宣誓承诺，建立

了心理契约。

(3) 团队建设。行动学习项目将持续半年以上，每个小组的7～8位成员将一起走过这一段旅程，所以7个小组进行了团队建设，取了队名、设计了队徽、统一了口号，大家在同事之外又贴上了一个共同的标签，增强了对团队的认同感。

(4) 学习行动学习理论、实践促动技能。团队建设之后，我作为行动学习促动师介绍了行动学习的起源，导入库博经验学习圈、双环学习理论、行动学习六要素等行动学习基础理论，为学员建立了行动学习的初步概念。

其后又结合课题研讨过程为学员导入了促动的基本概念、促动师的价值，以及“保持中立、倾听、发问”等基础促动技能。

(5) 澄清问题。解决问题首先要澄清问题，如果问题尚未界定清楚就盲目行动，其结果一定是无效的，而这也恰恰是不少管理者的习惯。通过导入四维破题法促动7个小组对课题进行质疑与反思，初步澄清了课题。图3-3展示的就是四维破题法对“优化鸡肉产品生产工艺流程”课题的应用。

<table>
<tr>
<td rowspan="3">寻因：
工艺流程不合理
设备工序衔接不合理
工艺标准不清晰
原料整齐度差
产品品类过多
人员技能熟练度不足
产品价值和工艺复杂度缺乏相关性</td>
<td>上堆：
提升生产环节的运营效率，降低运营成本
提升综合肉价值
提升生产产能</td>
<td rowspan="3">问果：
降低单位成本×××元
降低单位产品生产用时×××小时
提升单人生产效率到×××</td>
</tr>
<tr>
<td>课题：
如何优化鸡肉产品生产的工艺流程？</td>
</tr>
<tr>
<td>下切：
如何优化工艺流程各环节？
如何提升设备替代效率？
产品的标准有哪些？
如何提升人员效率？
优化环境的哪些因素可以提升效率？</td>
</tr>
</table>

图3-3　四维破题法示例

(6) 学习解决问题过程工具。项目共7个课题，属于两种类型，所以这也是当时分为两个班的重要原因，其中优化工艺流程、提升计划协同性、产品结构优化三个课题属于偏差型问题，为这个班导入的是解决偏差型问题的“解决问题六步法”；建立新的薪酬体系、提升员工敬业度、提升职能部门效能、设备替代人工属于构建全新的系统，属于目标导向型课题，为这个班导入的是专门针对全新课题的“课题研究六步法”。

这里重点要说的是，作为一个解决复杂难题的行动学习项目，启动会的重点是澄清课题，掌握解决问题的思路，所以集中会议的研讨主要通过课题对工具进行演练，掌握工具可以为未来的深入研究课题奠定基础。

(7) 制订行动学习计划。就复杂难题而言，启动会本身解决不了问题，功夫都在会后的行动，而大多数小组成员除了推进课题之外，还有日常工作要进行，集中会议结束后如果不进行有效的推动，项目很容易虎头蛇尾，所以制订行动学习计划对项目的推进非常重要，这既是小组行动的依据，也是项目召集人对课题进行跟踪管理的依据。项目启动会结束时，要求每个小组制订行动学习计划，保证人人头上有任务，确保每周一次小组聚会。从最终的结果来看，7个小组对行动学习计划执行推进的整体效果不错，五个多月的时间，每个小组平均聚会15次左右。

好的开始是成功的一半，所以启动会是行动学习项目的重中之重，其核心在于建立彼此间的承诺和共识。学员的承诺使其对课题和学习有了心理契约，自己成为课题的主人，并为自己的学习成长负责，而发起人的承诺进一步强化了这一契约的建立；对课题的共识、对解决问题方向的共识、对行动任务的共识，则让学员充分感受到这是一种全新的模式，激励学员投入和参与，群体智慧被不断激活并释放。

3.4.6 探索：找解决方案，促范式转变

启动会结束后，行动学习小组正式投入了行动，开始探寻难题的解决方案，挑战也接踵而至，而学习也正是从应对这些挑战开始。小组主要遭遇了三项挑战，同时也形成三个层面的范式转变。

1. 习惯行为让小组会议无效，强化促动促进行为范式转变

虽然在启动会上大家体验了促动技术，但传统习惯是异常强大的力量，当小组再次聚会时，会议很快又回到了熟悉的状态，会议被少数大嗓门的观点所左右。这种状况的发生本就在意料之中，因为这是所有组织在初次引入行动学习时必然会出现的现象，该项目也不例外。由于事前预料到这种情况的发生，所以在启动会结束两周后，为每个小组安排了一次历时半天的外部促动师入组辅导，实现澄清课题方向和强化促动习惯两个目的。

(1) 澄清课题方向。小组汇报两周以来课题取得的进展，外部促动师和发起人通过质疑，帮助小组进一步澄清课题方向。

(2) 强化促动习惯。小组成员担任促动师促动小组研讨过程，外部促动师作为观察员对促动过程进行观察，并促动小组成员对会议过程进行质疑与反思，反馈会议过程中的有效行为和无效行为，建立新的团队会议公约，强化促动习惯。

经过对每个小组半天的深入辅导，7个小组的课题得到了进一步澄清，小组成员对促动有了更深的感受，行为范式开始发生初步转变。

2. 学员现有的知识无法支持课题的开展，补充知识输入促进范式转变

从专业视角来看，该项目的7个课题可以分为两大类：业务专业课题和人力资源管理课题，针对专业上存在的不足，绝大多数的学习是通过自学的模式，其中针对人力资源专业上存在的重大共性短板安排了一次专门的培训。在启动会结束3周后，当大家对问题有了初步研究但充满困惑之时，安排了一次为期3天的人力资源培训，补充知识短板。3天的培训包括了工作分析、岗位设计、薪酬体系设计等内容。当小组成员带着解决问题的需求和困惑进行学习时，知识输入的价值得到了最大限度的发挥。

知识补充为小组成员后续的行动提供了知识、方法和工具的支持，同时考虑到薪酬体系设计组面临的知识差距过大的现状，项目召集人又向这个小组推荐了一位专业顾问为他们的方案进行把关。

由此可见，并不是传统培训无效，而是实施的方式出了问题。传统的知识培训因为缺少了解决问题的指引，所以不能发挥作用，而一旦被行动学习解决问题这条主线贯穿，传统知识培训的价值就体现出来。

自学、培训、数据分析、实地调研和专家顾问的介入，在补充了小组成员的知识短板的同时也使其开阔了眼界，转变了对问题的认知范式。

3. 不恰当的心智模式阻碍问题解决，质疑与反思促进心智模式转变

虽然心智模式的转变是学习发展的根本，但脱离解决问题谈心智模式转变没有意义，只有当小组在解决问题的过程中遭遇重大阻碍而陷入困境时，反思心智模式才会带来更为深刻的转变。在召开启动会一个多月之后，各小组已经对问题有了比较深入的研究并形成了初步的解决问题的方案时，安排了第二次集中会议。

外部促动师重点为小组输入了质疑与反思方法，包括对理论的质疑，让小组成员认识到任何理论都有其适用范围，当超出适用范围时就会无效；对澄清问题的过程进行质疑，是否真正找到了值得解决的问题；对原因进行质疑，分析问题阶段找到了根本原因还是仅停留在表面，如果仅仅是表面，是哪些障碍阻碍了原因的深入分析，是来自分工下的职能壁垒，还是来自金字塔结构下的组织政治？既然组织决心解决问题，也就敢于破除这些阻碍，找到真正的根本原因；对方案进行质疑，现有方案是否能从根本上解决问题？在目前就事论事的方案基础上如何找到更具有创新性和突破性的新方案。

除了小组内部的质疑与反思，再以小组目前的方案为靶子，通过汇报分享在大组间进行质疑与反思，打破小组的固定范式。

通过第二次会议的质疑与反思，7个小组对问题的认知更加深入，更接近问题的本质，接下来一个多月的行动更加具有了针对性。当第三次集中会议时，最终方案的雏形已经形成，其中的部分举措已进行了初步的验证和修正，其中6个小组的心智模式发生了重大的转变，对问题的认知和解决方案已与一个月前有了脱胎换骨的变化，不过也有一个小组——提升职能部门效能课题小组转变较为缓慢，仍然将这个课题的解决视为一个得罪人的事情，虽然解决问题的思路和解决方案已经界定得非常清晰，却不敢进行突破。期间，曾和发起人孟总沟通，出于问题解决的需要，是否可以将这个小组的组长和部分组员做一些调整，孟总斟酌再三，考虑到已经看到该小组表现出的一些小转变，出于对组员自信的保护，最终决定还是继续一起往下走。

3.4.7　验证：行动中迭代，复盘中成长

第三次集中会议中，通过小组间的继续质疑，对方案进行进一步深化和完善。通过所有人的点评对方案进行确认，通过变革方法的导入和研讨为方案的全面落地推动制订行动计划。

1. 短平快的行动举措边推动课题研讨边落地

一些短平快可迅速决策的举措在项目开展过程中已及时推动落地，迅速取得了成效，对团队士气的激励发挥了很好的作用。这里面最为突出的就是工艺流程优化课题、提升计划协同性课题、设备替代人工课题和提升员工敬业度课题，到汇报最终方案时，已经取得了一定的成效。所以孟总在最后项目总结时提到，5月份启动行动学习项目，6月份事业部开始盈利，效果可谓立竿见影。

2. 长期变革方案在最终方案通过决策后推动

一些重大变革举措通过正式决策后推动，如设备替代人工课题中需要较大的投入，提升计划协同性和产品结构优化课题需要与众多利益相关者沟通，薪酬体系设计和提升职能部门效能课题触及变革深水区的项目。

3. 2014年年底，行动学习小组将行动计划移交给相关部门持续推动

2014年10月，行动学习外部促动师团队在各小组已能自主促动的情况下撤出了

项目，行动学习小组继续跟进行动，并在推动中持续纠偏调整，一直延续到2014年12月底。在变革方案已运行稳定，并且相关负责部门已能顺利推动的情况下向部门移交了工作，降本增效项目正式关闭，转入日常运营。

无论上面说的哪一类型的方案，其推进过程都是采用先小范围实验，然后针对实验进行复盘，并对方案进行迭代的模式。复盘既是对方案及时纠偏调整的需要，也是学员学习的重要环节。

3.4.8 成效：同行在亏损，我们已盈利

“在同行纷纷亏损的时候，我们盈利了；在别人纷纷迷茫的时候，我们成长了。这一次行动学习项目未来带给我们的将远不止这些。”在最后一次成果总结会上，孟总满怀激情地总结道。

“刚才听了各个小组的分享我很感动，半年多的行动学习项目给我们留下了太多难忘的回忆，有人迷茫过，有人纠结过，有人怀疑过，甚至有人为此哭过。总结整个行动学习过程，我们有三个重大收获：

第一，业绩收获。刚才我把7个小组创造的价值粗略统计了一下，到年底大约总增效1 800多万元，超出预期60%多，这还只是统计到年底，没有计算未来带来的持续效益。行动学习项目5月份启动，6月份我们就开始盈利了，最近好几家同行想来我们这里学习。

第二，大家的成长。行动学习项目带给我们的不仅是眼前的业绩增长，更重要的是每一个人的成长。说实话，在项目开始前，我虽然没有和大家说，但是我是有担心、有疑惑的，因为石老师不懂我们这一行，也不懂生产，我很怀疑他能不能指导我们解决问题。事实证明，就像石老师说的一样，我们每一个人都拥有解决问题的智慧，每一个人都拥有挑战困难的勇气，关键是通过促动把大家的能量激发出来，要相信促动的力量。这半年来，我看到了每一个人的变化，每一个人的成长，通过解决难题我们的知识增加了，通过解决难题我们的行为变化了，通过解决难题我们的心智模式发生了根本性转变。过去爱抱怨的人现在变得积极了，过去做事退缩的人现在自信了，这些变化终将带给大家更为长远的影响。

第三，文化的发展。这是行动学习项目带给我们最大的收获，我们不仅学到一套方法，更使管理系统全面升级，使大家的领导力得到全面发展。行动学习让我们的文化变得更加以业绩为导向，更加以协作为导向，让我们的文化变得阳光、简单、坦诚，让我们敢于不断地去挑战常规寻求转变，这才是最深远的影响。”

孟总总结发言的时候，全场50多名学员个个满脸激动、双眼放光，因为孟总所说的这些让同行惊讶的成效正是他们创造的，他们用半年的时间证明了他们可以创造行业奇迹，而这半年时间的挑战，也让他们成为整个行业同层面管理者中的翘楚。

3.4.9 巩固：活动常态化，避免运动化

为了将降本增效行动学习成果真正固化下来，避免成为一次运动，在项目总结会后又专门进行了一次研讨会，形成了三个层面的固化举措。

1. 方案固化

为了确保方案落地不反弹，增加过渡期，等方案实施取得阶段性成果、运行顺畅时再正式移交。在过渡期内，陆续让准备接手的人员加入项目的推动中，项目团队和准备接手项目成果的人员一起推动项目的开展，在一起工作的过程中完成对接手人员的项目成果培训。过渡期后，事业部和人力资源部领导对新接手人员强调项目延续的重要性，保障项目的延续与方案固化。

2. 方法固化

针对将行动学习方法固化为工作方法，大家共提出了三项举措。

举措一：通过组织倡导和鼓励、个人自愿的模式，将现在的项目小组演变为个人议题行动学习小组，持续使用行动学习方法解决未来的岗位难题。

举措二：将行动学习作为重要的工作方法推广使用，人力资源部统一发起，各事业部自行申报课题，人力资源部审定课题，各事业部自主实施，人力资源部中期跟踪检查，年底验收成果，并组织跨事业部的优秀行动学习项目的交流评比。如果第一年自行组织行动学习有难度，可在审定课题、中期检查、年底验收等关键环节借助外力，从第二年起开始完全自主推动。

举措三：甄选项目中的内部促动师人选，集中培养一批促动师，便于内部行动学习项目的自主持续开展。

3. 文化固化

只有融入文化，才能让行动学习在公司生根发芽。经过研讨，大家也提出了三项举措在文化方面进行固化。

举措一：举办隆重的庆祝活动，奖励项目有功人员，提拔行动学习过程中表现突出的人员到与行动学习成果固化相关的岗位上，在保障成果落地的同时形成文化导向，弘扬公司用人理念。项目结束后，项目过程中表现出色的骨干受到了提拔，为项目持续深化提供了动力。

举措二：继续推行行动学习一年后，开始着手将行动学习制度化，建立制度保障，确保行动学习的延续性和深化推进。

举措三：结合文化咨询项目，总结行动学习全过程，整理行动学习成果，发掘行动学习项目背后的故事(知识、技能发展案例，行为、心智模式转变案例)，提炼出具有指导性的方法论供员工学习，对内弘扬文化，对外传播品牌。

固化成效如何呢？2014年5—10月的降本增效行动学习项目完成后，生品事业部又于11月启动了战略落地行动学习项目，作为促动师，我建议孟总将其中的5个重点战略目标作为难题，交给在降本增效行动学习项目中表现优秀的内部促动师去促动突破。到了2015年年初，当我促动大家做第一次战略复盘时，发现5个课题在4个多月的时间内取得了突破性成果，而这完全是依靠团队自主促动的结果，说明行动学习已逐渐开始成为事业部的工作方法。

3.5 人员成长“八历程”

行动学习是解决问题和学习发展的双螺旋上升过程，前面主要是从行动学习过程中开展的各项活动的视角进行了阐述，本节仍以前述降本增效行动学习项目为案例，从学习发展的视角阐述这一双螺旋相互促进的上升过程。

连小敏是典型的山东姑娘，说话坦率直爽，性格健康阳光，担任生品事业部计划科科长，2014年是其职业生涯中非常难忘的一年，这一年她升了职，源于她在事业部的降本增效行动学习项目中的优异表现。

历时半年的行动学习，她作为组长负责的课题为公司增收800多万元，更重要的是整个小组士气高涨、阳光积极，大家无论是知识和技能，还是行为和心智模式都获得了很大的成长。

这一切都来之不易。当项目结束总结回顾时，我让每个小组用三幅画来表达小组的过去、现在和未来。深优创赢组(连小敏所在小组)分享了三幅画(见图3-4)，表达了他们半年来团队走过的心路历程以及对今后的展望。

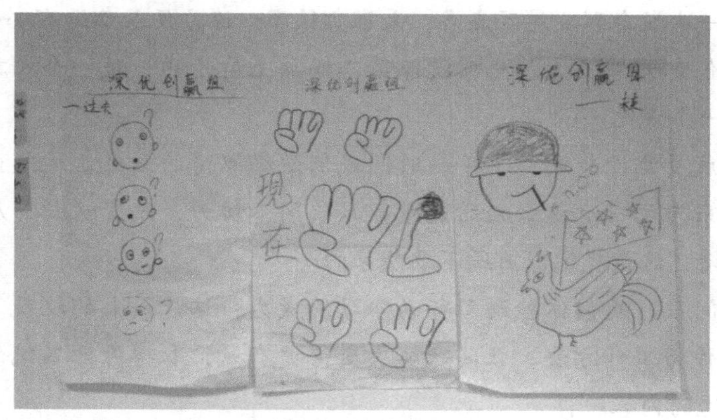

图3-4　团队反思

连小敏作为组长，代表小组分享了感受。

“孟总点将，让我接受这个挑战担任组长，我虽然接受了，但是说实话心里很没底，7个组长中我的职务最低，我们小组的7个人又都来自不同的部门，我对课题如何开展一头雾水，感觉像是赶着鸭子上架……

三天的启动会让我们迈出了第一步，完成了团队组建，对课题做出了承诺，学习了行动学习解决问题工具，对课题做了初步澄清，但是整体并不顺利。别的小组已经明确了课题方向，我们却充满迷茫，就像第一幅画上表达的一样，每一个人都满脸的疑惑，带着问号……

接下来是为期一个月的行动，来自不同部门的小组成员表现出了很强的本位主义，我们的沟通对话充满防卫，经常发生激烈的冲突，对问题达不成共识，决策耗时很长，大家对课题重视程度不够，常有人缺席聚会，我感到压力很大，不瞒大家说，我哭过好几次……

后来，孟总和王总给了我很多鼓励和支持，石鑫老师促动我们反思了心智模式，说正是我们当下的心智模式和部门本位主义下的防卫导致了问题的存在，要解决问题必须相互支持、信任，开展真诚的对话……

通过促动我们相互反馈，对每一个人的触动都很大，我们认识到了现状的无效，认识到了不改变现状问题就不会被解决，也就无法兑现我们的承诺。当我们认知到这一点时，改变开始发生，慢慢地我们开始相互倾听，不再抵触质疑，小组的默契度不知不觉中获得了提升……

小组各成员都开始以小组目标为导向进行沟通，大家对目标有了共同的承诺。项目中虽然仍充满疑惑和挑战，但是我们大家能够同心协力了，白天岗位工作很忙，我们就下班之后聚会，刚才王敏说他们小组聚会到凌晨一点多只能吃方便面，我们更惨，有一次聚会到凌晨两点多，大家都饿了，连方便面都没有……

现在，我们都充满了力量感，就像第二幅画上展示的，每一个人就像是握紧的拳头指向了同一个方向……

所有小组成员都没想到，半年的时间我们最终取得的成效远远超出了预期，我们突然发现原来自己拥有这么大的能量，只要同心协力，改变认知，原来可以创造出这么大的业绩，这是我们以前所不敢想象的……

在半年时间里，我们体验到了行动学习的威力，这是最大的收获。未来，我们将把行动学习作为工作方法，让问题解决变得更有效，取得源源不绝的收益，就像第三幅画想表达的内容一样……”

连小敏分享的时候，整个深优创赢组就站在她的身后，当她异常激动地讲述小组从迷茫转变为默契、信任、相互支持时，盈盈泪光在她眼中闪烁，每位小组成员的脸上都露出了真诚、信任、会心的微笑，这一刻整个小组的心是相通的，现场的每一个人都能感受到这个团队散发出的巨大能量。

当我听着录音整理这一段心路历程文字时，脑海中同时浮现两个画面：一个是项目之初团队中充满迷茫、防卫和对抗的场景；另一个就是项目成功时整个团队洋溢出的自信、支持和默契，这两个画面形成了鲜明的对比。半年的时间，整个团队完成了一次重大的自我超越，他们破茧成蝶，从“凡人”成长为“英雄”。

这么多年，我促动了很多行动学习项目，发现每一个成功的项目最后都会产生这种令人震撼的结果，而组员们的心路历程基本上都遵循类似的脉络。我一直尝试总结其中的规律，以便在行动学习过程中更有针对性地“干预”，直到后来读到坎贝尔的《千面英雄》中提到的“英雄之旅”，瞬间豁然开朗。

著名学者约瑟夫·坎贝尔在分析了无数的英雄神话故事之后，发现表面上看起来千差万别的英雄故事，其内在都遵循一个包含12个步骤的成长历程，后来这12个步骤被电影编剧们热捧为指导创作的圣经。当然，坎贝尔细化出的12个步骤是编剧创作曲折动人故事的手法，当我抛开故事元素，抽离出其背后真正的英雄成长过程的8个心路历程时发现，这正是行动学习过程中学员经历的心路历程。

上一节我们展示了“解决问题”这条明线，事实上真正促成这条明线有效发挥作用的还有“学习成长”这条暗线，小组会经历三个阶段8个心路历程(见图3-5)，越是完整地走过这8个心路历程，其收获就会越大，对组织的影响会越深远。

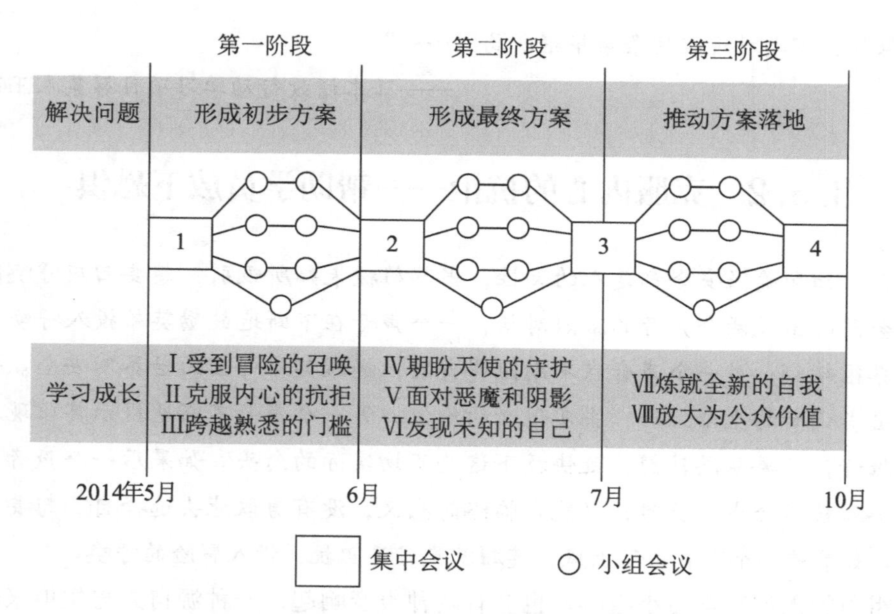

图3-5　生品事业部降本增效项目三个阶段的心路历程

下面，我们仍以降本增效行动学习项目为例，详细阐述行动学习“解决问题”和“学习发展”双螺旋上升过程是如何在这8个心路历程中发生的。

3.5.1　受到冒险的召唤——行动学习是一个挑战

当英雄还没有成为英雄之前，生活在普通的世界，过着平凡的生活，突然有一天听到了一个声音的召唤，这个召唤可能来自一个挑战、一次危机、一个愿景或者是某个有需求的人，也有可能来自一个灵感或者生命自身的顿悟。总之，英雄不愿再安于当下的平凡，想要做出改变。

行动学习小组成员受到的冒险召唤源自公司行动学习项目的发起，解决组织重大的不确定难题。既然是冒险就有可能遭遇失败，这是组织鼓励创新必须承担的成本，组织必须深刻认识到这一点。不少组织高喊鼓励创新的口号，却缺少包容失败的文化，其创新必然是镜中花、水中月。行动学习解决的是组织的重大难题，充满不确定性，探寻解决方案、开展行动验证本质上就是一个试错的过程，如果缺少一个安全的氛围，小组成员很难对未知领域做出大胆的探索。

所以，我会建议发起人或召集人明确地向参与者表达，在边界之内，可以进行大胆的科学试错，通过试错找到解决方案原型。

“你们要敢于打破过去的做法，颠覆现有的制度和流程，敢于尝试一些从未试过的新做法，不要被现在的条条框框所局限……”

——降本增效行动学习项目召集人王丽霞

3.5.2 克服内心的抗拒——帮助学员放下恐惧

探索未知和确保安全都是人的天性，当英雄被未知所吸引，想要回应呼唤时，内心就会同时出现两个声音的激烈对话，一个声音在不断地鼓励英雄投入呼唤，外面的世界很精彩；另一个声音在不断阻碍冒险，提醒英雄外面的世界不安全。一个声音说去尝试新的生命经历，去实现新的价值；另一个声音不断地提示英雄现在的状态就很好，不要胡思乱想，赶快放下这些不切实际的念头。如果后一个声音占了上风，英雄就不会成为英雄，只能在临终时感叹，没有勇敢地去选择自己想要尝试的生活。如果前一个声音占了上风，英雄就克服了阻抗，投入冒险的呼唤。

当组员加入行动学习小组时，也会有两种声音响起：一种源自人与生俱来的好奇心，鼓励他去尝试探索未知世界，去创造价值，贡献力量；另一种源自对不确定的天然恐惧，提醒他待在舒适区更加安全。当然，组织一般很难有机会倾听到第二种声音。组织要充分认识到，即使是胸脯拍得最响亮、宣誓承诺喊得最高亢的组员，其内心深处也会有这种声音，如果这种声音得不到有效的消减就匆忙上路，会在后期遇到阻力时被逐渐放大，最终让行动学习项目举步维艰。

克服阻力最重要的是澄清项目背后的意义，既包括项目对于组织或公众的意义，也包括对于个人的意义。所以，我一般会建议并促动组织完成以下三点。

第一，让所有参与者充分认识到行动学习项目对组织未来发展的重大意义。我一般会建议组织通过一些戏剧化的手法呈现当前现状所导致的可怕后果，或者新机遇将给我们带来的机会，比如对服务极度不满的愤怒客户的视频、堆积如山的库存图片等。通过呈现能激发大家感受的直观实物营造变革的紧迫感，既展示问题的严重性，同时也表达组织解决问题的决心。

第二，发掘行动学习对参与者个人的价值和意义。这种对个人的价值和意义才是促成冒险的核心动力，对个人的价值和意义包括来自组织对挑战者的承诺，以及个人通过全力投入可以获得的学习和成长。项目结束后，组织通过兑现承诺、提拔晋升项目有功人员，以示价值导向。

第三，描绘共同愿景。驱动人行动的是人的梦想，是项目成功后的画面，而不是理性的财务数字，通过小组成员共启愿景，将个人意义和组织意义融合，通过共同的愿景对后续的行动产生强大的张力，帮助参与者克服阻碍，直面挑战。

“公司一直强调成本问题，但是一直没找到有效的办法，所以我们这一次降本增效行动学习项目是整个2014年工作的重中之重，完成这7个课题就完成了事业部80%的任务……

当我们通过共同努力完成了这次降本增效行动学习项目，我们的客户可以获得更加物美价廉的产品，公司可以获得更大的收益，我们的5 000多名员工可以获得更多的收入，项目中表现优秀的学员可以获得更多的成长……

掌握这一套行动学习法，并把它作为工作方法，对你们的帮助是永无止境的，会大幅度提升你在团队中的领导力，让你的工作更有效，管理变得更轻松，即便你们中有人在未来某一天离开了公司，去别的公司高就，行动学习法也会让你的竞争力倍增，这会是你立足职场的财富……”

——降本增效项目发起人孟涛

3.5.3 跨越熟悉的门槛——鼓励学员走出舒适区

跨越“门槛”是“英雄之旅”的正式开始，“门槛”意味着迈向了一个全新的领域、一个陌生的世界、一片未知的天空、一块充满不确定的土地；“门槛”还意味着英雄已经在舒适区的边缘，“门槛”的这边是过去习惯的地方，对一切都了如指掌，而一旦跨越，意味着困难、危险、挑战、风险、痛苦会纷至沓来；“门槛”还意味着一旦迈出，再难回头。

行动学习小组正式开启这一段挑战之旅，小组成员将要面对具有挑战性的难题，面对全新的解决问题工具、全新的研讨模式、全新的思考视角。惯性思维会和解决不确定难题所需的开放式思维形成对抗，过去的经验开始失效，新的经验尚未形成，这是真正迷茫的阶段。任何范式转变都不会一蹴而就，只有通过体验挑战产生的强烈冲击才能促成后期顿悟式的成长，学员只有经历了这种迷茫才能真正成长。行动学习促动师要在这一阶段给学员提供以下支持。

第一，了解行动学习的基本理念。让学员认识到这是与过去解决问题方式完全不同的视角，是解决不确定难题的有效视角，促成学员虽然感觉迷茫，但是愿意去做出新的尝试。

第二，掌握基本的促动技术、基本的研讨工具。通过初步对促动技术的体验，让学员认识到问题解决无效源自群体行为的无效，转变无效的群体行为是解决问题的起点，如果行为无法转变，复杂难题永远无解。

第三，导入澄清问题、分析问题、解决问题的行动学习过程工具。问题未获得澄清就匆忙开始行动是不少人的通病，通过导入结构化解决问题工具，让学员在各个环节停驻足够长的时间，让学员认识到澄清问题、系统地分析问题是有效解决问题的基石。

第四，制订行动学习计划。让学员认识到解决难题是一个长期的过程，任何急功近利的行为都会对解决问题形成阻碍，要通过澄清难题、调研访谈、获取数据、验证假设，为问题的解决积累足够的基础经验。

至此，行动学习项目的启动会结束，学员开始了长达1～1.5个月的前期探索，这一阶段，三大障碍会给学员带来挑战，缺少解决问题所需的知识和技能让学员遭遇技术性障碍，原有的制度流程对问题解决的束缚会让学员遭遇制度性障碍，原有的惯性思维对新的思维模式的阻碍会让学员遭遇适应性障碍。三大障碍会让学员陷入迷茫，而在解决问题的牵引下，一条全新的路径从模糊到清晰会逐渐开始显现。

“我们的课题是构建新的薪酬体系，我们小组的7个人中只有我从事人力资源工作，还是半路出家，只做了不到一年的时间，我们根本就不具备这方面的知识，都不知道从哪儿下手，感觉一头雾水。石鑫老师建议我们第一阶段只做三件事：第一，小组成员分工学习薪酬体系建设相关知识，并进行聚会分享；第二，分工学习各种薪酬调研的方法，制定调研方案；第三，在内部和外部进行调研，摸清现状……”

——摘自降本增效行动学习项目学员反思

3.5.4 期盼天使的守护——适时给予帮助

当“英雄之旅”开始后，英雄要走出一无所知的迷茫，就要找到他的“守护天使”。谁会为你的旅途指引方向？谁会为你的冒险导引航向？谁是你迷途的导师？谁是你探索的支持者？谁是你梦想的赞助商？“守护天使”可以是具体现实中能给你指引的人，也可以是历史人物或者神话形象，甚至是一本典籍。当然，守护天使能给予英雄的只是启蒙，真正的冒险只能靠自己去完成，没有谁可以帮助或替代你成为英雄。

对行动学习小组而言，守护天使就是能给小组以课题指引和启发的人，一般包括专家和发起人。

专家介入：当行动学习小组经过前一阶段在黑暗中的独自摸索，对课题有了初步的认知，又充满各种疑惑和困扰时，是专家介入的最好时机。专家可以给小组提供理论知识培训，也就是行动学习中的P学习，也可以针对课题的进展提供方向性指导。除非行动学习小组在开始阶段就对课题有比较深的认知，否则我一般不建议专家过早介入，如果小组对问题还缺少足够的认知就让专家匆忙介入，小组很容易受到专家观点先入为主的影响，形成专家依赖。所以，建议在第一阶段的尾声或者第二阶段的开始，为行动学习小组引入专家进行知识性培训，对行动学习小组形成的初步方案给予专家意见。

发起人的支持：行动学习小组是否能形成突破性方案，很大程度源于发起人对课题边界的界定，对行动学习小组提供的资源支持，以及为行动学习小组清除障碍。所以，当行动学习小组经过前一段的摸索，形成初步的方向性方案时，发起人对行动学习小组的支持需要从前一阶段的精神性支持转入更为实际的资源性支持。

“过去我也听过薪酬设计之类的课，不过只是当作增长见闻学学而已，印象不深，事后基本上忘记了。这一次是完全不一样的感受，我们小组经过一个多月的摸索，大概有了点眉目，但是到底该如何做却是一头雾水，所以大家都是带着问题去学的，和老师做了很多的交流，老师也给了很多启发……”

“过去我们关注的都是老师讲的生动不生动，老师不讲故事很容易感到无聊，这一次完全不一样了，其实岗位设计这些内容实在是很枯燥，但是我们都带着疑惑去听的，所以从头到尾都很投入……”

——摘自降本增效行动学习项目学员反思

3.5.5　面对恶魔和阴影——支持学员转变范式

“恶魔”就是不断制造阻力，想要中断“英雄之旅”的人或物，表面上看似乎是来自外面，比如有人会嘲笑英雄的选择，有人会抵制、破坏英雄的旅程，实际真正的本源来自内心，来自内心对待这些外界干扰的态度，当英雄非常在乎这些干扰时，它们就变成了“恶魔”，它们就会影响“英雄之旅”的进展，当只是把它当作一种信息的时候，就不再能够影响到英雄。“恶魔”为我们捧起了一面镜子，帮我们照见了我们内心的阴影。

行动学习中遭遇的“恶魔”就是小组成员不恰当的心智模式，包括过去解决问题的经验、对外界噪音的态度、对方案推动过程中可能遭遇的阻力、对职能壁垒形成的阻碍的担忧等。当小组成员遭遇这些阻碍时，行动学习促动师要促动学员对心智模式进行深入反思，促进范式转变。

对课题进行反思：结合学员形成的初步方案，促动学员质疑理论、质疑原因、质疑工具、质疑方案，让学员敢于挑战权威，通过质疑打破过去习以为常的认知，形成新的认知范式。

对行为进行反思：通过对前一阶段个人以及团队表现出来的行为进行反馈，反思无效行为背后的心智模式，建立新的假设，通过行动去验证新假设。

“我们用鱼骨图分析出100多条导致‘计划不协同’的原因，可是当我们回过头来看这些原因时却发现，70%的原因都是上下游的原因，不是养殖事业部的问题，就是食品事业部的问题。石老师问，为什么外因占了这么大的比例？这是根本原因吗？每一条外因背后隐含的内因是什么？我们突然意识到，各个事业部都习惯于归因于外是我们过去计划不协同的真正原因……”

“我们一直觉得这个课题有可能会受到别的部门的敌视，害怕得罪人是导致方案进度缓慢的最大原因……”

——摘自降本增效行动学习项目学员反思

3.5.6 发现未知的自己——促成新范式形成

英雄的真正成长源自其内在的觉醒，当英雄转变心智模式，不再沿用过去的思维，重新感知和认识这个全新的世界时，会有全新的发现，而这种发现也会让英雄真正意识到过去的心智模式的无效性，这也意味着一个新的源自内在的自我开始形成。

这一阶段是行动学习小组形成最终方案的过程，也是建立原型去验证假设的过程，通过实践中的验证，旧的认知不断被打破，新的范式逐渐开始形成，一个不同于过去的自我开始在范式转变中逐步形成。

建立原型，验证假设，修正假设，转变范式：在有条件的情况下，新方案全面实施前要建立原型，并通过局部的推动进行验证，这是科学试错的过程，因为我们的假设有可能是对的，也有可能是错的，只有通过实际的验证才能检验假设的有效性，而学习也正是通过这种验证行动发生的。

形成最终方案：通过假设的验证，对方案进行反复的修正，最终形成可以被全面实施的方案，这个时候形成的方案不再是仅仅停留在假设，而是经过了现实的验证，既具有创新性，又具有可实施性，是一条达成目标的清晰路径。

“第一阶段我们一边摸索课题，一边设计了一些工艺流程的改进方案。这些短平快的方案经过在几条生产线上试用并做了适当的修正后，进行了全面的推广，取得了很好的成效。大家对我们的项目有了信心，为我们后期项目方案的全面推动奠定了很好的基础……”

“我们不要自我设限，只要是基于共同的目标，相信别的部门也会给予我们支持，要真诚地沟通，不要一开始就觉得不可能。比如，王敏为了计划协同性方案的落地和养殖事业部的王总约了三次，最终和王总进行了沟通，达成了共识……”

———降本增效行动学习项目发起人孟涛

3.5.7 炼就全新的自我——强化学员新技能

当英雄逐渐开发出了新的强大的自我，拥有了这一新领域的新资源，也就到了即将破茧成蝶的时候，挣脱过去的心智束缚，和过去彻底诀别，拥抱新生。这也是一个直面内心的恶魔，并与之诀别的时刻，英雄就在这一刻真正诞生。要想彻底摆脱过去的习惯，进入新的自由世界并不容易，需要不断地创造出应对这些挑战的新资源，以避免失败。

这一阶段对应推动最终方案全面落地的过程，经过前期的原型测试，方案的可行性得到验证，行动学习小组对方案有了较为充足的信心，新的认知范式已初步形成，但是也要认识到，变革即将进入深水区，越是全面深入推动，遭遇的阻力可能会越大，必须要为小组发展提供新的资源以应对传统的阻力，发起人要给予足够的支持，确保方案的落地。当方案全面落地收获成效的时候，行动学习小组也就彻底完成了范式转变，认知得以升华。

在更大范围内共启变革愿景：在发起人的支持下，在组织更大的范围内，再现变革紧迫感，共启变革愿景，为变革方案的深入推动积蓄力量。

和利益关系人深入沟通，赢得同盟军，减少反对派：通过各种形式与变革的利益关系人进行真诚沟通，获得支持者的更大支持，争取中立者，减少反对者的疑虑。

持续深入推动：传统是股强大的力量，稍有不慎就会回头，所以不要满足于一时的成效，要真正坚持将新的方案持续深化推动下去。

“我们负责的计划协同性课题和别的几个小组不同，方案推动的最大阻力来自上下游的接口事业部，我们在制定方案时尽量先做好自己，先确保我们对上下游的充分协同，必须要和上下游沟通才能完成的，我们就站在对方的视角上思考，如何才能让他们更好地接受。我们对方案做了很多调整和优化，白天工作忙没时间聚会，我们就晚上聚会，有一次聚会到夜里一点，大家都饿了，只能吃方便面充饥……”

——摘自降本增效行动学习项目学员反思

3.5.8 放大为公众价值——让星星之火燎原

英雄收获满满回到了普通世界，当然，也许他的样子并没有改变，也许他接下来又开始了平凡的生活，但是此时的英雄已今非昔比。英雄要把自己的收获向更多人分享，让更多人从中受益，把小我的收获转变为大我的共同成长，充分实现这一段旅程的公众价值。

这是行动学习的成果固化阶段，首先要完成方案成果的固化，然后再完成学习成果的固化，通过对行动学习过程复盘，总结成功和失败经验；通过将方案向部门移交实现持续推动，确保方案落地的持续性；通过将行动学习中的方法、工具、行为、认知向工作场所迁移，确保行动学习效果的持续性；通过向组织内其他部门分享行动学习成果，让行动学习的开展更加深入；通过将行动学习制度化，让行动学习逐步成为工作方法；通过传播行动学习过程中发生的故事，传播新的文化；通过提拔项目有功人员到关键岗位，以示组织价值导向，并确保行动学习的深化。

“行动学习是一套实用性、系统性很强的工作方法：实用性体现在边学边做，并且学做都是围绕我们的实际工作，通过应用新工具新方法解决实际存在的问题，提高团队工作质量，同时也使我们的行为和心智模式发生改变；系统性体现在解决问题六步法，每个步骤之间逻辑性非常强、非常严谨。例如，解决问题之前先通过诊断症状确定主要解决的问题、把原因转化为子目标、制定方案，为保证行动的有效性再从头开始反思并对方案进行风险评估。学习后发现，之前解决问题缺少了一些步骤，所以有时不能快速、有效地解决问题。

行动学习可以提升团队的凝聚力和创新力：随着课题的深入开展，通过过程中的一些方法让每个团队成员都能认识到团队所共有的东西——共同的目标、共同的责任、真正平等的交流、未来共同的成果，这些共同的东西可以把大家凝聚到一起共同贡献；行动学习促动师的促动技巧能够让我们进入深层次的思考；成员之间思想交流碰撞，能够激发我们的创意，从而产生更多的创新成果。”

——降本增效行动学习项目提升计划协同性课题组长王敏

“行动学习不仅仅是一个项目，我们要把行动学习作为我们的工作方法，持续、深入地开展下去，灵活应用于各种工作场所。孙晓磊和王敏这一点都做得非常好，已经把这套方法导入他们的部门中，自主发起了行动学习项目，而且已经取得了一定成效……”

———降本增效行动学习项目发起人孟涛

行动学习“英雄之旅”是一次突破难题、提升业绩的挑战之旅，也是一次令人难忘的学习成长之旅，每一位深度投入、完整经历这八个心路历程的小组成员都会获得巨大的收获，而这种收获又会激励学员期待继续的冒险和探索，让组织的转型变革之旅走得更加深入，推动组织向自组织转型。这正是行动学习带给组织的深远意义。

行动学习是全新的组织发展范式，既是通过解决组织实际难题提升绩效的过程，也是利用人类心灵的力量完成范式转变成就英雄的过程，在这一双螺旋互相促进的上升过程中，组织和人的范式同时发生持久而深远的转变，这正是行动学习与其他解决问题方式和人才发展方式的区别所在，也是行动学习的魅力所在。

3.6 本章总结：行动学习——组织支持下的有效挑战

柳传志说，人才是折腾出来的。但不少组织也发现如果盲目地折腾潜力人才，其结果很有可能是没等到他成才，就已经夭折。这正如将一个不会游泳的人扔下水，99%的人会被淹死而不是学会游泳。是柳传志讲错了吗？不是，是盲目照搬的错。我们只看到柳传志通过“折腾”培养了杨元庆和郭为，但没有看到柳传志在折腾他们的过程中给予的充足支持。所以，人才是在支持下“折腾”出来的，而行动学习正是组织支持下的最有效挑战，在以下三个阶段的具体表现如下。

1. 支持挑战，化解迷茫

当行动学习项目启动，小组成员面对不确定难题时，必然会经历一个迷茫阶段，只有经历前期的迷茫，才会被最后的收获震撼，进而发生重大的范式转变，对组织产生深远的影响。我们在日常的工作和生活中也一定有过这样的体验，对一个难题苦思不得其解，经过一段时间的纠结，突然有一天豁然开朗，这时产生的兴奋难以言表，这种感受会让我们终生难忘。

就以某食品集团降本增效行动学习项目为例，7个小组中，有4个小组在这一阶段纠结了较长的时间，最后学习收获最大的也是这4个小组，反倒不是一开始就进展顺利的小组。

行动学习强调高层的支持，尤其是发起人对学员直面挑战的鼓励，可以给学员更大的信心度过迷茫期。当发起人充分认识到迷茫期的必然性及其价值和意义，对行动学习的过程就会给予足够的耐心和理解，那么小组成员就会认识到这是成长必然要经历的过程，也会预做充足的心理准备，顺利度过迷茫期。

2. 鼓励冒险，包容失败

行动学习小组经过初始期的迷茫之后，对课题有了一定程度的认知，虽然挑战重重，但已没有了刚开始时的茫然，千头万绪中似乎有一条路径可以通向终点，能否顺着这条路径走下去，关键在于能否克服阻力，而最大的阻力正来自过去的经验。变革期内，曾经的经验不是财富而是负债。当小组成员通过行动体验逐渐认识到这一点，新的范式就会逐渐形成。

这一阶段是行动学习小组建立方案的重要阶段，是否敢于创新，方案是否具有突破性，是否能从根本上解决问题，关键在于组织对创新的态度。不少组织口头上倡导创新，但是却缺少包容失败的文化，所以创新只能成为“镜中花”和“水中月”。

行动学习通过行动验证将创新失败的风险降到最低，所以营造出了鼓励冒险，包容失败的氛围，是最有利于创新的组织发展范式。

3. 拥抱变革，转变范式

行动学习方案落地的过程既是组织变革的过程，也是学员通过体验变革成效转变范式的过程。

组织实施行动学习项目意味着组织对变革的支持，而行动学习通过让小组推动方案全面落地、见证方案产生的成效，实现小组成员的重大范式转变。

3.7 学习反思：智慧火花，精彩再现

3点收获：本章让我印象最深的三点

2个感悟：此时此刻，我的感受和启发

1项行动：我决定用到工作中的一点

第 4 章

突破团队绩效目标

突破团队绩效目标与攻克组织绩效难题同属绩效提升类行动学习项目，但适用场景不同：攻克组织绩效难题专门针对组织层面重大绩效难题，构建多元化跨部门小组进行突破，属于组织议题行动学习类型；而突破团队绩效目标则是针对一个真实团队的绩效目标达成开展的行动学习项目，真实团队是指一个部门、一个业务单位、一个分支机构等，属于工作场所行动学习类型。

本章将阐述突破团队绩效目标类行动学习项目的核心流程、开展方式等内容，以便读者全面把握该类项目的实施要点。

4.1 阻碍团队绩效达成的四大障碍

最近几年，我在各企业推行行动学习项目，同时也对这些企业进行了调研，我希望弄清楚究竟是什么阻碍了团队绩效目标的达成。通过对50多家企业的正式和非正式调研发现，有四个问题几乎每个企业都存在，我将其称为阻碍团队绩效目标达成的四大障碍。

4.1.1 障碍一：目标不清晰

导致团队绩效目标无法达成的重要原因之一就是目标不清晰，很多员工并不清楚领导到底希望自己做什么。事实上，通过长期与大量组织的接触，我发现，大约只有七分之一的员工能准确说出一个本部门最重要的发展目标。对于自己上级最重视的三个目标，有30%的人表示一个都不知道，70%的人凭个人感觉想当然地说出一个目标，而这往往又和领导心中的目标相差甚远。具体来说，距离部门领导越远的底层员工，对部门目标的认识越不清晰。

4.1.2 障碍二：责任不明确

明确责任对不少组织的部门而言一直是一个问题，实际调查结果更是让人大跌眼镜，高达81%的受访者表示，自己并不需要为所在部门能否按时达成目标承担责任，原因在于绩效目标并没有被分解为具体的行动。在这样的情况下，绩效目标的达成受阻也就在所难免了。

4.1.3 障碍三：反馈不及时

我们的目标达成得如何？是进展顺利还是遭遇挫折？哪些行动是有效的，哪些行动是无效的？团队每个人在目标达成过程中的表现如何？绝大多数的团队成员在工作过程中对这些问题并不知情，只有到了年终才能获得最终结果的反馈，然而这时的反馈已经全然于事无补。

4.1.4 障碍四：人员不投入

第四个障碍是员工对达成集体目标缺乏热情，不愿意将全部身心投入团队目标的达成中。即使是了解部门发展目标的那些人，往往也没有一定要去努力实现它的责任感，只有31%的人表示他们对实现团队的发展目标充满激情，剩下的将近七成的人则是完全随自己的心情做事情。

细究四个障碍，绩效目标无法达成的表面原因是员工们并不清楚自己所在的部门有哪些目标，对此也没有什么责任心，不知道围绕这些目标自己该做些什么，既不清楚目标进展如何，也不需要对此负责。而究其实质，是传统“指令-服从”管理模式下，团队工作本身没能激发员工的“内生智慧”。

针对四个障碍，最有效的模式是开展“突破团队绩效目标”类型的行动学习，而以倡导“绩效派行动学习”的众行行动学习研究院对这一类型行动学习项目研究最深，实践最多。接下来我将详细阐述众行行动学习研究院实施这一类型行动学习的124N1流程及实践案例。

4.2 绩效派行动学习的124N1流程

124N1是绩效派行动学习常用流程的简称，是众行行动学习研究院经多年实践总结提炼出的一个突破团队绩效的经典流程，如图4-1所示。

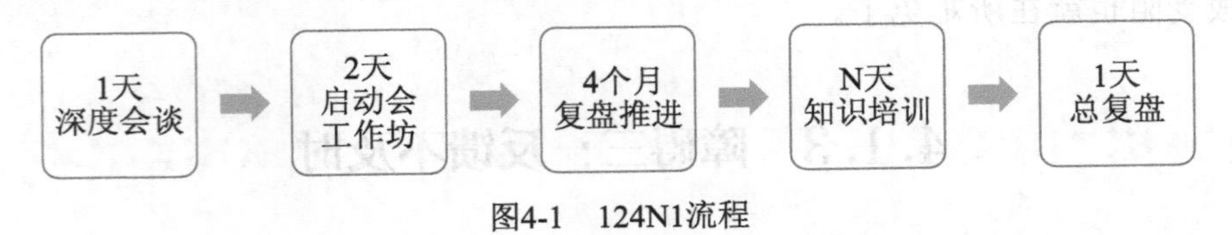

图4-1 124N1流程

4.2.1 项目四定：1天深度会谈

这是行动学习项目的准备阶段，一般在项目启动会工作坊前一周进行，用一天的时间，与组织高层、人力资源部、项目团队等开展深度会谈，重点完成项目开始前的“四定”，为项目实施预做准备。

(1) 定发起人。确定担任项目发起人的组织高层(一般为一把手)，并组建以项目发起人为核心，以相关高管团队为成员的项目评委组，评委组一般包括3～7人。

(2) 定课题。与发起人共同商定行动学习的课题及初步目标，一般选重要绩效目标作为行动学习课题。

(3) 定团队。行动学习团队一般选用与行动学习课题直接相关的真实纵向团队。

(4) 定奖惩。结合组织文化确定可采用的奖惩方式和可传递的激励理念，并确定激励机制及资源。

4.2.2 项目启动：2天启动会工作坊

促动师就深度会谈结果对群体进行促动，包括主题的宣导、行动学习理念导入、愿景共识、区分问题、策略分析、制订行动计划、城镇会议决策等内容，并公布对应项目的激励政策。

众行行动学习研究院在启动会上，多数情况是通过群策群力六步法促动团队研讨，这一方法的详细内容将在下一节进行阐述。

4.2.3　复盘推进：4个月复盘推进

启动会工作坊之后，行动学习团队开始围绕绩效目标的达成，依据启动会上制订的行动计划，启动行动实践，这一过程一般持续4个月左右的时间，期间一般会要求开展两级复盘：公司级复盘，每月一次，每次一天，所有团队参与；团队级复盘，每周一次，每次1～2小时。

通过复盘，围绕目标深入反思成功和失败，总结规律和教训，并不断地迭代行动计划，在迭代中前进，在前进中成长。

4.2.4　知识导入：N天知识培训

伴随项目的推进，针对行动学习团队暴露出来的短板进行培训。知识培训分为两大类：一类是和项目相关的行业、专业知识及案例的输入，能够帮助团队提升行动效能；另一类是提升团队效能的各类解决问题工作坊，如表4-1所示。

表4-1　解决问题工作坊示例

时间	辅导主题	问题解决及阶段成果
第一次复盘后	世界咖啡工作坊	充分发挥集体智慧进行有效汇谈，探索问题、分析现状、深究原因、剖析期望与差距，找出问题解决的方法
第二次复盘后	教练式管理工作坊	培养管理者高效能的团队沟通技巧，培养聆听、发问、区分、回应四项教练能力，把责任还给员工，做员工的支持者
第三次复盘后	鱼缸会议	立体化呈现管理者的优势和不足，通过小组互动完善自我，提升思维宽度
第四次复盘后	ORID聚焦式会话法	从现状到行动计划的对话流程，互相倾听和感受问题带来的启发和思考，呈现过程中隐性的信息，提炼并突破思维定式

4.2.5　总结回顾：1天总复盘

这是项目的收尾环节，一般通过一天的时间分享收获、总结得失，以及更高层次的质疑与反思，兑现事前约定的项目激励，全面促进团队融合，传播项目过程中形成的正向企业文化。

通过前面的阐述可以看出，绩效派行动学习的124N1流程可以非常有效地消除阻碍绩效达成的“四大障碍”：通过聚焦团队最重要的绩效课题，并设定挑战性目标，消除“目标不清晰”障碍；通过启动会将达成绩效目标的行动计划落实到人，消除了“责任不明确”障碍；通过周、月的复盘推进，让团队成员随时了解绩效目标的达成情况，消除了“反馈不及时”障碍；通过奖惩激励和复盘紧盯，确保了员工把焦点集中于绩效目标的达成，消除了“人员不投入”障碍。所以，绩效派行动学习的124N1流程是消除障碍、突破绩效目标的有效解。

在项目实施过程中，两天启动会中应用的群策群力六步法流程和4个月复盘中的复盘流程是撑起整个项目的关键流程。下面对这两个流程逐一进行介绍。

4.3 群策群力六步法

群策群力起源于通用公司(GE)，通用公司通过群策群力工作坊帮助组织实现从传统培训到解决实际业务难题的转化。群策群力是通用公司发展和变革最强有力的工具之一。当然，考虑到通用公司基于其固有的企业文化与发展阶段形成的群策群力法较复杂、细致，中国的企业并不能全盘适用，众行行动学习研究院结合自身多年来的项目实践，以通用公司的群策群力为基础，开发了群策群力六步法，用于团队绩效的突破。群策群力六步法兼顾解决问题的理性和团队能量的感性，如图4-2所示。下面对该流程的每一步骤的促动过程和促动心法逐一进行解读。

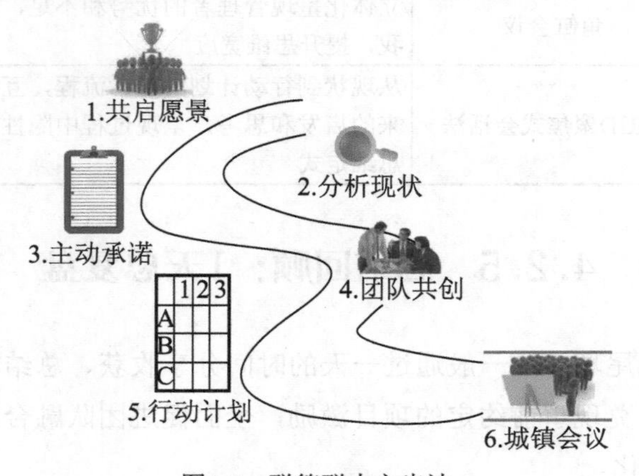

图4-2 群策群力六步法

4.3.1 共启愿景：统一思想，激发意愿

促动过程：引导团队通过绘画的方式描绘项目成功后的景象，或者描绘项目成功后团队期望如何庆祝胜利。

促动心法：团队绩效任务往往是自上而下布置的，在执行团队中并没有形成共同的意愿，自然无法获得广泛的承诺。共启愿景环节通过团队一起畅想描绘项目成功后的画面，充分激发人的感性，以达到统一思想并激发行动意愿的目的。

4.3.2 分析现状：共同分析，共同看见

促动过程：引导团队用SWOT矩阵，从优势、劣势、机会和威胁四个视角分析课题当前面临的现状。

促动心法：绝大多数组织的团队对绩效任务现状并没有统一的认知就匆忙行动，所以在行动过程中各自为营，无法形成有效合力。分析现状环节通过团队共同对课题做SWOT分析，让所有人看到同一幅画面，对课题面临的现状形成共识。

4.3.3 主动承诺：自愿担当，自愿承诺

促动过程：引导团队对课题目标的达成做出承诺，主动承诺如果完不成绩效目标愿意接受什么样的娱乐性惩罚。

促动心法：长期在组织的“指令-服从”模式下工作，组织成员普遍养成了一种“被动”心态，这种心态导致的结果是当目标无法达成时总能找到各种“受害”的借口。设置主动承诺环节最重要的目的是让团队从“被动”转变为“主动”，同时也通过富有挑战性的娱乐性惩罚“逼”一下自己。

4.3.4 团队共创：共创行动，共识策略

促动过程：引导团队用团队共创法(见第12章)共同讨论达成目标的行动策略，对行动策略建立充分的共识。

促动心法：探寻达成绩效目标的策略，“共识”比“正确”更重要。未获得共识的正确行动策略，从一开始就未被员工承诺，自然无法获得有效的验证；而获得了共识的行动策略，即使在开始阶段并不完美，但因为获得了员工的承诺，会在执

行的过程中被员工自主纠偏，进而迭代出期望的结果。所以在启动会阶段的行动策略核心在于取得广泛的共识，而非纠结于其是否一定有效。

4.3.5 行动计划：写我所做，做我所写

促动过程：引导团队认领行动策略，并组成2～3人的任务小组将认领来的行动策略转化为责任到人、具体、可操作的行动计划。

促动心法：日本企业制订计划时遵循8个字“写我所做，做我所写”，而多数中国企业同样也遵循8个字“计划比不上变化快”。所以该环节要制订一个“傻瓜式”的行动计划，把开展行动策略所需的各种行动全部呈现出来，让行动计划真正可实施、可跟踪。

4.3.6 城镇会议：从要我做，到我要做

促动过程：引导团队和高管组成的评委组对话，接受评委组对行动计划的质疑，并再次做出行动承诺。

促动心法：这一环节是对传统管理模式的彻底颠覆，传统管理模式是高管发号指令，员工听令执行；而城镇会议模式将员工转变为主动的一方，由员工自己决定如何做，而高管则转变为顾问，针对员工的行动计划提出质疑并给出建议。这种模式转变较大，所以对员工组成的团队和高管组成的评委组都是一个挑战。促动高管从过去的“下指令”转变为“质疑和建议”，促动员工队伍从过去的“服从”转变为“主动担当”是该环节的重点。

群策群力六步法在研讨过程中注重对学员左右脑的交替激发，让感性与理性不断交互，兼顾了团队能量和解决问题，是一个非常经典的研讨流程。

4.4 行动学习复盘

有两句俗话：“吃一堑，长一智”，“好了伤疤忘了痛”。我们期望的是前者，而绝大多数人自觉选择地往往是后者。因此，只有主动进行复盘，才有望真正

实现“不要被同一块石头绊倒两次”。

复盘源自围棋，就是在比赛结束后，选手将棋局再摆一遍，推演对局的过程，总结得失。柳传志最早将复盘应用于对企业经营过程的总结反思，近几年开始逐渐进入更多企业的视野。

复盘最大的特征是易懂难精，其步骤很简单而且好理解，但是想要做得深入，有价值，却很难。

绩效派行动学习将复盘引入了行动学习项目中，并作为推进绩效课题的主要抓手，也作为学员学习反思的主要手段。其方法论就是柳传志提出的“复盘四步法”，如图4-3所示，下面对该方法的促动过程和促动心法逐一阐述。

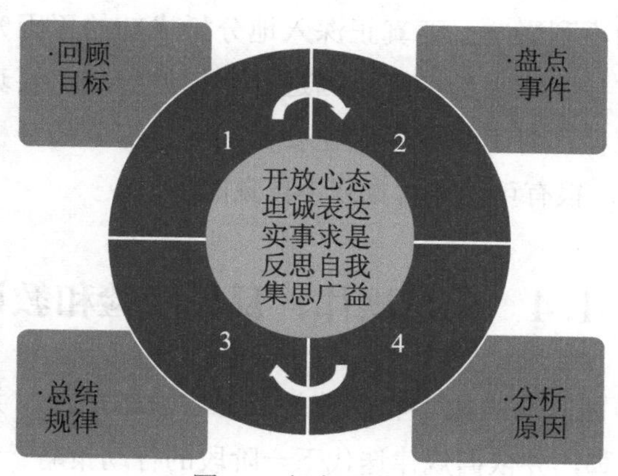

图4-3　复盘四步法

4.4.1　回顾目标：对照目标和结果

促动过程：引导团队对项目的初衷和目标进行回顾，并与实际实现的结果进行对照，反思结果的达成情况。

促动心法：在行动过程中背离初衷，是不少团队容易出现的问题，所以这一环节的核心在于回溯初衷，让团队成员再次认清自己的出发点到底是什么，实现初衷设定的目标是什么，行动结果是否和初衷一致，是否有效达成了目标。

4.4.2　盘点事件：盘点亮点和不足

促动过程：引导学员找出行动过程中的关键成功事件(亮点)和失败事件(不足)，基于事实详细描述，还原事实真相。

促动心法：要让学员认识到，只有如实再现成功与失败的完整过程，才能从中汲取经验和教训，所以“实事求是”是这一步骤的最大要求，要客观、如实地重现关键事件的过程，做到不夸大成功、不回避失败。

4.4.3 分析原因：分析成功和失败

促动过程：引导学员围绕绩效目标的达成，对导致亮点和不足的主客观原因进行分析。

促动心法：争功诿过是人的天性，所以这一步骤要想有效，首先要让团队认识到这一天性对复盘的不利影响。要真正深入地分析成功的原因究竟是做对了什么还是“撞大运”？要对导致成功的主观原因进行审慎的质疑，要真正确保这些原因是能够站得住脚的。同样，对于失败原因也要做细致、深入的分析，并对客观原因进行审慎的质疑，因为这很有可能是自觉或不自觉的借口。

4.4.4 总结规律：反思经验和教训

促动过程：引导团队从对成功和失败的反思中总结规律，并对规律进行质疑，确保规律能够站得住脚，并依据规律迭代下一阶段的行动策略。

促动心法：复盘的核心是基于对成功和失败的反思找到规律，并用规律指导后续的行动，但是，对于复盘得出的规律要持谨慎态度，要通过质疑进行检验，不要轻易下结论。

复盘是推进行动学习项目的重要抓手，也是促成学员学习成长的核心过程，所以坚持做复盘，深入做复盘，要通过持续、重复地做复盘，让复盘最终成为团队的习惯。

4.5 案例：中国本土银行“凤凰涅槃，绩效倍增”行动学习项目

“凤凰涅槃，绩效倍增”行动学习项目是2013年广东众行管理顾问有限公司

(以下简称众行公司)在某国有银行的支行开展的，该项目帮助这家支行实现了绩效的大幅度提升，历时一年的时间，让全行上下面目一新，创造了奇迹！在行动学习项目开展过程中，全行在以王行长为核心的领导班子带领下，重塑“快乐、分享、感恩”的价值观和拼搏精神，实现了心智模式的转变，全体人员全力以赴，力争上游，成就了该支行建立数十年历史中最光辉灿烂的一页！

4.5.1 背景：没有最烂，只有更烂

团队建设是一项艰巨的工程！

如果说，一支后进、习惯于垫底的团队在短短的时间内一跃成为耀眼的明星团队，那一定是出现了某种神秘的魔力，而“凤凰涅槃，绩效倍增”行动学习项目就是这个神秘的魔力。

某国有银行的支行下辖62个网点，员工600多人。2013年2月，支行迎来了它的新任掌门人——王行长。王行长初来乍到，面临的情况不容乐观：2012年度，该支行在总行综合排名倒数第一；刚刚经过了年初冲刺，到3月份，部分指标严重回落，存款减少40亿！

现在，业绩面临最低谷，形势严峻，但奇怪的是，王行长并没有像大家想象的那样，一头扎到业务里面，而是先着手考察和调研。行里一些管理人员暗暗着急：过了3月份，第一季度就结束了，怎么办？

这时候，王行长在想什么呢？他在思考一个问题：现状背后必有本质，支行面临这个现状，问题根源在哪里？要冲业绩，首先要抓关键！

从覆盖区域来说，该支行是13个兄弟单位中最大的；从环境来看，该支行所在区的经济发展也不是最差的。那么，问题很可能出在人身上！

这时候，整个支行人心涣散，缺乏斗志，大家对自己普遍缺乏信心。基层网点流行一句调侃：我们的业绩没有最烂，只有更烂！这句自嘲透露出员工们深深的失落与无奈！

怎么把员工的积极性、主动性调动起来？怎么让他们自动自发地去开展业务？这才是问题关键！

王行长迅速聚焦核心问题：通过项目形式加强团队建设，提升士气，以此作为绩效突破的关键点。

4.5.2 发起：慧眼如炬，凤凰涅槃

说做就做！3月份，王行长找到众行公司，提出团队建设工作要求，希望解决几个问题。

服务方面：要求服务人员形象、理念都发生改变，达到专业水平。

管理方面：现阶段管理者的工作过于简单和粗放，执行力较弱，通过行动学习项目显著提升管理水平。

营销方面：营销人员素质需要提升，要通过能力提升业绩。

关于项目总体目标，王行长提出三个目标。

目标一：解决以上问题之后，一年之内，团队管理和服务方面发生明显改变。

目标二：让有梦想、求上进的人有机会实现梦想。

目标三：在带队伍和管人方面，通过行动学习项目建立一套有效的机制。

关于业绩提升的具体目标，王行长认为，现在综合排名已经是倒数第一，待团队建设产生成效，业绩自然会有提升，能使支行在总行的排名从倒数变成正数就够了。

基于这样的背景，众行公司提出了“凤凰涅槃，绩效倍增”的行动学习系统思路，按照“1+2+6+1”的步骤开展：

1天，通过领导班子会谈，确定团队建设项目需要达成的一系列目标；

2天，通过2天1夜行动学习工作坊凝聚士气，启动行动计划；

6次，连续6个月复盘跟进，教练式贴身辅导；

1天，项目总结，形成一套绩效改进模式。

4.5.3 启动：释放梦想，点燃激情

3月27—29日，在众行公司组织的“凤凰涅槃，绩效倍增”行动学习启动会现场，全行的伙伴们有了全新的感受！

大家以前从来没有经历过这样创新形式的学习活动，在学习过程中，充分感受到领导班子对员工的重视。战略决策，以前都是领导关起门来制定的，今年居然让全体员工都参与其中。在年度战略目标落地的群策群力研讨会中，大家热情高涨，积极参与，献计献策。

在启动会的“展望愿景”环节，员工们释放激情，提出一个目标：要让支行今年在总行的KPI达到“保三争一”！这个目标，在过去没有人敢想，倘若有人提起，

必定会被嗤笑“痴人说梦”！感受到久违的激情，看到上百名员工眼中迸发出的光辉，领导班子成员欣慰地笑了，他们仿佛看到一艘巨轮，正在轰然长鸣，拔锚起航。

4.5.4　跟进：成效初现，业绩喜人

在“凤凰涅槃，绩效倍增”行动学习项目启动会后，各部门、业务条线按照“团队共创”所形成的行动计划，有条不紊地开展工作。

行动学习第一阶段复盘辅导会上，各个团队上台汇报工作，接受质询。大家欣喜地发现，时间虽短但成效显著，具体体现在四个方面。

第一，网点环境和服务水平有了明显改善。支行的伙伴们在21天中，完成了下辖网点339项整改。原来门厅前杂乱泥泞的，在21天后，已经变得平坦开阔；网点座椅随意摆放的，经过规划，变得舒适整洁；物品到处堆放的现象得到遏止，办公区域井井有条；所有网点自我管理升级，普遍导入晨会机制，会议水平经过强化训练，达到专业、规范水平。这一系列的改善，经过总行多次进行“神秘人”探访检查以及大量客户亲身体验，都获得高度认可，并迅速转化为现实的经济效益。

第二，柜台人员销售能力得到提升。从项目启动到第一阶段复盘，销售业绩出现快速增长。4月份，该支行零售条线存款增长量达到总行13家支行业绩增长总量的50%！一己之力，扛下半壁江山！这个业务奇迹引起了总行和兄弟支行的高度关注。

第三，团队士气得到明显提升，充满正能量。总行到该支行例行调研时，充分感受到团队士气的显著变化：以前的工作氛围松弛散漫，常常听到抱怨，现在却经常看到大家在找方法，自我挑战，充满激情。变化之大，让人惊讶！为什么一个团队的协作和氛围可以在短时间有如此大的变化？在总行零售条线要求下，其他兄弟支行纷纷到该支行去取经交流。

第四，运营质量明显进步。这一点也得到了总行运营管理中心的充分肯定。

4.5.5　深化：不断成长，永不放弃

当然，伴随光辉业绩而来的也有困惑，甚至是疑惑。

在复盘辅导会上，有少数团队提出来工作压力太大，感觉力不从心。他们发出疑问：当初制定的任务目标是否贴合实际？是否可操作、可达成？梦想固然美好，目标固然伟大，但现实环境如此严峻，我们如何能够达成？

在会议现场，众行公司的顾问打开电脑，播放了一段精心制作的视频：《永怀希望》。视频中，主人公为了梦想打拼，为了目标拼尽最后一丝潜力，团队伙伴们无不为之动容，我们看到许多伙伴眼中闪烁着泪花。的确，每个人的心底都有对梦想的渴求，它不是外界力量对我们的压迫，而是我们对人生的承诺、对生命的尊重。我们曾经因为琐事的缠绕忽略了自己的梦想，我们曾经因为困难的牵绊消磨了前进的勇气，而今天，应当重新启程。

在肃穆的气氛中，王行长做了指导性的发言，他提出：行动学习的核心就是成长。在行动学习过程中，一定要秉持快乐、感恩、分享的价值观。有梦想就会遭遇困难，但是，人因梦想而伟大，人因行动而成功，人因分享而收获，人因学习而改变。

王行长说，成功的路不是一帆风顺的，不是确定了一个目标就能够顺风顺水地实现它，过程中有怀疑，这很正常，但在充满怀疑的年代，我们依然要坚定自己的信念。很多光辉的业绩，很多耀眼的成功，就是因为有了明确的目标，并且能够坚定不移地去执行，才有可能最终实现。当然，并不是有了坚持就一定能成功，更关键的是在努力过程中不断反思、质疑，从而改进、成长。这才是行动学习对于每一个支行员工的价值。

王行长的话鼓舞了在场所有人的信心。

通过第一次复盘，全体员工更加坚定地把行动学习和自己的日常工作高度融合，并且通过日常的小范围复盘不断修正和完善自己的工作计划，向着目标大步前进。

4.5.6 感动：意外之喜，温情时刻

在行动计划实施的过程中，各个团队的压力都非常大，加班加点是家常便饭。细心的项目组伙伴发现，第二次复盘汇报恰逢零售条线两位同事的生日。同事们平时好辛苦，项目组很心疼，如何表达自己的情意呢？于是，一场“地下工作”悄悄展开……

复盘汇报进行中，行领导正襟危坐。这时候，突然响起“祝你生日快乐”的乐曲，进而转成百人大合唱！现场气氛忽然从严肃变得柔和起来，会场侧门打开，一台插满了蜡烛的生日蛋糕小车缓缓驶入。行领导走上讲台，和正在汇报工作、满脸惊讶的“寿星”合影，合切生日蛋糕，并赠送精心准备的小礼物……

让“寿星”幸福地抹眼泪吧，这一切都是勤劳奋进的伙伴们应得的！

一位“寿星”说，今天的生日，本以为会和往常日子一样平平常常地过去，拼

命工作的银行人很少有闲情为自己过生日。真的没有想到，居然有这样一天，有包括行领导在内的上百人为他庆生，前所未有，从不敢想。在支行工作了20年，这是终生难忘的一天！

这是集体的情意，这是团队的关爱，我们不仅仅强调业绩，也有人文关怀，有精神，有文化。因为我们知道，人是经营之本，也是经营之终。一切的业绩都要由人做出来，而更高的业绩都是为了成就更多人的幸福与快乐。

这个小插曲再一次实践了王行长提出的价值观：快乐、感恩、分享。这个价值观既服务于全体员工，又能够为绩效目标“保三争一”保驾护航：快乐的力量是无穷的，当团队从工作中寻找到快乐时，就会释放出巨大的潜能，创造出惊人的业绩。

4.5.7 成效：凤凰涅槃，绩效倍增

到了第四次阶段会议，支行的工作氛围发生了翻天覆地的变化，大家不再是等着领导去推动业务，而是拼着、抢着推动客户，甚至是推动领导。

年中，支行一部、二部跟进某个大客户利丰集团(化名，下同)，涉及10多亿元的信托合作，谈判异常艰难。在一次谈判之后，客户已经意向明确，但是还没有清晰地提出下一步行动要求。这时候，按照过往的工作习惯，大家就会等待客户的回信了。但是这次，业务骨干们改变了做法，支行一部、二部的同事拉着行领导奔赴客户总部，做项目推动，再加一把火。

偏偏天公不作美，待出发那天，狂风暴雨，一行人早上5点起床，出发时运气挺好，飞机准点；晚上回来遇到航班延误，大家下飞机已经是凌晨3点。这下该困了、累了吧？不，5个小时之后，一群“铁人”又神采奕奕地出现在行动学习项目会议现场！

事后有人问，天气那样恶劣，为什么还要往客户那里赶？工作需要这么玩命吗？往后推个一两天也没什么大不了啊！

业务骨干们回答：这么重要的一笔业务，每延迟一分钟，对内心来说都是煎熬！时间越拖，业务风险越大，不可控因素越多！大家现在已经养成习惯，任何事情想到就做，抓住一切机会促成业务！

9月份，这个项目成功落地，开创了一个纪录：这是该支行第一笔信托业务，并且衍生出3千万元的中间业务收入，为支行“保三争一”奠定了坚实的基础。

这笔业务极大鼓舞了支行对公团队的自信和激情！对公团队已经很多年在业务上是倒数的位置，常常被总行和兄弟支行看扁，而现在，大家对他们刮目相看，甚至位于同一区的其他银行也开始把白云支行当成强有力的竞争对手。

当兄弟支行打电话来“取经”时，伙伴们感受到对方的尊敬，畅享着汗水换来的骄傲和自豪！

4.6 本章总结：行动学习——团队赋能的有效手段

不可否认，组织的常规运营是组织所必需的，没有这些工作的存在，组织也就不复存在。但我们也同样要认识到，这些常规的运营工作在保障组织生存的同时，也把组织中的个体塑造成了组织的精密组件，逐渐扼杀其激情，扼杀其创造性。

所以，每个组织都需要在常规运营工作之外找到一种方式激活个体，而通过行动学习，在组织中开展比赛，营造比学赶帮超的氛围，无疑是一种有效的激活手段。

打个比喻，组织常规运营工作就像是每天必做的广播体操，规范、有序，但也枯燥乏味；而行动学习就像是一场篮球比赛，球员们可以自组球队，自定挑战性目标并通过定期的比赛(行动实践)，接受裁判(高管)的直接评判，最终取得组织绩效和个人绩效的突破。

所以，突破团队绩效目标行动学习项目就是这样的一场比赛，它在组织常规运营系统之外开辟了一个新的比赛项目，通过激活团队的内生智慧，进而突破组织最重要的绩效目标，以此为团队赋能，充分激活团队能量。

4.7 学习反思：智慧火花，精彩再现

3点收获：本章让我印象最深的三点

____

____

____

____

2个感悟：此时此刻，我的感受和启发

1项行动：我决定用到工作中的一点

第5章

促动战略落地

"愿景、使命、价值观都有，墙上也挂了，纸上也印了，大会小会也讲了，还专门设了文化经理岗位负责企业文化的建设，只是这效果嘛，就只能'呵呵'了。"

"公司专门开会征求过管理层的意见，对战略都很认同，但是一执行就走样，部门之间配合不好。"

"年初下达绩效指标时都承诺了，可是最终却都完成得不好，市场部门说生产部门的质量不稳定，生产部门说研发部门的产品设计有缺陷，研发部门说市场部门需求变化太频繁，每一个部门似乎都有很充足的理由，最后变成了一个死循环，都没有了责任。怎样才能拧成一股绳一起解决问题，而不是这样推诿和扯皮？"

看懂战略方向难，想要落地更难，组织分工下的职能壁垒和孤岛效应，让运营系统成为战略落地的阻碍而不是助力，传统"指令-服从"模式下造就的被动执行效应难以应对不确定的环境。想通过文化变革推动战略落地，可是却找不到文化变革的抓手，使命、愿景和价值观挂到墙上容易，想要入心太难，而使命、愿景、价值观如果不入心，其价值比不上打印它们的纸。

战略无法落地怎么办？绝大多数高管会祭出一个法宝：咨询。

新天地集团是一家餐饮企业，老板王永胜从夫妻店干起，凭着一手烤鸭绝活，历经十几年的艰苦奋斗，发展为在全国拥有六十多家连锁饭店的大型餐饮公司。

高中没有毕业的王永胜信奉实干，不尚虚谈，但最近，他却为"定战略"的事情犯了难。

王永胜过去从不相信什么战略，或者说他的话就是战略，一声令下，弟兄们该操刀的操刀，该颠勺的颠勺，马上开干。王永胜的口头禅是"开饭店，要啥战略？做好饭，服好务，万事大吉"。可是随着新天地集团的一天天壮大，王永胜的命令再也无法面面俱到，于是管不到的地方每个部门就有了自己对公司发展思路的不同理解，不同的想法搅和在一起，就变成了一锅"大杂烩"，相互干扰，经常"串味"。作为公司老总的王永胜成了"救火队员"，四处灭火，天天拍板。可是按倒葫芦起了瓢，王永胜渐感力不从心，也越来越觉得这种做法不能长远。

尽管以前认为干企业不能靠书本上的东西，但王永胜还是下决心当一回书呆子，于是王永胜报名参加了“总裁训练营”，国内著名的同君咨询公司李大师的一堂“战略定位”课让王永胜茅塞顿开，于是同君咨询公司被请来，为新天地集团设计企业战略体系。

李大师亲自带领一群西装革履的年轻顾问入驻新天地，经过几轮风风火火的中高层访谈、员工座谈、问卷调查、资料分析后，为了确保战略接地气，年轻顾问们又扮演神秘顾客去各地饭店实地调研，为此王永胜还专门给咨询顾问们提供了一张限额五万元的金卡，供顾问们消费体验。历时三个月，王永胜拿到了一本印刷精美、排版考究、上百页的《新天地集团战略规划报告》，看着上面复杂的分析、专业的词汇、高大上的模型，尤其是报告中提炼出来的“社区餐饮第一Mall”战略定位，王永胜连连点头。也确实是，对于一家以社区居民作为主要客源的餐饮公司而言，这是多么精准的定位。王永胜对战略规划非常满意，对李大师及其团队的成果非常认可，尤其感谢年轻顾问们的投入，大家普遍比三个月前胖了一圈，足见饭店实地调研的用心。

让满怀期望的王永胜没想到的是，战略规划发布下去了，新天地集团的各部门和饭店的行为却依然如故，三番五次地在大会上讲战略，下面的思路就是统一不到一起去。唯一变化的是，以后各级管理者再汇报工作时多了一句开场白：“在集团公司‘社区餐饮第一Mall’战略定位的指导下……”

让高管抓狂的是曾经被视为灵丹妙药的咨询也失效了，这是不少咨询项目的结局。咨询为什么失效了？传统咨询一般就是一位大师带一群管理专业的研究生入驻企业，大师负责搞定老板，学生们搞一堆测评、调研和访谈，最后按照高层的想法开始炮制方案。两三个月下来，方案出台，老板看着挺满意，中基层却质疑反对声一片。为什么？第一，只反映高层想法、缺乏中基层广泛参与的咨询方案从一开始就未被承诺；第二，模板化的咨询方案根本就无法精准应对企业今天面临的个性化复杂难题；第三，让一群25岁左右的年轻人去指导有25年工作经验的人如何管理，这个逻辑本身就荒谬不堪，被质疑也是理所当然。止步于老板满意没有用，落地还得靠中基层，于是为了平衡各方面利益，变革方案一改再改，变革目标一再妥协，轰轰烈烈的大变革最终变成了偃旗息鼓的小改善，而这些小改善也因未获得广泛承诺，落地极其有限，其结果也是有限的。

战略无法落地，而作为解决方案的咨询也同样失效了，这正是今天的组织遭遇的最大难题。

如果你的组织正面临上述难题，战略落地导向的行动学习是对症解。本章将从分析导致战略不能落地的原因入手，给出通过行动学习促动战略落地的完整流程，帮助企业管理者在企业中促动战略落地。

5.1 阻碍战略落地的三大死穴

毋庸置疑，组织的一切有效行为都是为了将战略预期落地为可持续的绩效，然而绝大多数组织的绩效结果却并不理想，有一条鸿沟横亘于战略预期与实际结果之间，拉姆·查兰在《执行》一书中称其为“执行鸿沟”，如图5-1所示。

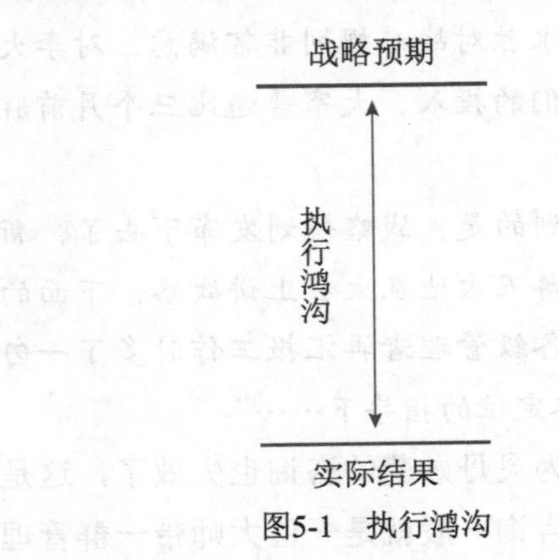

图5-1 执行鸿沟

执行鸿沟来自哪里？其实就组织执行而言，不外乎是有效协同战略、运营和人员三个要素，如图5-2所示。战略无法脱离组织运营体系和人员的支撑，如果制定的战略找不到合适的人去实施，那么从制定之初就注定这个战略无法执行；而如果现行的运营体系和战略相违背，又不对运营体系进行变革，那么战略注定将被扼杀。所以看一个战略的好坏，不仅要看是否能说得通，更要看能否落地执行。道理虽然简单，但大量组织并没有解决好，执行鸿沟的产生也就在情理之中。

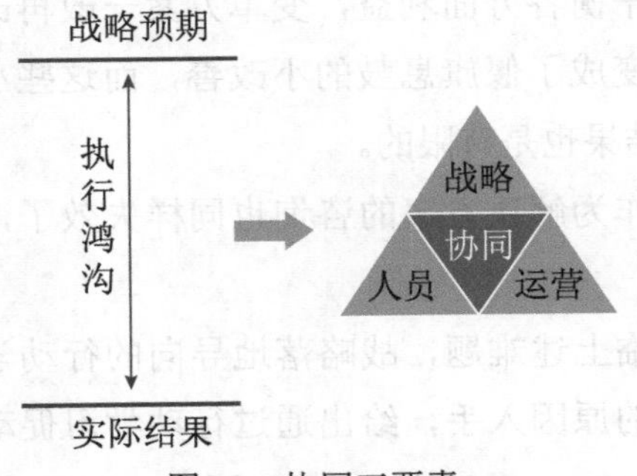

图5-2 协同三要素

是什么导致战略、运营、人员无法有效协同呢？组织广泛存在的战略伪共识、运营不一致、人员无动力三大问题导致执行鸿沟的产生，我称之为阻碍战略落地的三大死穴，如图5-3所示。

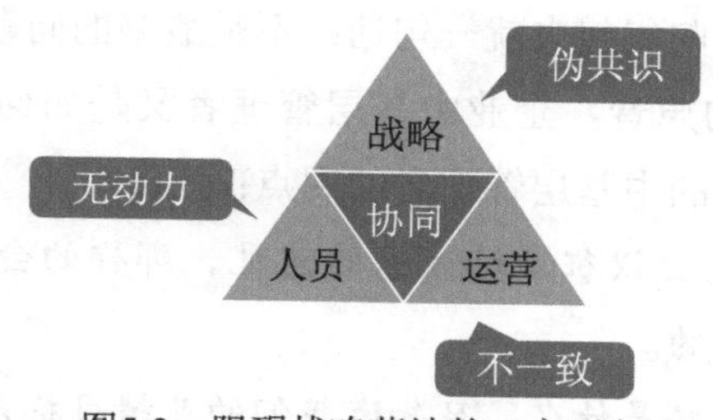

图5-3　阻碍战略落地的三大死穴

5.1.1　死穴一：战略伪共识

每次战略落地研讨会，我都会让学员就企业的战略目标清晰程度和实际执行效果在1～10分的区间内评分，如图5-4所示。高管层的评分趋势非常一致，战略目标清晰程度的评分显著高于实际执行效果。

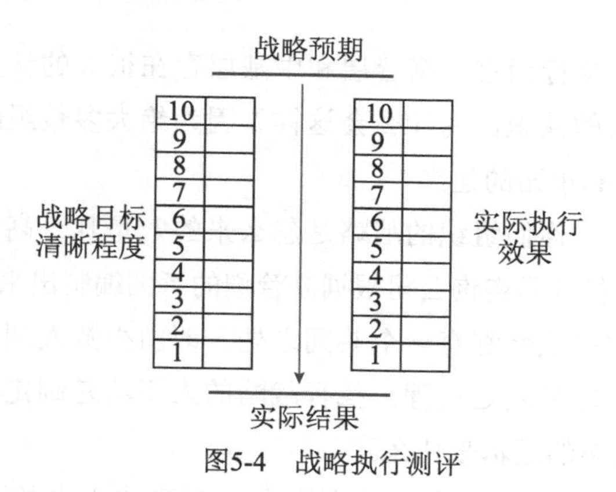

图5-4　战略执行测评

为什么会出现这样的结果？评分者如是说：

“公司专门开会征求过管理层的意见，对战略都很认同，但是一执行就走样，关键是中层管理者的意识形态问题。”某国企总经理认为，执行不到位是中层的意识形态问题。

“重点是中层的执行力不足，不能准确解读高层的战略思想和意图，不能解码高层的战略思想使之变为计划，再把计划变为结果。”某航空公司总裁认为，所谓执行就是中基层要能理解高层的意图，并给出期望的结果。

“各部门之间不能有效协同，年初制定战略时觉得想法挺好，可是分解下去执行的时候就走了样，有什么办法能让各部门自主协同起来？”某物流公司总经理认为部门之间不能有效协同是战略不落地的原因。

……

类似的观点有很多，归集起来就一句话：不是战略的问题，是执行出了问题。

这些都是企业高管的声音，企业中基层管理者又是如何说的呢？下面是笔者在实施战略落地项目时听到的中基层管理者的观点：

“公司高管确实通过会议征求过大家的意见，那样的会议上大家不可能发表什么意见的，原因嘛，你懂的。”

“我不清楚我们的战略是什么，只知道我们的业绩目标是……”

“我不懂什么是战略，反正我不清楚达成目标的路径是什么，高层也没有给予明确的界定。”

“年初是提过一些思路，不过接下来还是该怎么样就怎么样了，大家平时的工作都很忙，再说考核和落实这些思路好像也没什么关系。”

“我不清楚为什么要制定这样的战略，所以在执行出现偏差时，我也不清楚该依据什么原则调整。”

……

很显然，就战略和执行而言，高管层和中基层存在很大的认知错位，组织上下并没有对战略形成有效的共识。为什么会这样？因为绝大多数组织采用的战略制定方式不利于共识的达成和承诺的建立。

读者可以回想一下，你们组织的战略是怎么来的？是几个高管决定的？还是战略规划部制定出来的？抑或是咨询公司根据高管们的意图编制出来的？

无论是哪一种，这些战略都有一个共同之处，即由少数人制定，真正执行战略的大多数人并未参与战略的制定过程。执行战略的人不清楚制定战略的背后依据是什么，也不清楚制定战略的逻辑是什么。

当然，战略被制定出来后，也会请大家在一个形式主义的会议上发表一下意见，表面上可以畅所欲言，但这种虚假的形式主义民主会议上根本就听不到真正的声音。就算高管想真正征求意见，针对几十页甚至上百页的PPT，也无法三言两语说清道明。况且大家习惯性地认为战略制定就是高管的事，也许表面上在认真地听，而事实上思维早已不知飘去了哪里。反正战略该怎么定就怎么定，活儿该怎么干还怎么干。于是大家不轻不重地提点建议，核心都是称赞领导的英明，看上去似乎都没意见，共识达成了，承诺建立了，而事实上这是最为典型的伪共识。伪共识的结果就是，表面上都表示认同，而实际上根本就没人把战略当回事。

你们组织的战略是不是这样产生的？如果是，说明战略掉进了伪共识死穴。这就是为什么年年例行公事编战略规划，最后却变成了彻头彻尾说白话。

5.1.2 死穴二：运营不一致

战略被制定出来后转入了运营，高管们期望战略被落地执行变成成果，最后却是期望落空，其原因就是运营对战略无法起支撑作用。

1.战略天然无法执行

一位互联网公司的总裁对我说："从过去几年来看，我们的战略是正确的，因为竞争对手的思路和我们一样，他们的执行力好，取得了成功。而我们却因为中基层执行力不到位，没能把战略落地。"

"你说的战略是指一个思路，还是已经成为具体的、可执行的计划？"我问。

"是高管们一起碰出来的思路，也通过会议对所有的中层进行了强调，具体的行动策略得中层去想啊，可是大家的执行力不足，没有做出啥行动。"

认为战略制定了就应该被执行，如果没被执行就是中基层执行力的问题，这是不少高管持有的观点。但是，他们都忽略了一件事，只有行动计划才能被执行，战略如果未转化为可执行的语言，那么战略是无法被执行的。

2.部门之间不协同

金字塔结构下的职能分工把战略制定和实施过程搞成一场接力赛，一般由战略规划部牵头制定战略，接下来转给二传手计划运营部门和财务部门向下分解，这两个部门从部门本位出发对战略又有自己的不同理解，再到业务部门时早已面目全非。而未参与战略制定的业务部门觉得这些貌似清高的职能部门根本不懂实际业务，凭空想象，瞎折腾，压根就没在乎这些脱离实际的所谓战略，只专注于对经营预算和财务预算的讨价还价。

从战略制定之初的各自本位，到战略执行时的各自为政，本来从组织整体出发制定的战略，最后被职能分工下的本位主义肢解得支离破碎，这也是为什么不少高管教育中层时会反复强调要有大局观念。

3.体系不支持

虽然许多组织起草文件时都喜欢用"在某某战略的指导下……"来开头，而实质上，约束人行动的并不是战略，而是运营体系，是组织的制度和流程。于是，我们看到一个“抢滩式的激进战略”最终被高度关注风险的财务体系扼杀在摇篮，一个“以技术驱动获得领先的战略”最终被成本控制导向的运营体系处处掣肘。如果制定了战略却不对流程和制度进行变革，则战略目标的完成概率接近零。

另外，组织的运营体系只是保障组织日常工作的正常运转，在组织中并没有一个流程是专门支持战略落地的，没有跟踪和推进的战略自然无法落地。于是，最终战略工作让位于日常杂事，伟大的想法最后变成了一番空想。

5.1.3 死穴三：人员无动力

对员工而言，执行一个新的战略，不仅意味着新的工作，更意味着要走出舒适区和自己固有的习惯作斗争。如果没有足够的激励，很难激发人员改变的动力，而组织对战略落地的激励往往是不够的。组织的激励体系更多是在关注短期绩效，而对战略产生深远影响的却恰恰是那些不能立竿见影的长期项目，于是在激励体系的引导下，对战略有深远影响的项目却未被重视也就成了理所应当。

这正如某企业的董事长坚决想要转型，也制定了转型战略，结果却发现，广大中层对转型项目只是表面点头称是，背后却各行其是。究其原因，转型是一个重大的挑战，短期内很难见效，也很难为绩效考核贡献价值，所以在以短期绩效为导向的考核模式牵引下，人们更倾向于向熟悉的业务寻求结果，对执行战略毫无动力可言。

三大死穴造就的执行鸿沟让组织战略落地最终成为梦幻泡影，让无数奇思妙想彻底变为白日梦。如何破解三大死穴？这正是战略落地行动学习解决方案要揭示的独特的战略落地路径。

5.2 战略落地行动学习解决方案

在不确定时代，组织要想发展必须也只能充分相信战略执行者的智慧，通过激发群体智慧共同制定战略，充分凝聚战略共识；做出推进战略落地的行动承诺，对阻碍战略落地的运营流程进行变革，确保运营协同一致；将人员激励与战略保持一致，充分激发人员动力，最终实现战略、运营、人员三个核心流程的有效协同，让战略落地。

可能不少高管囿于传统的认知，认为执行者缺乏参与战略制定的智慧，事实上这种认知才是最大的缺乏智慧。因为，在不确定时代，任何个体都无法准确把握其复杂性，越是高层越感觉不到客户的温度，其认知越容易脱离实际，而且战略本身就需要在执行的过程中不断地迭代、调整，只有执行者充分参与了战略的制定，才能对战略背后的假设形成共识，才能对战略遵循的逻辑形成共识，才能在执行的过程中发挥其主观能动性进行迭代调整。这正是战略落地行动学习解决方案给出的路径。

图5-5展示的就是以破解组织战略落地的三大死穴为目的，以协同战略、运营、人员为诉求，以行动学习为方法，构建的战略落地过程——战略落地行动学习解决方案。

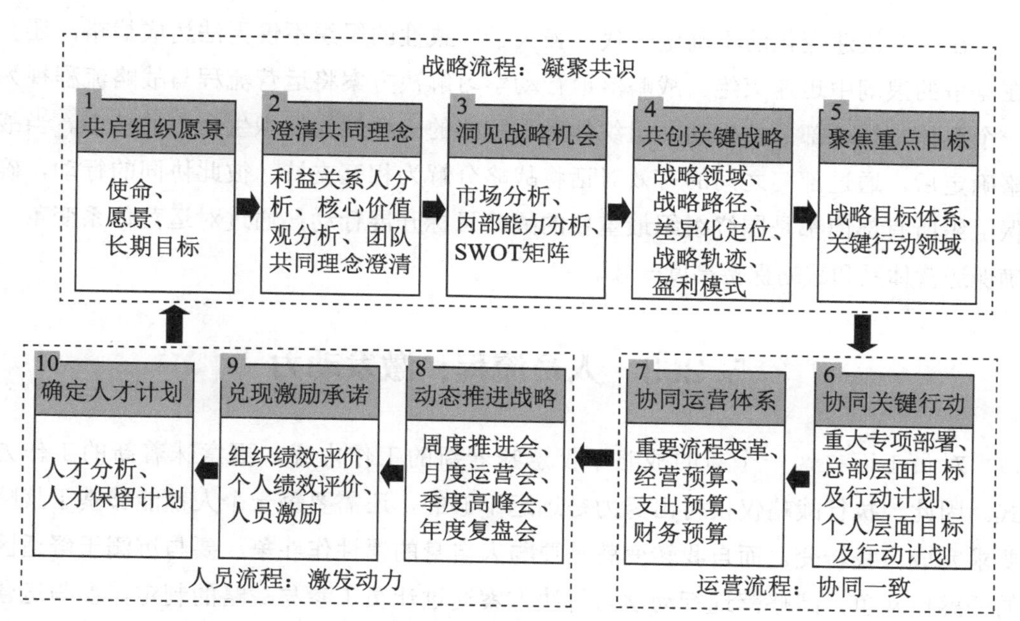

图5-5　战略落地行动学习解决方案

战略落地行动学习解决方案共包括战略、运营和人员三大流程十个模块，不同于传统的少数人制定战略，而是组织全员共同参与制定战略充分凝聚共识；不是战略与运营各行其是，而是充分的协同一致；不是僵化的指令，而是动态迭代推进；不是激励和战略脱节，而是紧扣战略充分激发人员动力。

5.2.1 战略流程：凝聚共识

相信听得见炮声的人拥有打赢一场战争所需要的智慧，战略落地行动学习解决方案将战略的制定过程设计成一个群策群力、相互质疑与反思的集体对话的过程。这个集体参与的过程不仅可以得到一个更富有洞见性和操作性的战略，更重要的是可以得到一个更有共识的战略。因为战略质量的衡量标准不是正确与否，而是是否达成共识。一个没有共识的战略永远无法验证其正确与否，因为它永远也得不到彻底的执行；一个不知正确与否的战略，因为共识而使所有人自觉自愿的行动，战略会在行动中得到验证，在反思中得到调整。一个不是那么正确的起点，却最终走向了正确的方向。所以说，战略共识远比战略正确更重要。

5.2.2 运营流程：协同一致

在一个快速变化的不确定时代，丧失了一致性的组织不仅无法达成战略，还会在竞争的浪潮中迅速灭绝。战略落地行动学习解决方案将运营流程与战略流程视为一个整体，视各部门的行动、组织体系与战略的一致性为组织生命力的核心。当战略确定后，通过部门之间的有效对话将战略分解为相互支持、彼此协同的行动，确保组织所有部门都是围绕组织最重要的战略目标开展行动；通过对运营体系变革，确保运营体系和战略保持高度一致。

5.2.3 人员流程：激发动力

对员工而言，一个新的战略不仅意味着新的工作内容，更意味着新的工作方式。因此，执行战略仅仅付出努力是远远不够的，还需要每一个人都能够基于战略要求完成自我转变。而自我转变就是要与人自身的惯性作斗争，要与沉溺于舒适区的诱惑作斗争。战略落地行动学习解决方案通过让员工参与战略的制定，参与运营的变革，自主担当责任，让战略的推进成为员工自己的承诺，并将组织价值导向和人才使用原则与战略保持高度一致，充分激发员工的内驱动力，激励员工挑战现状，走出舒适区，实现基于战略要求的自我转变。

战略落地行动学习解决方案适用于各种规模的组织，对于集团化的组织，则首先要在集团层面制定公司总部战略，然后将战略下沉到事业部层面，按照这个逻辑制定事业部的竞争战略；如果是中小规模的组织，则直接按照这个逻辑制定竞争战略。无论哪一种规模的组织，战略制定的指导方针是一致的，都是要将战略下沉到最小的执行单元，并真正做到全员共识、上下同欲。

战略落地项目一般在第一年的10月份启动，此后每月集中一次，到第二年的1月份将战略落地为行动计划并转入执行，3月底或4月初由外部促动师促动企业做一次战略复盘会，确保企业掌握通过战略复盘会推进战略执行的方法，此后转入自主推动，到年底再由外部促动师促动企业开展战略总复盘，至此企业走完了战略落地的全过程，将方法论内化于组织，转为自主推动。

下面，我们用一个案例展示战略落地行动学习解决方案的实施细节。我们在第三章曾提到在某食品集团生品事业部实施降本增效行动学习项目的案例，下面案例中的国际事业部仍然隶属于这家食品集团。

5.3 案例：某食品集团国际事业部战略落地行动学习项目

某食品集团国际事业部主要负责日本、欧盟、东南亚、南北美洲等地区的鸡肉生品和熟品的出口业务，其前身分为三部分：研发，隶属食品事业部；生产，隶属生品事业部；营销，隶属国际营销中心。三个业务单位分属不同部门，经常出于本位主义"打架"。为了让三个业务单位有效协同，2014年10月，集团将三个部门合并成立国际事业部，原国际营销中心总经理肖总担任新事业部的总经理。出口业绩压力大，三个业务单位各自为政，这是摆在肖总面前的两大难题。

"有什么办法可以让三个业务单位迅速凝聚，同心协力拧成一股绳？"肖总向人力资源总监王总咨询。王总向肖总推荐了行动学习，并介绍了在食品事业部、公司财务部和生品事业部的实施成效。

虽然对行动学习并不了解，但肖总对行动学习在其他事业部的成功实践也有所耳闻，所以很想一试。因此，在生品事业部降本增效行动学习项目关闭时，我和肖总就应用行动学习明确国际事业部的未来战略方向及定位、融合团队、促进协同进行了一次深入沟通。

听完肖总对国际事业部的介绍，我向肖总讲解了战略落地行动学习项目的实施方式，以及通过行动学习激发团体智慧，让全体员工共同参与战略制定，将战略的制定和执行过程作为一个组织共同成长、集体修炼的学习过程的价值和意义。

我也向肖总坦言，战略落地行动学习项目不同于生品事业部的降本增效行动学习项目，降本增效行动学习项目的课题都处在组织可控范围内，在一定程度上可以说，只要能够正常推进，一定会产生确定的结果。而战略落地行动学习项目面对的是外部的不确定环境，战略能否获得预期的绩效会受到太多因素的影响，但是有一点是确定的，就是团队的融合与协同、团队动力的激发都是项目开展过程中可以看得到的成效，而团队智慧的激发会对组织未来产生更为深远的影响。

肖总对这一点高度认同，他也表示，他并没有期望通过战略落地行动学习项目在短期内创造绩效上的奇迹，但是希望通过行动学习，激发团队智慧，实现上下同欲，共同探索不确定的未来。

最终决定，从2014年11月初启动项目，到2015年的3月促动第一次季度战略复盘会，然后转由团队自主推动，最后再在2016年1月促动大家做一次总的战略复盘。国际事业部战略落地行动学习项目的日程安排如表5-1所示。

表5-1 战略落地行动学习项目日程表

阶段	研讨内容		输出成果	时间
第一次集中： 共启组织愿景 澄清共同理念 洞见战略机会	● 使命/愿景 ● 利益关系人诉求分析 ● 核心理念创建	● 宏观环境分析 ● 行业分析 ● 组织能力分析 ● 战略机会分析	● 战略机会成果 ● 共同理念 ● 共同使命/愿景	3天
小组行动	收集数据、验证假设		战略机会决策	1个月
第二次集中： 共创关键战略	● 前期成果汇报决策 ● 战略领域分析 ● 战略路径分析	● 差异化定位分析 ● 战略轨迹分析 ● 盈利模式分析	● 形成战略描述	3天
小组行动	收集数据、验证假设		关键战略决策	1个月
第三次集中： 聚焦重点目标	● 前期成果汇报决策 ● 共同描绘战略地图 ● 制定公司层面平衡计分卡 ● 确定行动领域	● 重大专项部署 ● 四维对话 ● 平衡计分卡分解	● 公司层面战略地图 ● 公司层面平衡计分卡 ● 部门层面平衡计分卡	3天
小组行动	平衡计分卡向下分解，制订行动计划，明确预算		部门及个人BSC	1个月
第四次集中： 协同关键行动 协同运营体系	● 汇报确认部门平衡计分卡 ● 确认经营及财务预算	● 周、月运营会指导 ● 共同理念落地研讨	● 部门及个人平衡计分卡 ● 行动计划 ● 共同理念落地计划	2天
小组行动	执行行动计划，召开周、月复盘会		战略执行成效	全年
第五次集中： 动态推进战略	● 运营执行汇报 ● 季度运营分析 ● 偏差分析研讨	● 形成决策 ● 建立新的承诺	● 掌握战略复盘会	1天
小组行动	推进战略落地，按时召开运营会纠偏		战略执行成效	全年

(续表)

阶段	研讨内容		输出成果	时间
第六次集中：战略复盘总结	● 回顾战略执行情况 ● 总结成功与失败 ● 反思重大假设 ● 总结并发现规律	● 部门及个人激励 ● 制订人才发展保留计划 ● 行动学习过程总结回顾	● 战略反思成果 ● 人才保留计划	2天

为期一年的战略落地行动学习项目取得如下成效。

- 2015年年初，受“福喜事件”影响，在国际采购量大幅度缩水的大背景下，国际事业部与其他国内同行相比业绩表现仍较为出色。
- 研发、生产和营销三个团队经过集中会议过程中的多次“碰撞”，加深了相互理解，认知范式发生转变，能够换位到对方视角思考，虽然过程中仍然时有摩擦，但大局意识整体获得提升，从过去的以团队为本位到以事业部为本位。
- 将行动学习融入工作，如生产部门用行动学习方式自主实施降本增效行动学习项目，将对团队共同理念的反思融入日常会议，组织凝聚力显著增强，组织领导力得到了发展。

下面，我们结合这一案例详细阐述战略落地行动学习项目的三个流程十个步骤的实施过程。

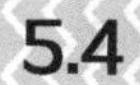

5.4 以战略研讨会凝聚共识

战略研讨会是实现战略流程、凝聚共识的核心手段，战略流程共分五个关键环节，参与者主要以组织中高层和部分骨干员工为主，充分凝聚战略共识。

5.4.1 共启组织愿景——愿由心生才叫愿景

战略的制定始于对组织愿景和使命的澄清，愿景和使命界定了一个组织生存的意义，描述了组织的梦想和前景。这是组织发展的最重要的内在驱动力，是感召所有员工努力的精神力量，看似至虚，实则至实。

行动学习将愿景启动设计为一个群策群力的过程，以愿景五要素(见图5-6)为基础，促动所有人共同描绘组织未来的愿景。这样产生的愿景是源于组织各层级的诉求，是一个组织鲜活的梦想，它不仅落在纸上，流传在组织的言语里，更生长在每一个人的心里。

图5-6 愿景五要素

如此，愿景和使命才具有了激发人心的精神力量，才拥有了战略落地的内在驱动力。

“昨天，我们是起航中的小帆船，只有青岛、北京两个出口业务部，有一定的出口经验；

昨天，我们是成长中的小树苗，研发、生产、销售分属不同事业部，还没有形成完整的团队。

今天，我们是扬帆远航的大船，熟食出口全国第二，生品出口全国第一；

今天，我们是健壮挺拔的参天大树，自养鸡场为我们提供了安全保障，研发、生产、销售一条龙，我们高效、协作拧成了一股绳；

明天，我们将成为遨游世界的商业巨轮，通过整合资源、不断扩大生产规模、全面匹配产能，实现并保持鸡肉及熟食出口全国第一，打造全球知名品牌，成就公司“双千亿”战略目标；

明天，我们将成为硕果累累的大树，通过不断地吸引和培养销售、研发方面的高端人才，通过完善的分工、高效的协作，拓市场、开客户、增新品、保质量，为客户提供全产业链最安全的食品保障，打造全国最有竞争力的产品；

未来，我们需要做的很简单，只需要紧密，再紧密，更紧密的团结在一起；信任，再信任，更信任我们的队友，我们一定会携手一起完成‘买世界，卖全球’这个理想，享受丰盛的果实。”

不要误以为这是诗朗诵，这是国际事业部共启愿景阶段各个小组的成果凝聚。愿由心生，“买世界，卖全球”的愿景不是干瘪无力的口号，而是汇集了事业部所有人的愿望，是所有人的心声。当大家共同朗诵这一段文字时，每一个人都激动不已，因为这个愿景寄托了大家对事业部未来的共同展望。

共启组织愿景环节，我促动各个小组用笔画出组织的过去、现在和期望的未来，以工科男为主的各个小组，虽然笔法实在不敢恭维，但每个团队都画得很认真，认真地倾听自己的内心声音，认真思考对未来的期望，图5-7所示即为现场的研讨成果，最终凝聚出了“买世界，卖全球”的共同愿景，并且将各个小组的表述最终融合为共同的愿景宣言。

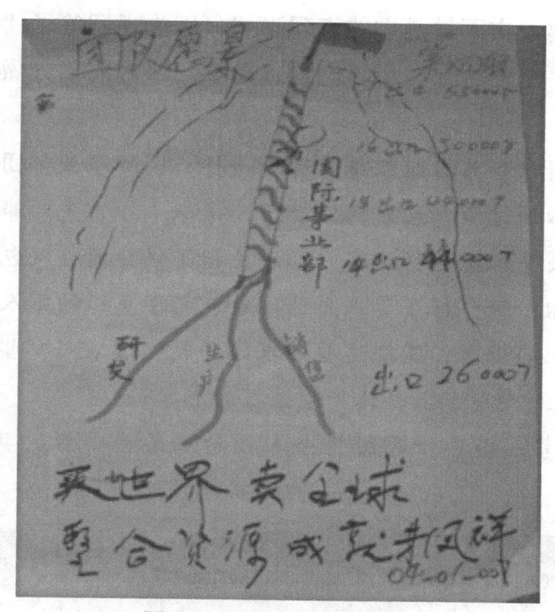

图5-7　共启愿景成果展示

这是无比鲜活而充满生命力的共同愿景，因为它承载了每一个人的梦想。

5.4.2　澄清共同理念——理念共享才是文化

企业文化落地一直是不少组织面临的难题，不少组织采用一厢情愿的宣贯洗脑模式，有没有效果，其实宣贯的人自己也不知道，但大家都这样做，所以也就随波逐流了。

实际上，文化要想落地，必须满足四个核心要点：

(1) 融合团队成员的共同心声。

(2) 进入日常工作系统。

(3) 用文化指导组织激励和人才使用。

(4) 各级管理者以身作则。

现在，你应该明白为什么大量组织的文化不能落地了吧？因为绝大多数组织的文化不能满足上述四个要点。而行动学习澄清共同理念的过程就是以上述四点为核心，大家共同研讨与组织战略相关的利益关系人的诉求，再思考为了满足利益关系人的诉求，我们需要恪守的理念有哪些，最后，将不同个体的理念凝聚为团队共识，形成共享价值观，更新为组织文化。

使命、愿景和团队共同理念是战略制定过程中务虚的部分，但在组织经营过程中，虚才是最大的实，实不过是虚的表现形式，因为虚回答了“为什么”，而实回答的是“如何”和“是什么”，所以通过行动学习将虚的部分做实，会为战略落地创造出强大的张力。

澄清共同理念研讨和共启组织愿景环境一样，国际事业部团队共同理念的产生同样是一个激动人心的过程。在我的促动下，每个小组首先对事业部的利益关系人进行了分析，利益关系人既包括了客户，也包括了供应商；既包括了上级单位，也包括了最小基层班组；既包括了员工自己，也包括了员工的家人。然后，大家再分析重要的利益关系人的诉求，围绕这些诉求思考我们该恪守哪些理念，才能获得我们期望的利益关系人的赞赏。其具体产生过程如下。

每个人独立思考，用思维导图将个人理念汇集为小组的共同理念，如图5-8所示。

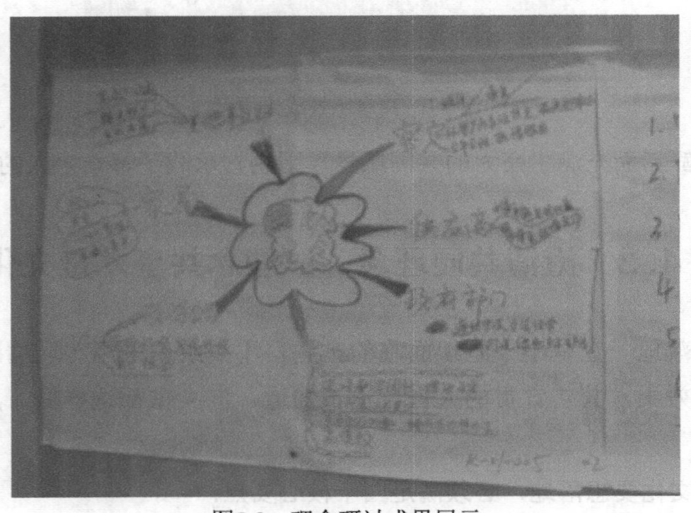

图5-8　理念研讨成果展示

通过各小组的分享和提炼，再将小组的理念整合为事业部的共同理念，如图5-9所示。

图5-9　理念整合过程

最终，事业部的共同理念被凝练为四句话：

- 以客户价值为导向。
- 以战略落地为焦点。
- 以协作共赢为保障。
- 以人本管理为基础。

当然，这四句话只是标题，每句话的下面都有整合了大家观点的细致表述，比如：

- “上帝”的需求就是我们努力的方向，想客户之所想，急客户之所急，以满足客户需求为目标，提供质量过硬的产品和高效务实的服务，与客户一起赢世界。
- 真诚沟通，勇于承担，相互尊重，一起“手挽手，肩并肩，共同向$看”，成为配合默契、相互信任的最佳拍档。

……

这些表述并不华丽，甚至有些“土”，但这就是大家的心声，是每一个人对团队的期望，是每一个人理念的汇聚，是每一个人发自内心的承诺。获得承诺才是文化的核心，并不是追求高大上。

在共同澄清团队共同理念时，肖总正好参加集团总经理会议，没有在现场，而这些成果也是会后进行的提炼和整理，然后在下次集中会议上进行发布。期间，我把整合提炼后的成果发给肖总，征求他的意见。肖总看后很激动，坚持一字不改，他觉得大家表达的就是他期望的共同理念，增加或减少任何一个字不过是试图将自己的意图强加于众人，而没有获得承诺的任何冠冕堂皇的说辞，都不过是毫无意义的徒劳。

当共同愿景和共同理念呈现在六个团队面前时，每一个人都很激动，大家郑重其事地在上面签名承诺。

当然，无论是愿景还是团队共同理念，这些都只是大家对事业部未来的美好期望，既然是美好的期望，就说明和现实存在差距，需要落地贯彻才能发挥其价值。所以，在1月份当战略转变为执行计划时，我又组织了一次研讨，大家一起讨论如何将共同理念落地，为战略落地保驾护航。文化落地研讨共分两个环节。

首先，结合三大障碍模型，我促动各小组研讨并分享了阻碍共同理念落地的障碍，如图5-10所示。

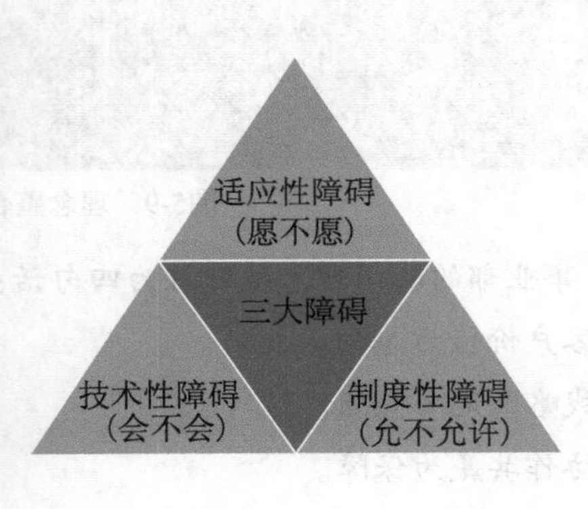

图5-10　三大障碍研讨

然后，针对理念落地存在的障碍，用以身作则飞轮研讨了推动理念落地的举措，如图5-11所示。

图5-11　以身作则飞轮研讨

以身作则飞轮是根据詹姆斯·库泽斯所著的《领导力》一书开发的文化落地工具，重点强调各级管理者要将团队理念融入工作系统中，自己首先身体力行，再定期和团队一起反思，持续改进。

5.4.3 洞见战略机会——共同分析方有共识

洞见战略机会是指在使命、愿景和价值观的指导下，共同分析组织可能的战略机会。首先通过充分分析组织所处的宏观环境、行业的状况识别组织面临的机会和威胁，对组织自身能力进行分析识别组织存在的优劣势；然后抓取战略机会，规避战略威胁，形成战略组合；最后共同决策出战略机会点，并分工进行验证。

在中国本土企业做战略分析遇到的最大挑战是数据积累不足，当然，数据虽然是必要的，但一线经理人的洞见性更为重要。在数据缺乏的情况下，充分发挥深入一线接触客户的中基层经理的洞见性就变得尤为关键，因为他们整天厮杀在一线，对客户的体验有较深的感受。

行动学习战略分析的过程采用SWOT矩阵模型、PEST分析模型、行业分析模型、组织优劣势分析模型等，以战略分析工具构建研讨逻辑，结合研讨工具共同洞见战略机会、威胁、优势和劣势，并形成战略组合。

可能有从事战略咨询的读者认为这有啥稀奇，战略咨询也是这样做的。别急着下结论，即使行动学习研讨过程用了和咨询同样的工具，其做法也是大不相同，而效果和差距更是大相径庭。因为行动学习过程中产生的任何成果都是全体成员的共同智慧结晶，大家都很清楚战略的产生过程，以及其背后所秉持的假设，所以他们更愿意承诺去验证，并在行动中不断迭代更新。而咨询顾问提交的报告从一开始就饱受质疑，并且执行者很难知晓其背后的假设和逻辑，所以最终难以落地。

战略分析结束后，各小组要认领任务，对已经形成的战略机会进行客户调研，对会议上的假设观点进行验证，一般经过一个月的时间，就可以形成清晰的战略机会描述，而且更接近事实，以此作为下一阶段共创战略的输入。

国际事业部的业务涉及日本、韩国、马来西亚、美洲、欧盟等国家和地区，各地区的差异非常大，为了让战略分析更有针对性，在战略分析阶段按照业务区域，结合产品品类分成了六个小组，为小组导入了战略分析工具，促动大家共同洞见不同区域下的战略机会、威胁、优势和劣势。

在国际事业部战略分析过程中，六个小组应用SWOT矩阵进行头脑风暴，得出几百条观点，然后进入了战略组合阶段。不少企业做战略分析虽然也做了SWOT分析，却不懂得进行组合分析，不做组合，这些零散的观点发散再多也没什么价值。当然，也有不少企业的战略规划部使用这些工具的本意不是去洞见战略，而是佐证自己已有的观点，这更是进入了误区。

小组完成战略举措组合后，再通过决策矩阵对战略举措进行决策。当六个小组分享其成果时，各个小组都很兴奋，觉得两天的研讨成果满满。我提醒大家，这些成果其实都只是假设而已，假设意味着这些分析很有可能是错的，接下来一个月需要各位通过电话、实地调研、收集数据等方式进行验证，要确保所有的举措都获得足够的支持。

各个小组都主动担当了调研任务，并将验证假设工作的责任落实到人，期间通过小组聚会，结合验证再对假设进行修正，让假设逐渐演进为真相。

5.4.4 共创关键战略——共同参与才有承诺

共创关键战略是战略的制定过程，结合前期研讨成果，共同制定组织的关键战略，一般包含战略领域、战略路径、差异化定位、战略轨迹和盈利模式共五个要素。战略领域回答了我们在哪些领域取得竞争优势，战略路径回答了我们怎样打造这些竞争优势，差异化定位回答了我们如何去竞争，战略轨迹回答了我们打造竞争优势的顺序和速度是什么，盈利模式回答了我们如何获取利润。战略五要素具体内容如图5-12所示。

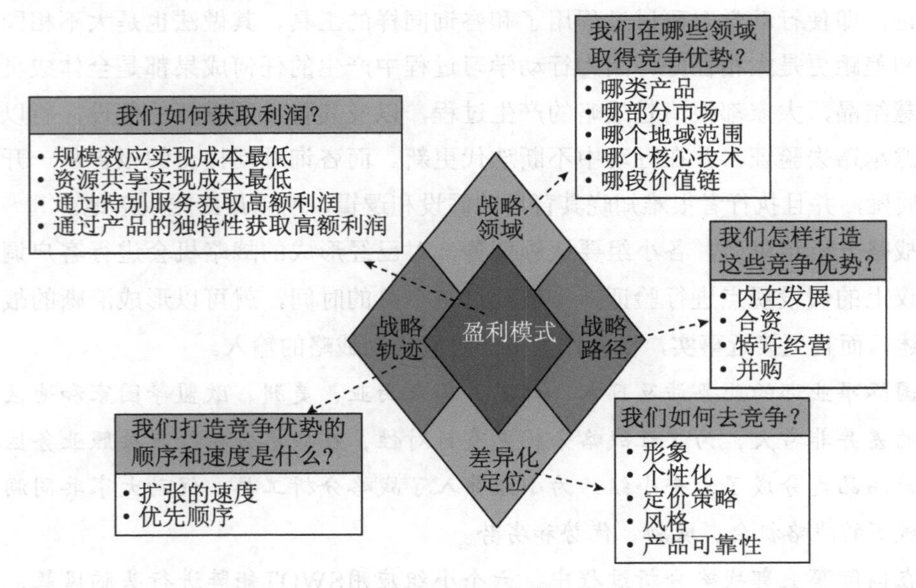

图5-12 战略五要素

在促动师的促动下，所有参与者共同对战略的五个要素进行分析，制定公司的初步战略，并分工对初步制定的战略进行调研和验证，修正假设，在下一次集中之前形成决策。

当然，战略五要素是比较全面的战略制定框架，实际促动过程中，可以按照组织规模和组织实际需求做适当的选择。

考虑到国际事业部的业务相对比较成熟稳定，业务结构也比较单一，经过和肖总沟通，战略制定环节选择了利用战略五要素的简化版核心分析三个要素：市场、定位和产品，增加了一个战略堵点分析，从四个方面制定战略，如图5-13所示。

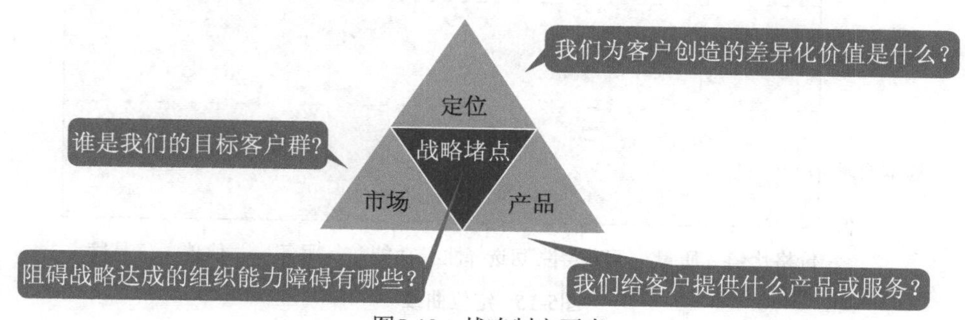

图5-13 战略制定要素

1. 市场：谁是我们的目标客户群

各小组在战略分析的基础上，研讨未来3～5年的目标客户组合，然后绘制从现在到未来的市场走势图，如图5-14所示，明确市场的发展方式。考虑到国际事业部的客户都在海外，而海外市场的各个国家有很大的差异，所以在研讨时按照不同的国家进行研讨，然后再进行成果分享、澄清、整合。

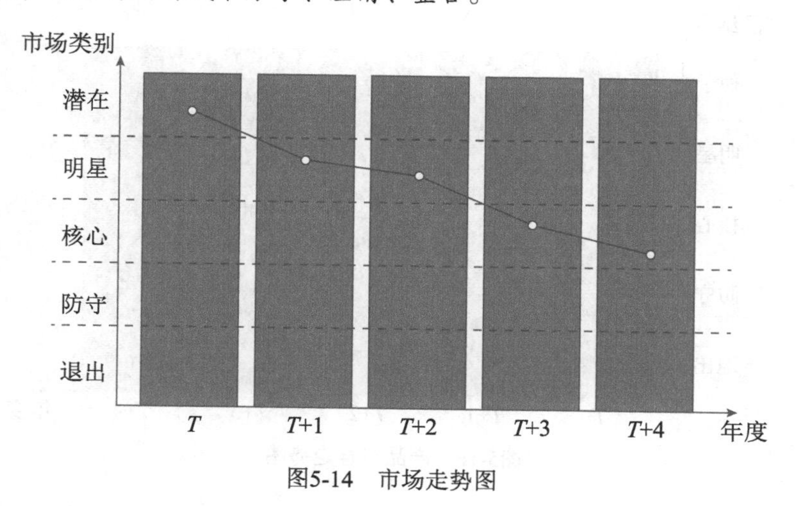

图5-14 市场走势图

2. 定位：我们为客户创造的差异化价值是什么

依据市场分析结果，团队成员共同研讨确定定位要素，在与竞争对手的对比之下确定组织差异化定位要素，共同绘制差异化曲线，如图5-15所示。最后经过各小组的分享，共同确定组织未来要在客户中打造的差异化优势。

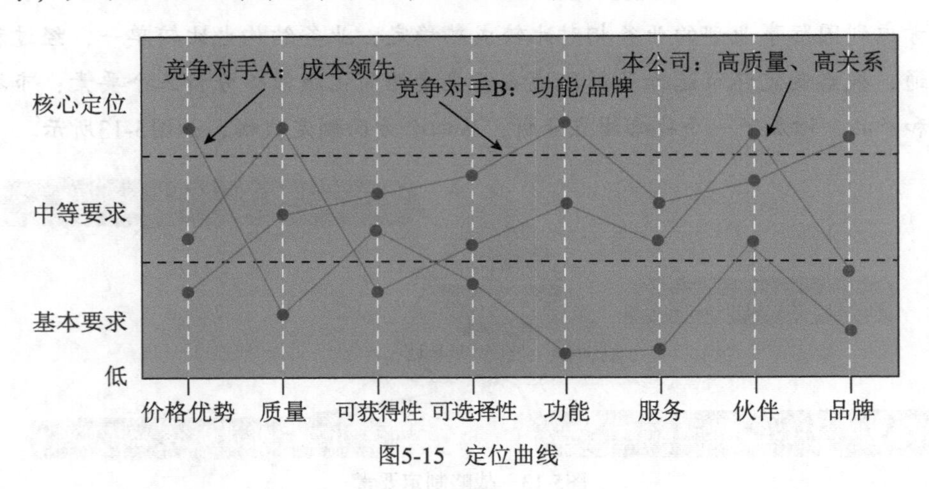

图5-15 定位曲线

3. 产品：我们给客户提供什么产品或服务

结合市场走势图和差异化定位曲线，团队成员共同对产品进行规划，研讨未来3～5年的产品结构，然后绘制出从现在到未来的产品组合走势，如图5-16所示，确定产品发展方向。国际事业部的产品研讨过程和市场研讨过程一样，也是针对不同的国家进行研讨，然后再进行成果分享、澄清、整合。

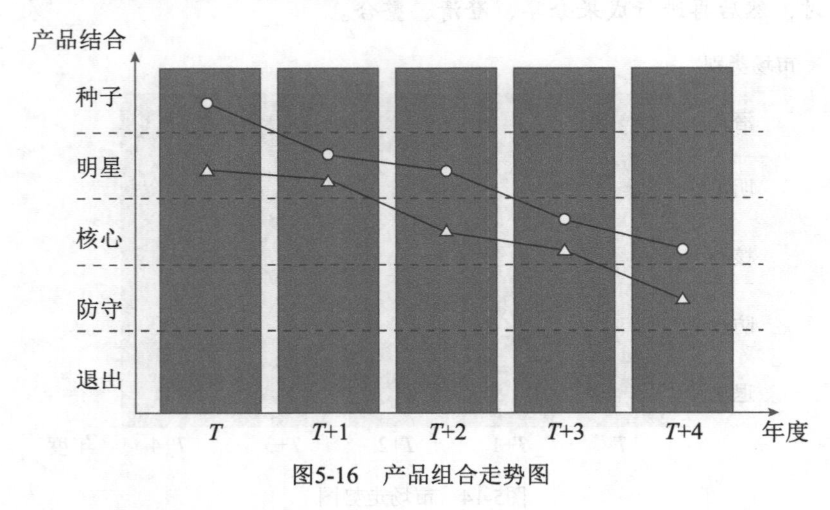

图5-16 产品组合走势图

4. 战略堵点：阻碍战略达成的组织能力障碍有哪些

各小组成员依据市场、定位和产品的研讨结果，结合三大障碍模型分析实现组织战略的最大内部战略堵点有哪些，初步确定组织变革方向，如图5-17所示。

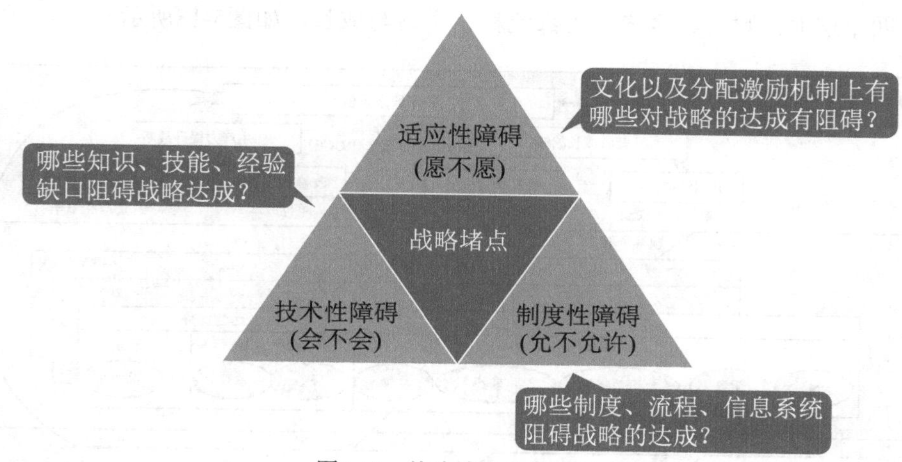

图5-17 战略堵点分析模型

制定战略的过程既是战略从无到有的过程，也是充分凝聚共识的过程，六个小组经过充分的研讨、不断地澄清，最终形成了事业部未来三年的关键战略。在这个过程中，所有意见都受到了尊重，任何质疑都得到了充分的澄清，战略完全是群体智慧的结晶，真正的战略共识得以凝聚，得到了大家发自内心的承诺。

5.4.5 聚焦重点目标——瞄准靶心方能获胜

聚焦重点目标环节是依据前四个环节的成果将战略落实为战略目标、衡量指标和行动领域的过程，这个环节就是组织通常所说的战略规划环节。不少组织的战略规划报告动辄几十页甚至上百页，烦琐地罗列各种事项，貌似有着精确的分析，阅读一遍都很不容易，更别提落实到执行。好的战略规划应该是聚焦了战略重点，团队成员一眼望去就清楚组织的重点战略是什么，而不是面面俱到地罗列概念。有效的战略目标体系一定是聚焦于战略的重中之重，因为只有聚焦才有望获胜。这正如打靶，瞄准靶心，即使未中，也能上靶得分；如果瞄准整个靶子，未中的结果就是脱靶。

这个环节使用的最主要工具是战略地图和平衡计分卡，战略地图将战略转变为目标体系，平衡计分卡为战略目标设立了衡量标准，并确定了行动领域。

1. 战略地图：用一张纸说清战略

选择战略地图作为战略规划工具，原因在于其简洁明了，完全可以通过一张纸讲清战略。战略地图可以平衡远期和近期目标，平衡财务和非财务目标。战略地图共包含四个层面：财务、客户、内部流程、学习与成长，如图5-18所示。

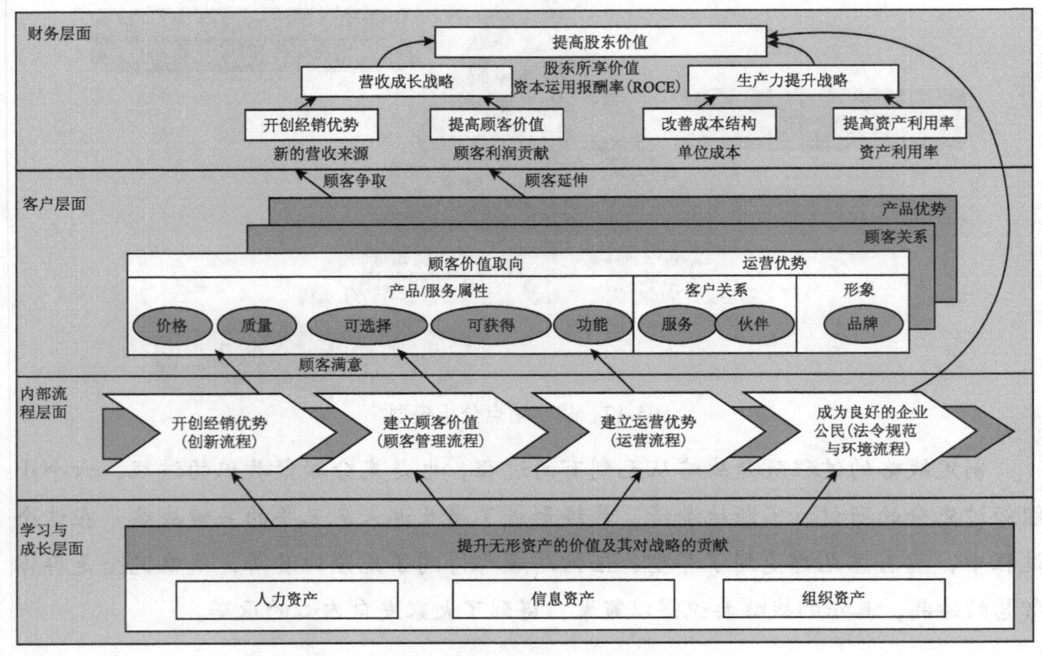

图5-18 战略地图

组织的财务收入源自客户对产品和服务的满意，而客户满意源自组织运营体系的高效，运营体系的高效源自组织的学习与成长。

战略地图的内在原理是通过打造一个正反馈循环促进组织发展：组织对人力资源的动力进行激发，带来内部流程的高效，而内部流程的高效带来客户的满意，客户的满意为组织创造出源源不断的财务收益，组织再将财务收益向人力资源回馈，进一步激发人力资源的动力。所以，一旦这个正反馈循环建立起来就会被不断强化，如图5-19所示。

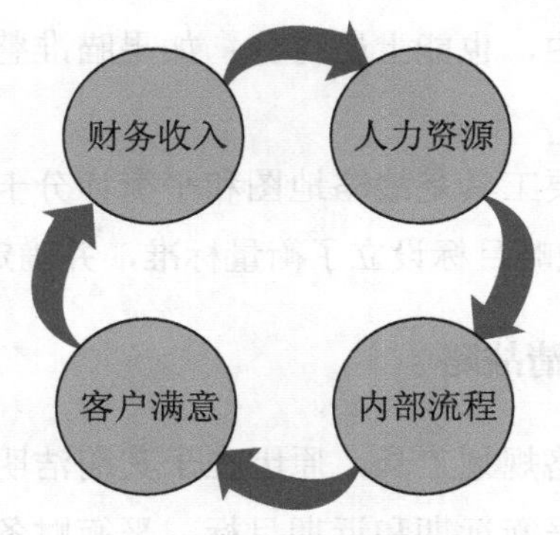

图5-19 战略地图原理

当然，也有个别组织用战略地图做指标分解，不过大多数只是将其作为一个指标分解的工具，由财务部门或者运营部门制定，然后向业务部门分解考核指标，广大的执行者并未参与其制定过程，也不清楚其内在逻辑，其结果就是只能做到形似，而实质差距甚远。

行动学习制定战略地图的过程是团队依据前期成果共创的过程。前期的战略分析是战略地图财务层面目标制定的依据，差异化定位是战略地图客户层面制定的依据，市场和产品分析是内部流程层面的依据，而组织能力分析则是内部流程和学习与成长层面制定的依据。

2. 平衡计分卡：可衡量才能管理

当战略地图制定之后，就进入对战略目标的衡量和行动领域的确认，因为目标只有可衡量才能被管理，这时就需要另一个战略落地工具——平衡计分卡。平衡计分卡为战略地图的战略目标明确了衡量指标、指标值和行动领域，将战略目标细化为行动。

也有不少组织在用平衡计分卡进行绩效管理，事实上，细究之下不过是借用了平衡计分卡的四个维度分解KPI指标而已，与平衡计分卡在本质上并没有多大的关系。其实，平衡计分卡是承接战略地图的战略落地工具，其价值在于让战略的推进变得可衡量，因为只有战略目标可衡量才能被管理。

这个环节将国际事业部分为六个团队，每个团队依据前期的成果制定战略地图，两两PK形成三张战略地图，然后再在大组中PK，最后形成一张战略地图。相互PK的过程就是凝聚共识的过程，对战略的假设不断澄清，最终大家对未来的认知越来越清晰。战略地图研讨过程如图5-20所示。

图5-20　战略地图研讨过程

通过战略地图制定了未来三年的战略目标，再聚焦2015年的战略目标，形成了8个重点战略目标，称为2015年的“Must-win war”，然后进行平衡计分卡研讨。

在国际事业部平衡计分卡制定环节，首先按照小组人员的业务熟悉度认领不同的战略目标，为战略目标设定衡量指标、指标值和行动领域，然后在大组中分享，通过相互质疑进行修正，最终建立事业部层面的平衡计分卡。具体研讨过程如图5-21所示。

图5-21　平衡计分卡研讨过程

通过平衡计分卡将战略从宏观层面规划到微观的执行层面，而团队成员自己设定的衡量指标和行动领域比从上到下压下去的指标更有承诺度，更愿意去落地。

在指标制定阶段，出现个别团队成员担心达不成指标，有意压低指标值的情况，这也没有关系，可以通过借助行动学习的质疑和反思进一步进行澄清。而且这也是一个学习机会，因为整个战略落地过程是一个逻辑自洽的过程，有意地压低局部指标就会导致总的财务目标得不到支撑。

在平衡计分卡研讨环节，有学员感叹，过去是领导挖坑哄着或者强迫大家往下跳，经历一番讨价还价之后，大家心不甘情不愿地跳下去；现在是自己挖坑自己跳，结果坑挖得更深，哼着小曲心情愉悦地跳了下去。这也正体现了行动学习战略落地解决方案不同于传统培训的效果。

5.5 以四维对话会增进协同

运营流程共包括两个模块，这一环节以四维对话会为基础，在促动师的促动下，以部门为单位认领组织重点战略目标，并向下分解，协同关键行动，确定需要变革的运营流程，明确变革任务，促进运营体系对战略的支持。

5.5.1　协同关键行动——真诚对话才会协同

把公司层面重要且挑战性高的战略目标作为重大专项部署，组建跨部门团队，通过绩效导向的行动学习进行突破；其他的战略目标应用四维对话进行分解，各部门把认领来的战略目标制定为部门级目标，并分解到个人。图5-22即为四维对话模型。

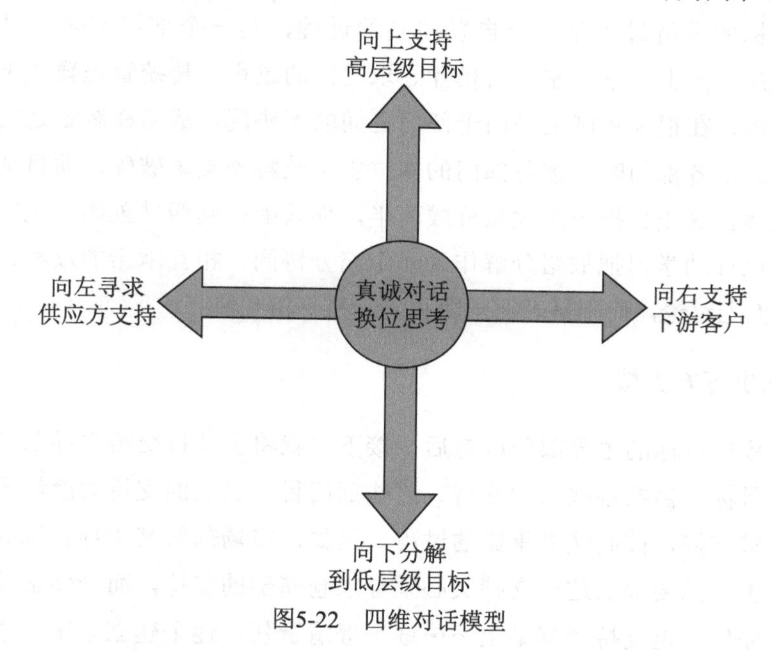

图5-22　四维对话模型

四维对话的过程包含五部分内容。

1. 真诚对话、换位思考

“真诚对话、换位思考”是四维对话过程中秉持的两条原则。真诚对话是指对话过程中所有的意见和假设都可以表达，所有人要承诺对事不对人，不搞秋后算账；换位思考是指换位到对方立场思考。在这两条原则的指导下，在战略分解过程中，虽然也经常会出现观点针锋相对的场景，不过，碰撞虽然激烈，但大家能够以就事论事的态度进行辩论。

2. 向上支持高层级目标

这是一个主动担当的过程，公司层面的战略目标逐一发布，每次发布之后，各部门讨论应该对这个目标承担的责任并举牌认领。

责任等级共分五层：

5分——主导作用，目标主责部门，必须设定分级目标；

4分——强力影响，需向主责部门提供强力支持，一般需设定分级目标；

3分——中等影响，对目标达成影响程度中等，酌情设定分级目标；

2分——较弱影响，对目标达成有一定影响，一般不需要设定分级目标；

1分——轻微影响，对目标达成的影响非常轻微，不需要设定分级目标。

战略目标的分解过程是一个自发担当的过程，是一个部门间充分对话和协同的过程，也是一个上、下、左、右相互寻求支持的过程。传统管理模式下的战略之所以无法落地，在很大程度上是由于部门之间的不协同，战略在制定之初是一个整体，但是分解给各部门时，被各部门的本位主义肢解得支离破碎、面目全非，无法再还原为整体。这正如把一头大象分成两半，你只能得到两堆象肉，绝对得不到两头小象。所以行动学习把战略分解作为一个充分协同、相互承诺的过程，把困难和问题放到桌面上讨论，而不是表面一团和气，私下相互使绊。

3. 向左寻求供应方支持

当某个战略目标的主导部门确定后，接下来就将主动权交给主导部门，为了达成这个战略目标，需要哪些部门支持？这些部门目前提供的支持力度够不够？这是一个连环寻求支持，彼此建立承诺的过程。比如，市场部就某主导目标寻求生产部的支持，而生产部要提供这一支持又必须寻求仓储部的支持，而仓储部的支持是建立在设备部提供一定支持的基础上……逐个澄清责任，逐个建立承诺，直到主导部门认为支持力度足以达成战略目标为止。

4. 向右支持下游客户

战略分解过程中也会出现这样的情况，主导部门承担战略目标需要的支持遇到职责分工的空白或重叠地带，这就需要相关部门主动承担以支持下游客户。如果都不承担怎么办？那就需要领导进行拍板。当然，这种情况在实际研讨过程中很少发生，一般通过几个部门自己协商就可以搞定。所以，组织要相信群众的智慧，只要促动适当，大家都有承担责任的愿望。

5. 向下分解到低层级目标

这一步的对话是各部门认领自己的战略目标之后与部门团队进行对话分解的过

程。所有的4分、5分目标都要制定分级目标，3分的目标视4分和5分的目标数量而定，一般一个部门承担的战略目标以5～7个为宜。各部门要把认领到的战略目标向下分解到班组，最终落实到个人，并且制订责任到人的行动计划。

当各部门向下分解战略目标完成，再进行第二次四维对话，公司确认各主导部门的分级目标和行动计划是否支持公司层面战略目标的达成，主导部门确认支持部门的分级目标和行动计划是否给予自己足够的支持。

四维对话过程是确保战略目标被支持的过程，只有各部门都围绕组织战略目标的达成开展行动，组织战略目标才有望达成。

研发、生产和营销之间的协同性差是国际事业部的历史遗留问题，也正为此才合并成立了国际事业部，所以解决三个业务部门之间的协同问题也是这次行动学习项目的重要目的之一。从四维对话过程来看，三个业务部门的冲突最多，有时甚至会争得面红耳赤。作为促动师，我秉持的原则是，只要争论的核心是就事论事，我就不进行干预。对话结束后，我请三个部门的人员分享感受，三个部门的观点出奇一致，都认为这样把问题摆到桌面上争论远胜于过去的私下猜测，虽然有些问题最终仍没法完全解决，但通过争论加深了彼此的理解。而这也正是肖总一直期望的结果。

四维对话时还出现了一个有代表性的场景，起初有两个部门每次都将自己对战略目标的承担责任控制在3分以下，对明显和他们密切相关的目标也是如此，当出现两次这样的场景后，我对两个部门经理开玩笑说，两位老大，如果8个战略目标分解结束，你们都不承担一个4分责任的战略目标，是不是肖总该考虑你们的部门还有没有存在的必要了？一语点醒梦中人，这一次走入了另一个极端，两个部门无论什么目标都尽量往高了去承担，结果是我不得不再次提醒，还是要中立、客观地来确定责任。

5.5.2 协同运营体系——及时变革方能一致

协同运营体系共包含两项内容：一是确定为了支撑战略需要变革的重要流程，并责成具体负责人推进变革；二是依据战略目标、行动领域确定经营预算、资本支出预算和财务预算，让预算与战略业务的推进保持一致。

国际事业部运营流程的变革主要是激励模式的调整，从过去的重组之前个人绩效考核和组织绩效脱节，到重组之后调整为两者的紧密结合。另外，由于国际事业部战略研讨会在时间节点上滞后于总部的预算时间，所以在战略分解之后又按照推进战略的实际需要，在事业部权限范围内对预算做了一些调整，以便尽量保证预算和战略的一致性。

当战略分解之后，战略就进入了执行系统，正如我们一再强调的，战略不过是一系列的假设，而推动战略落地的本质就是验证假设的过程，所以需要动态地推进才能确保战略落地。

5.6 以战略复盘会激发动力

无论是战略流程还是运营流程，最后的落点都是人员，所以本模块的三个环节以推进战略执行为任务，以人员激励为手段，充分激发人员动力，为战略落地提供动力支持。

5.6.1 动态推进战略——步步为赢才有动力

你们组织一般多久召开一次与战略推进相关的会议？一个季度一次还是一个月一次？事实上，即便是一个月一次也是不够的，因为环境的高度不确定，企业已无法像过去那样好整以暇。大家是否还记得2015年除夕的微信抢红包活动，当广大群众抱怨腾讯的抢红包活动中奖率低时，腾讯迅速做出调整，追加预算金额、提升中奖率，这就是对战略的快速响应调整能力。除夕之后第一课，客户正好是一家传统银行，我分享了这个案例。现场所有中高层都表示他们无法做到，这也印证了为什么本应该是主角的人群，却跟着大家一起抢红包。

在不确定时代，一切经营活动都变得不确定，战略不确定需要验证，行动计划不确定需要试错，组织需要根据检验结果快速调整。所以，行动学习通过四种类型的战略复盘会推动战略落地，确保战略的动态执行，及时纠偏调整。

1. 每周复盘会

每周复盘会是最小的战略执行单元要开的会，会上应迅速对一些不恰当的举措做出调整。周会强调简短明快、快速跟进，其核心有三点：兑现上周的承诺、总结成功与失败、建立下周的承诺。每周复盘会不需要汇报太多内容，最重要的是落实责任、纠正偏差，30分钟左右即可。

2. 月度复盘会

月度复盘会共包含8个步骤(见图5-23)，一般要上升到部门层面，甚至事业部或公司层面。重点是对战略的执行过程做出深刻的反思，既包括对执行情况的回顾，也包括对前期假设的纠偏，所以在月度复盘会上必须深刻反思，真正触及战略的基本假设，一般建议一天的时间。

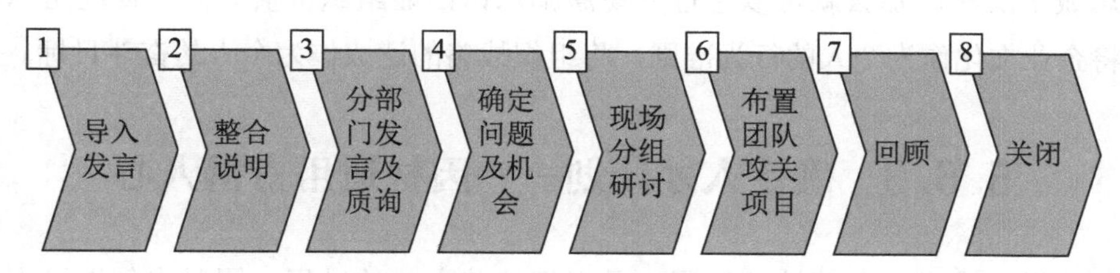

图5-23 月度复盘八步法

3. 季度高峰会

季度高峰会又称高管论坛，参与者以中高层为主。从行动学习视角来看，战略落地的过程就是学习的过程，两者没有任何区别。所以季度高峰会既是组织高管对战略的阶段性反思复盘，同时也是共同学习。关于高管论坛，在本书的第7章会专门介绍。

4. 年度总复盘会

年度总复盘会是战略期末对战略的全面回顾与反思，反思成败，澄清假设，发现规律，更新战略。

通过一系列的复盘会议，让战略执行成为一个动态推进的过程，让所有员工随时了解我们是否走在正确的轨道上，我们离战略目标的达成还有多远，充分激发大家的动力，步步为赢地推进战略。

5.6.2 兑现激励承诺——凸显价值才能牵引

就绩效激励而言，不少组织的难点在于绩效指标和实际业务的脱节。而战略落地行动学习解决方案将业务、预算和绩效整合在一起，构建合理的激励模式自然水到渠成。

当然，容易操作是一回事，是否愿意围绕战略落地实施激励是另外一回事，这体现的是组织的价值导向——真正的企业文化。

在我看来，要了解一个组织的文化不能通过挂在墙上、印在纸上的标语和口号，关键看大部分奖金发给了谁，谁受到了重用。

所以，兑现激励承诺是真正考验领导者的环节，领导者是否能够以身作则忠诚于自己所倡导的文化，是否忠诚于自己参与制定的战略。如果领导者能忠诚于文化、忠诚于战略，那么就可以通过兑现激励承诺凸显组织价值导向，促动组织内所有人将企业文化作为个人的行为准则，将组织战略的达成作为个人的奋斗目标。

5.6.3 确定人才计划——因材适用方得人心

行动学习推进战略落地的过程也是组织培养人才的过程，同时也创造了观察人才能力的有效场景。组织可以根据绩效评价结果，再结合人员在战略执行过程中表现出来的能力，对人才做出盘点，并制定具有针对性的人才保留计划。具体做法可通过能力/业绩矩阵建立人才发展九宫格(见图5-24)，对人才进行针对性培养。

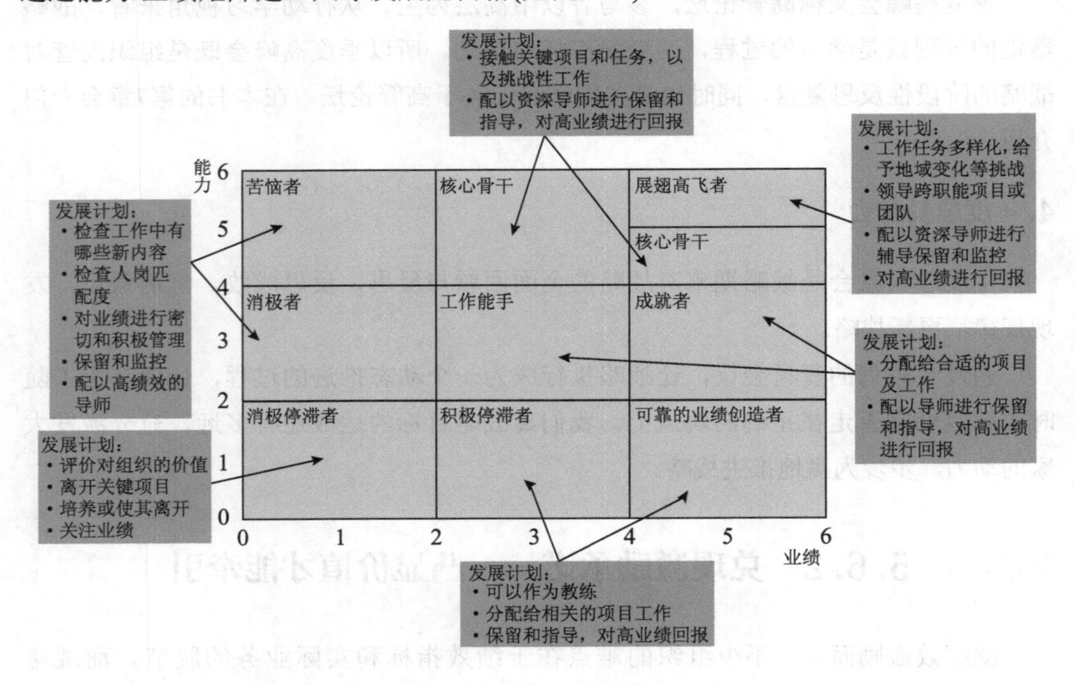

图5-24 人才发展九宫格

无论是分配上的激励还是组织的用人原则，其本质反映的都是组织文化，是组织价值导向的体现。

我曾见过某国企老总热衷于搞文化，期望团队成员像蜜蜂一样亲密无间的合作，还设计了一个“蜜蜂”的图腾。文化搞得似乎非常不错，他自己也觉得很得意，而观其用人之道，用的都是自己的亲戚或朋友，对于真正有能力的管理者，他担心驾驭不住，被排挤出核心圈，其结果就是到处都是勾心斗角的“马屁文化”“小圈子文化”，却没有一点亲密无间的合作。像这样搞文化，就是把整个办公楼搞成“蜂巢”又如何？

所以，激励人心真正体现的是组织价值导向，因材适用方得人心！

在激发人员动力方面，国际事业部的做法如下。

(1) 以每周复盘会和月度复盘会推进战略。班组和部门将原有的周例会改造为每周复盘会，事业部将原有的月度例会改造为月度复盘会。

(2) 围绕战略构建激励体系。国际事业部是新成立的事业部，所以各类制度尚不完善，伴随战略研讨同步出台了绩效激励制度，统合了个人激励和团队激励，紧密围绕战略实施激励，为战略落地凝聚力量。

(3) 通过战略运营会发现并发展人才。国际事业部和人力资源部全程跟进战略复盘会，在会上观察人员的能力，制订针对性人才发展计划。

从2014年11月启动项目到2015年3月促动第一次战略复盘会，行动学习项目转为由国际事业部自主实施，我和国际事业部的四十多个可爱的兄弟姐妹们间断相处了五个多月的时间，亲眼见证了他们的成长，从提出战略并觉得遥不可及，到能够熟练应用各种战略工具；从研讨时的杂乱无章，到自发促动下的井然有序；从三个业务部门各自本位争得面红耳赤，到相互理解主动协同……短短的五个月，变化与成长已显现在每一个人的身上，更显现在团队整体的效能提升上，这就是行动学习所激活的内驱力，也是释放群体智慧所带来的最大成长。

在这五个月期间还发生了一件让我非常感动的事，我也被国际事业部的小伙伴们狠狠地激励了一次。在第一次集中会议和第二次集中会议期间，我住院一周做了一个小手术，休息一个月后的第一讲就是国际事业部战略研讨会的第二次集中。2014年12月20日晚上，我赶到宾馆，一进房间，看到的一幕直接戳中了我的泪点，图5-25为当时拍下的照片。

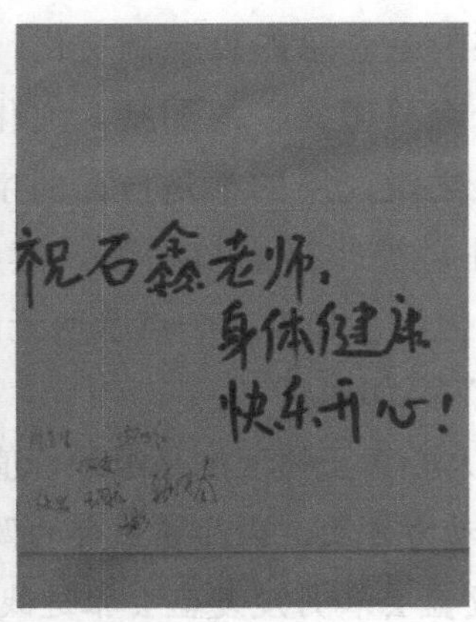

图5-25　来自客户的祝福

大家从我的合作伙伴处了解到我生病的情况，提前在我的房间放置了一束鲜花、一盘水果，还有项目发起人肖总、人力资源部王总以及各个组组长签名祝福平安的卡片。这是很让人动情的一刻，也是让人铭记终生的一刻。水果可以吃掉，鲜花也会枯萎，但这份情谊却永藏心间，激励着我。这么多年来，虽然辛苦，这份情谊一直激励着我穿梭于不同的城市、不同的企业之间。

5.7 战略落地行动学习工作坊

除了前面讲的标准战略落地项目，针对不同组织的个性化需求，也可以设计不同类型的战略落地行动学习工作坊，其核心都是截取了“战略落地行动学习解决方案”的一部分而构建。对于短期内无法引进完整的战略落地项目的组织，战略落地行动学习工作坊也是不错的选择，这里介绍三种典型的工作坊。

5.7.1 营销战略工作坊

营销战略工作坊是战略落地行动学习解决方案的浓缩版，其目标对象既可以是小规模的企业，也可以是某一个大企业中的营销部门。

针对这些企业的需求，我专门构建了“营销战略落地七步法”的研讨逻辑，如图5-26所示，其核心思想与战略落地项目一致。针对营销团队的独特需求，在战略落地行动学习解决方案的原有基础上做了一些增减。

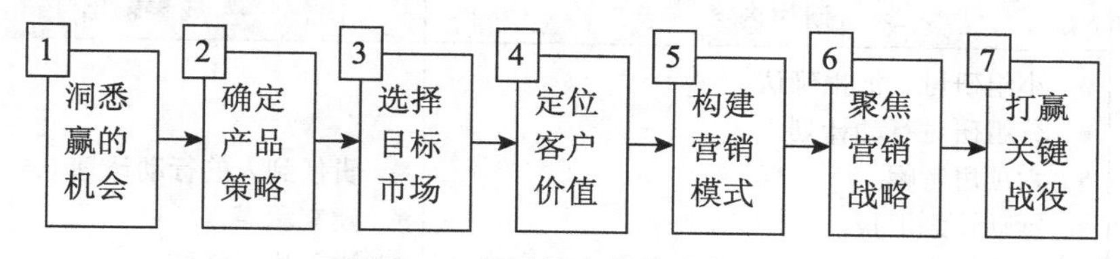

图5-26 营销战略落地七步法

实施营销战略落地七步法一般需要四天时间，如表5-2所示。

表5-2 营销战略落地日程

时间	研讨内容	成果输出
第一天	● 导入 ● 行动学习基本理论介绍 ● 研讨规则、群体记忆法介绍 ● 外部机会、威胁分析 ● 内部优势、劣势分析 ● 组合杠杆 ● 高杠杆的指导方针分析 ● 小组汇报及点评 ● 成果整合完善	● 了解行动学习基本理论 ● 学习并掌握基本研讨工具 ● 发现战略机会 ● 形成战略策略
第二天	● CSS团队反馈 ● 产品研讨分析 ● 绘制产品走势图 ● 研讨目标市场 ● 绘制目标市场走势图 ● 确定客户价值要素 ● 绘制差异化曲线 ● 小组汇报，并整合差异化曲线	● 构建产品走势图 ● 构建目标市场走势图 ● 明确公司差异化定位
第三天	● 战略地图理论讲解 ● 小组研讨 ● 分组汇报 ● 战略地图整合确认 ● 量化衡量营销战略目标 ● 小组汇报并确认 ● 价格策略讲解 ● 小组研讨、汇报确认 ● 渠道策略讲解 ● 宣传策略讲解 ● 小组研讨、汇报确认	● 战略地图 ● 行动领域和衡量指标 ● 价格策略 ● 渠道策略 ● 宣传推广策略

(续表)

时间	研讨内容	成果输出
第四天	● 小组研讨、汇报确认 ● 分组研讨行动计划 ● 六顶思考帽 ● 行动计划汇报 ● 行动计划完善 ● 总结、回顾 ● 关闭	● 责任到人的行动计划 ● 建立承诺 ● 进入执行系统

案例：智网营销战略工作坊

“集中的营销突破研讨、逻辑严密的理论方法工具、专业的促动师促动，才能激发群体智慧，才能创造出自动自发。感谢石老师及其团队在这四天的付出，我要把这种学习方法介绍给兄弟公司，让大家都从中受益！”朱林感慨地说。

朱林是北京智网科技有限公司的董事长，以上发言源自其在为期四天的营销战略落地工作坊结束时的总结发言。

智网是一家专为各行业提供信息系统业务持续性保障解决方案的公司，是一家新三板上市企业。

“我们的规模小，业务较单一，核心人员又散处全国各地，我们的重点就是营销，能不能采用工作坊的模式研讨营销战略？”当合作伙伴向朱林推荐战略落地行动学习时，朱林很心动，但是考虑到企业实际情况，期望用一次研讨会聚焦2015年的营销战略。

当合作伙伴征求我的意见时，我说，当然可以，行动学习的特点就是灵活，况且对于一家规模不大、业务单一的企业，四天的时间也足够制定出全面的营销战略，并落实为行动。

最终结合公司的实际需求，向其推荐了为期四天的营销业绩突破工作坊，公司的核心骨干四十多人参与了项目。

四天的高强度研讨，火花与火花碰撞，智慧与智慧升华，大家群情激昂，丝毫不觉疲惫。最让公司高管惊讶的是，当一系列营销战略举措出台后，不少人竟然表示应该上调业绩目标，让目标更具有挑战性，这与过去向下分解指标时的下顶上压形成了鲜明对比。分管营销的副总彭国华在总结时由衷地感叹：“这种学习方法非常好，帮助我们全面理清营销战略的同时，又让大家获得了学习成长，并且激发了管理者的主动担当，我提议，从现在起每季度一次促动式推演。”

5.7.2　绩效指标落地工作坊

在组织中，绩效指标分解工作一般由人力资源部负责，因为传统管理模式下战略制定的先天不足，所以导致年初绩效指标分解变成了讨价还价，最终只能靠领导强制推行。而执行过程中，各部门的具体工作任务往往又与指标脱节，部门绩效指标和个人绩效指标之间难以建立清晰的联系。各部门之间各自为政，相互扯皮，难以形成有效协同，年底的绩效考核最终演变为一场推诿扯皮的诉苦会。

按照战略落地的思想，只有让绩效指标分解过程成为一个组织全方位对话的过程，让组织各层级充分参与，最大范围形成共识，才能建立真正的承诺。指标分解不是目的，将战略目标转化为支持战略的行动计划，并通过战略复盘会实施管控和纠偏，才能保障战略目标的落地。

绩效指标落地工作坊其实是截取了战略落地行动学习解决方案的“战略地图构建、平衡计分卡制定和分解”部分，当人力资源部无法引进完整的战略落地项目时，这也不失为一种退而求其次的选择。

为此，我专门构建了“绩效指标落地七步法”，如图5-27所示，通过工作坊将先天不足的战略做得更扎实一些。

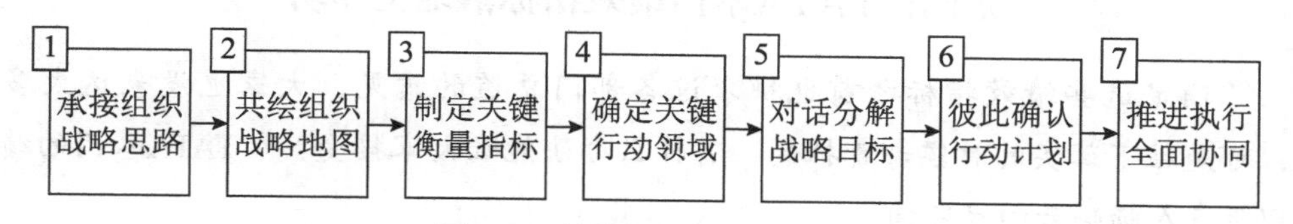

图5-27　绩效指标落地七步法

绩效指标落地工作坊一般为期四天，采用两次集中，即3天+1天的模式，中间间隔1～2周，具体日程如表5-3所示。等各部门将认领的战略目标分解为部门目标与行动计划后，再进行四维对话协同行动。

表5-3　绩效指标落地工作坊日程

时间	研讨内容	成果输出
第一天	● 导入 ● 行动学习基本理论 ● 绩效指标落地七步法第一步：承接组织战略思路 ● 研讨工具：六顶思考帽 ● 绩效指标落地七步法第二步：共绘组织战略地图 ● 研讨工具：头脑风暴	● 了解行动学习基本理论 ● 学习并掌握基本研讨工具 ● 清晰公司战略思路 ● 形成公司未来战略地图

(续表)

时间	研讨内容	成果输出
第二天	● 团队有效性反馈 ● 基础促动技术 ● 绩效指标落地七步法第三步：制定关键衡量指标 ● 绩效指标落地七步法第四步：确定关键行动领域	● 提升团队有效性 ● 掌握初级促动技术 ● 明确公司级关键指标和关键行动领域
第三天	● 个人有效性反馈 ● 绩效指标落地七步法第五步：对话分解战略目标 ● 制定部门关键行动	● 提升个人有效性 ● 公司战略目标分解到部门 ● 形成部门行动计划
间隔1～2周的时间，各部门制定部门级绩效目标及行动计划，并向下拆分		
第四天	● 绩效指标落地七步法第六步：彼此确认行动计划(四维对话) ● 绩效指标落地七步法第七步：推进执行全面协同 ● 集体承诺 ● 回顾总结 ● 关闭	● 形成向上支撑公司战略目标，向下分解合理，对左右部门全面协同的行动计划 ● 了解推进行动计划执行落地的具体方法

案例：TATA木门绩效指标落地工作坊

“确定这些绩效指标之前也征求过各部门总监的意见，大家也没表达太多观点，可是往下落实的时候却都抵制，有什么办法能让大家接受？”TATA木门的绩效管理负责人杨晓云向我咨询。

TATA木门一直专注木门领域，定位年轻的白领市场，近几年做得风生水起，稳居行业龙头。最难能可贵的是，作为一个传统行业，早在2003年就启动了电商，并且网上导流已经占了公司业务很大的比重。三位“70后”创始人为人宽和，倡导家文化，在公司威信很高，整个团队年轻且富有活力，冲劲十足。与快速成长中的所有企业一样，过去的绩效管理很简单，职能部门年初布置一些重点工作，业务部门只考核财务指标。随着近几年业务的不断扩大，队伍逐渐壮大，不同部门对公司发展思路的想法不同，需要部门协作完成的一些工作就受到了影响。另外，只考核财务指标也造成了业务部门的短期行为，一些对公司有深远影响的长期目标，因为短时间内无法创造业绩而不被重视。所以，2015年年初，人力资源部试图通过更加全面的KPI考核，协同部门合作，协同近期和远期目标。

杨晓云接到任务后便风风火火开始行动，查阅了不少KPI指标库，对各部门进行了访谈，为各部门设定了绩效指标，也向各部门征求了意见，却没有获得太多反馈。

可是真到要发布的时候，问题来了，各部门纷纷表示定的绩效指标不切合实际。

“我对各部门说，如果你觉得这些指标不切合实际，你们来定如何？可是大家又不愿意配合，”杨晓云说，“现在就卡到这里，不知道该怎么办了，要不您去给我们的中层干部讲一堂绩效管理的课，让大家认识到绩效管理的重要性，把今年的绩效指标落实下去？”

我给杨晓云反馈了四点：“第一，你给各部门定绩效指标这个起点就有问题，因为你并不了解各部门的真实需求，就算各部门接受了，与他们真实的业务开展也是“两张皮”，为考核而考核，这是典型的形式主义；第二，你让各部门自己给自己定指标不被配合也属正常，如果没有恰当的促动，没有人愿意给自己挖坑；第三，无论是人力资源部定指标，还是各部门自己定指标，其实都没有实现绩效管理‘向上支持战略，横向协同推进，向下落实责任’的初衷；第四，靠一堂课来解决这个问题是行不通的，讲得再通透也是理论，最多解决一些技术性障碍，制度性障碍和适应性障碍触及不到。”

“那怎么办？难道这个问题就无解了吗？”杨晓云疑惑地问。

“最有效的办法是从公司的战略出发，促动大家共同制定公司层面的战略目标和行动领域，然后再通过部门间的协同对话向下分解，但有一个前提，就是你们的总经理得全程参加，单靠人力资源部的力量不足以推动。”我对杨晓云说。

杨晓云将我的建议反馈给人力资源总监刘威，刘威在TATA木门总经理纵总的支持下，决定采用绩效指标落地工作坊，促动大家完成绩效指标的落地。图5-28即为现场促动场景。

图5-28　TATA木门绩效指标落地促动过程

TATA木门总经理纵总全程参与了工作坊，并按照事先的沟通尽力做到通过提问进行促动，不对大家的研讨进行干预。最后发现，群体智慧制定出的战略地图完全就是自己期望的战略地图，而各部门之间的协同对话，除了部分因界限不清需要纵总进行决策外，基本上能够做到自主协同。

最后在工作坊结束时，纵总特别对人力资源总监刘威强调："今年人力资源工作的重点就放在绩效指标落地上，哪怕别的都不干，只要能把这个落到实处也是最大的成效。"

另外，给我留下深刻印象的是其办公楼内墙上张贴的一句标语"我们的任务是学习，工作只是练习题"，从这句话也可以找到这家年轻的公司快速发展的秘诀所在。

5.7.3 战略专题分析工作坊

有时一些企业会提出一些战略专题的研讨需求，而组织给出的研讨时间又比较短，无法做更为全面的战略研讨，而这些战略专题又不适合用绩效提升导向的普通研讨逻辑进行研讨。针对此类需求，我以SWOT作为主要研讨工具，构建了两天的战略专题分析工作坊。工作坊日程见表5-4。

表5-4 战略专题分析工作坊日程

时间	研讨内容	成果输出
第一天	● 导入 ● 行动学习基本理论 ● 研讨工具学习：头脑风暴 ● 第一步：制定营销目标 ● 研讨工具学习：团体列名 ● 第二步：SWOT分析	● 了解行动学习基本理论 ● 学习并掌握基本研讨工具 ● 明确营销目标 ● 清晰现状
第二天	● 团队有效性反馈 ● 第三步：SWOT组合分析并决策 ● 六顶思考帽 ● 汇报方案并点评 ● 第四步：制订行动计划 ● 回顾总结并关闭	● 提升团队有效性 ● 形成关键战略举措 ● 行动计划 ● 建立承诺

案例：华方科泰战略专题分析工作坊

"每年都是高管们讲，大家听，今年我想变一下，用行动学习的方式开这个年会，确定几个海外市场发展的战略议题，让大家讨论、汇报，高管们进行点评，确定方向后，制订行动计划去落实。”华方科泰的总经理包军说。

华方科泰是一家专门针对海外的医药公司，2013年年底，三天海外营销人员会议，其中两天引进行动学习工作坊对几个产品品类的营销战略进行研讨。

就解决战略问题而言，两天的时间远远不够，但是可以研讨出一套用于验证的行动，然后在实践中迭代，这也正是华方科泰对两天研讨会的最大期望。

5.8 案例：隆中对——小青年给大叔上的战略课

《隆中对》是古代战略规划的名篇，如果仔细回想一下故事中诸葛亮帮刘备谋划的过程，就会发现诸葛亮采用的分析方法其实就是SWOT分析。我在2015年曾写过一篇与管理有关的小说，用SWOT和促动技术将《隆中对》重新演绎了一次，在微信公众号上发布后，引发了不少读者的兴趣。下面通过这个故事让大家感受用SWOT进行促动的过程。

5.8.1 愿景启动：刘大叔的创业梦

2世纪末，垄断经营了将近两个世纪的多元化企业东汉集团濒临破产，高度垄断的市场全面开放，创业机会呈井喷式涌现，随处可见打了“鸡血”的创业团队，遍地都是红了眼的投资人，“大众创业，万众创新”成了最时髦的口号，刘备正是万千创业大军中的一员。

刘备祖上曾拥有东汉集团的大额原始股，后因经营不善，传到他这一辈沦为一个织席贩履的普通人。逆袭，是每个普通人的梦想，更何况刘备这个曾经辉煌过的普通人，只是经过二十余年的折腾，除了打造了一支小团队，形成了一点小虚名，别的都一无所成，目前依托荆州公司的CEO刘表做销售顾问。眼瞅着北方市场曹操集团一家独大，南方市场诸侯割据，一极多强格局已初步形成，创业窗口期即将关闭，刘备看在眼中，急在心里，却毫无办法。后受到著名管理学者水镜先生指点，决定聘请一位顾问，又经策划人徐庶大力推荐，确定了一位目标人选——南阳知名促动师诸葛亮。

时年诸葛亮26岁，相当于今天的“90后”，年龄虽小，眼界却很高，刘备两次登门拜访都扑了空，直到第三次才总算见到了真神。我们下面要还原的就是大叔刘备和小青年诸葛亮第一次见面的对话——历史上著名的“隆中对”。

好，下面故事开始了。

刘备几经周折终于见到了诸葛亮，一番客套过后，诸葛亮问刘备：“大叔，你三番五次找我究竟做么斯？”诸葛亮的普通话透着一股荆襄味。

刘备毕恭毕敬地说：“亮亮，我创业二十多年，虽然很努力，但是一直无甚成就，想请亮亮指点迷津。”

诸葛亮说：“你创业的vision是什么？”

刘备一愣，问：“么斯？”刘备在荆州住了几年，一着急说话也带上了荆襄味儿。

诸葛亮笑着说：“大叔不懂英语啊？真是落伍了，vision就是愿景，”见刘备还是满脸迷惑，就一字一顿地边说边比划，“愿景就是，当你创业最终获得成功后，呈现在你面前的将会是怎样的一个画面，你会看到么斯？你会听到么斯？你会感受到么斯？”

刘备一边听着诸葛亮用“荆普”娓娓道来，一边在脑海中浮想联翩，似乎看到未来某一天，自己再现了当初东汉集团的辉煌，居中坐在董事长的位置上，左右是各下属集团的老总，听到大家称赞自己的丰功伟绩，四海之内皆为自己的市场，一派歌舞升平的景象。

“说白一点，就是你的创业目标、创业理想是什么”诸葛亮加重了语气，把刘备带回了现实。

刘备恍然大悟，想了想，认真地说：“我想在现在的市场里获得一席之地，不敢像曹操那么大的规模吧，至少也得像孙权、刘表那样吧。”

刘备一边说，一边偷偷观察诸葛亮的表情，生怕诸葛亮觉得他吹牛，以现在自己这三五条枪的团队，只怕十个人听了有九个人会觉得是吹牛。

诸葛亮听了，果然摇了摇头。刘备见状，赶忙说，“当然，这只是我的梦想，”笑了笑，接着说，“虽然今天我寄人篱下，梦想还是要有的，万一实现了呢？”

诸葛亮哈哈一笑，说：“不错，梦想确实是要有的，只是，大叔，你这个梦想也忒小了一些，如果只是这样的梦想，弟兄们凭么斯跟着你干，直接投奔曹操、孙权、刘表他们岂不更好？”

刘备尴尬一笑，只听诸葛亮又说：“从你刚才想象愿景的表情来看，我知道你的梦想绝不止于此，可能是有所顾忌，没有说出来，现在就你我两人，你就大胆地、尽情地把你的想法说出来吧，没得怕。”

刘备暗暗吃了一惊，“此人小小年纪，竟能洞悉人心，果然有些门道。”

刘备笑着说道："亮亮，我确实是有点怕，不是怕别的，而是怕你笑话，既然你这样说，我说了你可别笑。"接着以非常诚恳的语气说道，"东汉集团破败成今天这个样子，作为公司曾经的原始股东，我经常为此彻夜难眠。我知道自己的影响力有限，能力也有限，但是一想到东汉集团的资产被原来的高管们大肆侵吞，董事长汉献帝变成了曹操的傀儡，我就觉得自己是有责任的，我不自量力，想通过自己的努力重现当年东汉集团的辉煌，可是实在能力不足，折腾了二十几年，却一事无成，所以恳请亮亮指点迷津。"说着郑重起身，向诸葛亮深施一礼。

诸葛亮躬身回了一礼，笑道："大叔寄居荆州，仍有如此远大理想，亮亮很是敬佩。"顿了一顿，接着说道，"大叔的梦想远大，不过目前还只能算是自己的朴素理想，还不能算是愿景。"

刘备不明其意，静等诸葛亮解释。

诸葛亮说道："愿景是么斯？简单地说，就是团队里面所有人的共同追求。"

刘备问道："是不是就像一些公司挂在办公室墙上的诸如'追求卓越''质量第一'等各类条幅？"刘备想起在曹操的公司里曾见到过很多这样的条幅挂在墙上，荆州刘表的公司也到处悬挂着"为荆州实现四个现代化努力奋斗"的条幅。

诸葛亮笑道："那些只能算是口号，不能算是共同愿景！"说着从书案上拿起笔，在纸上写了个大大的"愿"字，问刘备，"'愿'从哪里来？"

刘备仔细看着这个大大的"愿"字，若有所悟："是从'心'里来吗？"

诸葛亮拍手笑道："'愿'一定是来自内心的，你想想看，那些挂在墙上的口号，有哪一个是真正从大家的心里来的？只是单方面的宣贯罢了，有时候连宣贯的人自己都不相信，别人怎么能相信呢？所以不能算作是'愿景'。"

诸葛亮接着道："既然愿是从心里来的，那么愿景就是关于理想的独特想象，它面向未来，可以为众人带来共同利益。这里面有五个关键词，缺一不可，统称为'愿景五要素'。"说着在"愿"字周边写下了"理想""独特""想象""面向未来""共同利益"五个词语。

诸葛亮喝了口茶，接着道："首先愿景一定是整个团队共同的理想，绝不仅仅是刘大叔你一个人的理想，组织要打造一个理想来承载大家的理想，同时又必须具有独特性，不能放在哪个公司好像都说得通。据我了解，自从曹操提出'做大做强，成为全国领头羊'这个口号之后，其他企业纷纷效仿，据说刘表也提出了一个口号'做大做强，成为南方市场领头羊'。"刘备想起刘表也曾自豪地向自己讲过这个口号，不禁莞尔一笑。

诸葛亮也笑道："像这样的口号有还不如没有，说的人自己不相信，听的人也只是当作笑话听听，说的人自我陶醉，听的人表面附和却在心里暗暗嘲笑。”

刘备听诸葛亮说得有趣，也不禁哈哈一笑，暗自回想自己是否也有过类似的情形。

诸葛亮接着说道：“第三个要素是想象，愿景一定要能够激发人的联想，要有画面感，让人一听脑子里面就会出现相关的画面，而且这种画面会在人的脑子里萦绕不去。大叔，你们刘、关、张桃园三结义广为人知，你回忆一下，那天让你印象最深刻的是什么？”诸葛亮一提到桃园三结义，刘备脑子里马上浮现出了满树桃花，三人在树下对天而拜的画面。这个画面历历在目，仿佛就在昨天，而三人当初究竟说了些什么，却模糊不清了。

“画面，画面……”刘备在心里默默地说，耳边又听到诸葛亮的声音，“第四个要素是面向未来，刚才你想的是过去的画面，而愿景描述的是未来的画面，是大家真心想要实现的未来，也许眼下困难重重，但是未来必须远大，这就像你刚才说的，梦想还是要有的，万一实现了呢？今天大叔虽然暂时依托刘表，谁能说十年后会怎样？也许纳斯达克的钟声就会为你敲响。”

刘备仿佛看到了十年后，公司在纳斯达克上市，谁来敲钟呢？自己独自敲？还是创业的弟兄三个一起敲？还是找几个客户共同敲，然后自己酷酷地说，我用了十年的时间就是为了让你们来纳斯达克敲钟？

诸葛亮又道：“最后一个要素是‘共同利益’，既不是公司的利益，更不是创业者自己的利益，你想，每个人内心深处最关心的是谁的利益？当然是他自己的利益！所以必须让组织成为大家的利益共同体，这样才能让整个团队风雨同舟，患难与共。”

刘备默然，他想起了有一次张飞喝了酒曾跟自己说，很羡慕二哥关羽的宝马车，如果以后跟着老大发达了，希望自己能买一辆奔驰。

诸葛亮讲完了五要素，停下来喝着茶，静静地望着刘备，刘备半晌才回过神来，感叹道：“刚才听亮亮一席话，胜读十年书，回想自己这二十多年来东奔西走，一直连一支像样的队伍都没建起来，原来问题出在这里。”说着向诸葛亮深鞠一躬，说道，“请亮亮指导我该如何建立共同愿景？”

诸葛亮笑道：“共同愿景当然要共同建立，现在我引导大叔先用我刚才讲的五要素理清你自己的愿景，等回去之后集中关羽、张飞、赵云等核心骨干，向他们分享你的愿景，然后再倾听大家的愿景，最后一起融合为共同愿景，这个过程叫作‘共启愿景’。”

诸葛亮拿出一张纸，把笔递给刘备，说道：“你闭上眼静静地想一下，如果有一天你创业成功了，你最想看到什么？把你看到的画下来。”

刘备闭上眼，眼前又一次出现了公司在纳斯达克上市，客户在敲钟的画面，而且这次的画面更加清晰，是8个客户在敲钟。

刘备睁开眼，一边回忆刚才看到的画面，一边在纸上画了起来，虽然笔法不佳，但是敲钟的场景画得还是很逼真。

诸葛亮微笑着点点头，说道：“你这幅画想要表达么斯？如果用文字来表达会是么斯？写下来。”

刘备回想诸葛亮刚才讲的五要素，回想自己刚才看到的画面，回想自己创业以来历经的艰辛，沉思半晌，最后坚定地提笔写道：

打造普天下最大的创业平台，重现当年东汉集团的辉煌，让天下没有难做的生意，成就所有创业者的梦想，成为最佳雇主，与所有的创业弟兄共享成功果实。

写完之后顿觉信心百倍，恨不得仰天长啸，但是多年的阅历让他克制住了自己的冲动。诸葛亮鼓掌笑道：“好！有理想，有独特性，有想象力，面向未来，反映共同利益，非常好！”

诸葛亮接着说道：“你自己的愿景初步完成了，回去后再和弟兄们‘共启愿景’，现在我们探讨一下战略，理清达成愿景的战略路径。曹操打赢资金和实力远比自己雄厚的袁绍，赢就赢在了清晰的战略路径上。如何才能理清战略路径？我有一套战略分析工具，可以帮助大叔梳理一下。”

刘备喜不自胜，站起来深鞠一躬，说：“恭请亮亮赐教！”

诸葛亮摆摆手说道：“大叔不要总这样客气，你总这样客气，我们还能好好聊天吗？”

刘备哈哈一笑，说道：“好，亮亮请讲。”

诸葛亮慢慢地啜了口茶，开口讲出一席话来。正是这一席话，造就了一个神话：“三分天下有其一，‘草根’逆袭成帝王！”

5.8.2 机会分析：诸葛亮的方法论

诸葛亮放下茶杯说道：“做公司、办企业通俗点说就是做生意，打仗的目的是赢，做生意的目的同样也是赢，要赢就要找准发力点，我管这个发力点叫作‘生意眼’。大叔想要打造最大的创业平台，过去这个业务完全被东汉集团所垄断，如今东汉集团分崩离析，创业的生意眼大量涌现，经过二十多年的群魔乱舞，现在混乱局面已逐渐结束，形成了一极多强的割据局面，因此你觉得创业的窗口期即将关闭，其实不然，生意眼仍大量存在，关键在于如何发现和把握。”

刘备双眼发亮，说道：“如今的生意眼何在？亮亮请讲。”

诸葛亮笑道：“持有问题的人最清楚问题的答案，我直接告诉你的生意眼那不叫生意眼，需要大叔你自己去发现，当然，我会引导你来发现。”说着在纸上画了一个矩阵图，如图5-29所示。

S：优势	W：劣势
O：机会	T：威胁

图5-29 SWOT矩阵

诸葛亮接着说：“这是一个战略分析工具，简称SWOT分析，其中机会和威胁是对外部的分析，而优势和劣势则是对自身的分析，外部分析找机会，内部分析抓机会，四个方面分析透了，才能洞悉出创业的生意眼。”

诸葛亮见刘备一脸迷惑，笑道：“这个战略分析工具是我新近提出的，你不懂很正常，拿现实一分析，自然就清楚了。我们先来看看机会，从宏观环境来看，你觉得现在有哪些机会？你可以从政治、经济、社会、技术四个方面思考。不要怕错，就我们两人，没人会笑话你。”

刘备对诸葛亮的话仍然似懂非懂，想了半天，惴惴不安地说：“在东汉集团垄断经营的时候，打造创业平台是大逆不道的事，而现在成了最正常的事了，这个算不算？”

诸葛亮拍手道：“对啊，这就是政治视角的机会分析。”说着，在纸上记下了“大众创业时代，打造创业平台受到政策鼓励”，抬起头看着刘备，示意刘备继续，眼神中充满鼓励。

刘备想了想又道：“东汉集团虽然濒临破产，但是两百年的垄断经营，‘东汉集团’这个品牌仍然是最受老百姓信任的品牌。”

诸葛亮点点头说道：“好！这是社会视角的分析。”又在纸上记下了“人心思汉，东汉品牌仍然具有重大的影响力”，抬起头冲着刘备道：“还有呢？”

刘备又道：“二十多年的无序混乱竞争，导致GDP大幅下滑，民生问题成为大问题。”

诸葛亮道：“非常好！这是经济视角的分析。”在纸上记下了“政府需要拉动GDP，保障民生”，看了看记录的内容，问道，“技术视角呢？现在出现了哪些创新的技术或者创新的模式？”

刘备沉思半晌，说道：“曹操用品牌加盟创业的模式打败袁绍的自营实体店模式，这个算不算？”

诸葛亮点头道：“这是商业模式创新，也可以算。”又在纸上记下了“新出现的品牌加盟创业模式优越于传统的自营实体店模式，即将成为主流”，又问刘备，“还有呢？”

刘备摇摇头，说：“我能想到的就这么多了。”

诸葛亮点点头道：“好，我们继续往下，再分析一下行业竞争格局方面会给我们带来哪些机会。”

关于竞争格局一直是刘备思考最多的，借助东汉集团原有的品牌影响力，新起的曹操集团已基本控制了北方市场，机会很少，而南方市场却机会众多，大有可为，除了江东经过孙家的三代经营形成了一些区域品牌效应，其他的如荆州、益州、汉中以及云贵一带都是以地方小品牌为主，尚未形成有影响力的品牌。竞争格局下的机会分析没用多久也形成了四条结论，汇总宏观环境分析的四条结论，再经过整合聚焦，最终形成了以下五个重大机会。

O1：人心思汉，东汉品牌仍然具有重大的影响力。

O2：新出现的品牌加盟连锁模式优越于传统的自营实体店模式，即将成为主流。

O3：荆州是重要的通商要塞，地方品牌北受曹操冲击，南遭孙权竞争，岌岌可危。

O4：益州、汉中富饶，购买力强，然而当地企业不思进取，劣质产品充斥市场，人心思变。

O5：云贵一带市场被蛮人控制，文化习俗不同于中原，远落后于当今主流社会，被人忽略。

刘备反复看着诸葛亮列出的五个机会，眼前似乎出现了一线曙光，但到底该如何做，仍然不得要领，期待诸葛亮解释。

诸葛亮猜到了刘备的心思，笑道：“大叔，你也忒着急了吧，我们现在只是分析了机会，这些看起来是机会，但是不一定能抓得住，我们再往下分析。”顿了一顿道，“我们接下来分析一下威胁，仍然是从宏观环境和竞争格局两方面来分析。”

有了刚才分析机会的经历，接下来刘备熟练了很多，很快两人就聚焦出了四个重大威胁。

T1：曹操集团控制了北方市场，已形成了新的垄断，北方市场一时难再有作为。

T2：曹操集团“挟天子以令诸侯”，借力东汉品牌有垄断全国市场的野心，荆州市场首当其冲。

T3：孙权集团已基本巩固了江东市场，有向外进一步扩张的趋势。

T4：经过二十年的混乱竞争，市场已由多头竞争走向寡头垄断，新进入者生存艰难。

刘备看着诸葛亮写下的四个重大威胁，只感觉创业艰难，时机紧迫，不由自主地眉心紧锁。

诸葛亮看了看刘备，笑问："大叔，你琢磨么斯？"

刘备道："刚才分析机会，本来信心满满，现在一看这些威胁，又觉得机会渺茫。"

诸葛亮哈哈大笑："冒得怕，冒得怕，这些还只是外部分析，还有优劣势分析没完成，等全部分析完了，我们再看。"说着，重新取了两张纸，一张上面写了"优势分析"，另一张上面写了"劣势分析"，接着道，"优势和劣势分析又叫自身能力分析，吃饭趁肚量，抓机会也要结合自身能力，大叔先来看看自己的优势有哪些？"

刘备叹了口气道："我现在能有什么优势？资金？没有！市场？没有！不和财大气粗已经控制了北方市场的曹操比，就是孙权、刘表这些我也没有办法比，眼瞅着创业的窗口期就要关闭，自己还到处打游击，有时候想想自己这点理想不过是痴人说梦。我实在是想不出自己有啥优势。"

诸葛亮笑道："资金？没问题！市场？没问题！论资金和市场规模谁能比得上袁绍和袁术哥俩？现在怎么样？都资不抵债破产了吧？现在满大街都是找项目的投资人，眼瞅着天天通货膨胀，资金缩水，却有钱没地方投，只要是好的创业项目，资金根本就不是问题。再说市场，就拿荆州来说，刘表靠着独家垄断，让客户别无选择，客户不得已才在他的平台上创业，假如有新的竞争者出现，这个市场还会姓刘吗？依我看，即便仍然姓刘，也未必是刘表这个'刘'了。"说着意味深长地看了刘备一眼。

刘备听出了诸葛亮话里的意思，表面不动神色，心里却不禁怦然一动。

诸葛亮接着说："所以大叔不必妄自菲薄，资金和市场虽然都没有，但是并不代表你没有优势，其实你有的优势，别人还真没有，包括曹操都没有。"

刘备愕然道："我有什么曹操没有的优势？"

诸葛亮提笔在纸上写了个"刘"字，笑道："这个曹操就没有。"

刘备奇道："这算哪门子优势？"

诸葛亮正色道："当然是优势，而且是很大的优势，常言道'名不正，则言不顺'，你想想曹操为么斯没有自立山头，而是借力东汉集团这杆大旗？东汉集团虽然濒临破产，但是这个品牌却是价值不菲，你姓'刘'，而且是当今东汉集团董事长的叔叔，这就是血统优势，别人先天不具备。”诸葛亮边说边在纸上写下了“东汉集团原始股东后代”几个字。

刘备听了连连点头，这一点他自己其实也知道，这么多年主动传播，“皇叔刘备”天下闻名，只是觉得这个好像太虚了些，所以一下子没有反应过来。

刘备受到诸葛亮启发，接连想了几个优势，最后一汇总，聚焦出四大核心优势。

S1：东汉集团原始股东后代。

S2：“以客户价值为导向，以仁义治企为根本”的经营理念深入人心。

S3：“求贤若渴，礼贤下士”的人才观广为人知。

S4：聚集了关、张、赵等几位一流的人才。

刘备看着诸葛亮写下的四个优势，忽然心生疑惑，问道：“这些所谓的优势，除了第四条，剩下的都是虚的不能再虚，也能算作优势？”

诸葛亮笑道：“何谓虚？何谓实？虚者实所依，实者虚所致。这就像是下围棋，取势为虚，占地为实，如果只重实地，仅仅关注眼前一城一地得失，终究难成气候，而取势则不同，如果外势足够大，运筹得当，虚可以转化为最大的实。”说到这里，诸葛亮感觉自己说得过于文绉绉了些，又解释说，“当然，事在人为，就像东汉公司的品牌也是个虚的东西，对于曹操而言是个无价之宝，可是对汉献帝而言就百无一用，而且牵连受罪。”

刘备听得连连赞叹，心下觉得诸葛亮说话很有趣，但句句在理。

诸葛亮见刘备对优势已无异议，就拿出了写有“劣势分析”的那张纸，说道：“我们最后再分析一下劣势。”

说到劣势，刘备不需要诸葛亮启发一口气就说出了七八条，最后进行汇总和聚焦，最突出的是其中三个劣势。

W1：资金严重不足。

W2：没有形成自己的市场。

W3：团队规模小。

战略分析的四个方面都完成了，刘备仍然一脸迷茫，不清楚接下来的结论是什么，不过他现在对诸葛亮已经充满了信心，所以也不言语，等待诸葛亮的分析。

诸葛亮把写满字的四张纸依次平铺到桌上，抬头对刘备说：“我们现在完成了第一步，接下来我们就要从中发现‘生意眼’。”停了一下又说，“我发明这个战略分析工具后，有不少企业拿去使用，但是他们只知其表，不解其里，以为做了四个方面的分析就算完成了，最后没有找出有效的结论，就认为是工具无效，其实是使用者不得要领，只做分析不做组合，那就没用了。接下来这一步很关键，我们需要做战略的组合分析。”

刘备迫不及待地说：“如何进行组合分析发现生意眼，请亮亮快讲。”

诸葛亮笑道：“急啥子，你的茶都凉了，喝点茶再讲不迟。”

5.8.3 策略组合：抓机会点的策略

诸葛亮重新找出一张纸，用笔在上面画了起来，刘备定睛观看，看到诸葛亮这次画的依然是一个矩阵图，如图5-30所示。

项目	O：机会	T：威胁
S：优势	SO战略组合	ST战略组合
W：劣势	WO战略组合	WT战略组合

图5-30　SWOT组合

刘备目前对诸葛亮已经信心满满。诸葛亮说道：“我们要进行四种战略组合分析，分别是SO、ST、WO、WT，我们先来看SO组合，SO组合的意思就是如何发挥优势抓取机会，刚才我们聚焦了四个优势和五个机会，现在要看看我们能不能通过发挥优势抓住机会。”看到刘备仍然不太明白，就举例说，“比方说，机会中的‘O1：人心思汉，东汉品牌仍然具有重大的影响力’我们用哪个优势可以抓取这个机会呢？”

刘备浏览了一下四条优势，不确定地指着“S1：东汉集团原始股东后代”用眼神询问诸葛亮，诸葛亮点头笑道：“大叔果然聪明无比，一点就透。”停了一停又问，“想用这个优势抓住机会，我们该如何做呢？”

刘备想了想，不确定地说道：“继承和发扬东汉集团的品牌价值？”

诸葛亮点头道：“正是，东汉公司的品牌价值很大，而且大叔是名正言顺的继承者。”说着又拿了一张纸在上面写下了“S1O1：注册新汉集团公司，传承东汉集团品牌”。

刘备领悟了战略组合的要领，在诸葛亮的引导下，依次完成了SO组合、ST组合、WO组合和WT组合。SO组合是发挥优势抓机会，ST组合是发挥优势规避威胁，WO组合则是通过把握机会克服劣势，WT组合是回避风险，共形成了十三条战略组合。

S1O1：注册新汉集团公司，传承东汉集团品牌。

S2O3：传播"以客户价值为导向，以仁义治企为根本"的经营理念吸引广大荆州市场的潜在客户。

S3O2：通过领先的用人观念吸引品牌营销人才，打造品牌营销的领先商业模式。

S1O4：借助与益州地方企业负责人刘璋同为东汉原始股东的渊源，逐步渗透进入益州市场，并最终占领益州市场。

S4O4：以益州市场为基础，通过并购迅速占领汉中市场。

S2O5：传播先进的品牌理念，向云贵市场进行品牌输出，将云贵市场作为后方基地。

S1T1：以正统的东汉原始股东身份打击曹操的"伪汉"集团品牌。

S2T1：前期不进入北方市场，尽量避免和曹操发生正面冲突。

S2T2：持续关注北方市场的变化，一旦机会成熟，集荆州、益州之力一举拿下北方市场。

S4T3：与孙权建立战略联盟，共同对抗曹操。

W3O4：有意识地吸引益州、汉中方面的人才加盟。

W1T4：通过建立市场根据地，寻找天使投资人，获得创业第一桶启动资金。

W2T4：尽快建立荆州市场根据地。

刘备逐条浏览战略组合，二十多年来独自在黑暗中摸索，有时几乎都想要放弃，直到今天才猛然发现光明一片，不禁全身发热，努力控制着不让自己的双手颤抖，诸葛亮在旁边微笑着望着刘备，觉得这位大叔到现在仍能保持如此的镇定，也是当真难得。

刘备猛然想起一事，抬头对诸葛亮道："如此之多的战略组合，该从何处入手？"

诸葛亮道："好，问得好！接下来还有一步，叫作战略决策。"

5.8.4　方案决策：实施战略的顺序

诸葛亮又拿出一张纸，在上面又画了一个矩阵图，如图5-31所示。

诸葛亮画毕，笑道："这是一个简单的战略决策矩阵，是战略分析的最后一步，对战略组合进行决策，确定哪些要做，哪些不做，哪些马上要做，哪些以后再做。"

实施 / 收益	容易实施	不容易实施
收益小	快速获胜	浪费时间
收益大	事半功倍	专门努力

图5-31　收益/实施难度矩阵

诸葛亮指着图向刘备讲解道：“对战略组合进行决策有多种方法，这是最简单的一个。从收益的大小和实施难度的大小两个视角将所有举措划分为四个区域，有些区域的举措属于收益小但是却容易实施，我称之为‘快速获胜’举措，如果是这样的举措，大叔觉得要不要做？”

刘备毫不犹豫地说：“勿以善小而不为，一定要做的！”

诸葛亮道：“对，这样的战略举措一定要实施，有时我们甚至要专门设计这样的举措，因为最终目标的实现一般时间会很久，如果迟迟没有让人看到胜利的希望，就很容易遭到团队成员的质疑，所以需要专门设计出这样的举措，让大家经常打打小胜仗，激励士气，知道我们正走在正确的轨道上，正在取得胜利。”

刘备默然，回想起前几天和关羽聊天，关羽就问自己“红旗到底还能打多久”，自己最倚重的兄弟尚且有此一问，那别的革命兄弟一定也会有类似的疑惑，只是没有说出口罢了。

只听诸葛亮接着说道：“第二个区域的举措收益大而且容易实施，我称之为‘事半功倍’举措，这些举措都是我们极力寻找的最佳举措，当然也是一定要选择实施的；第三个区域的举措收益大但是却不容易实施，这些举措是否采用要看情况，因为做战略就是做选择，你想，资源是有限的，人的精力是有限的，有价值的事很多，不可能样样都做，所以将这些举措称为‘专门努力’举措，到底哪些要做，哪些延后再考虑，要依据区域一和区域二对战略的实现程度来确定。”

说到这里，诸葛亮停下来喝了口茶，刘备若有所悟，对诸葛亮说道：“那第四个区域‘浪费时间’一定是不选的了。”诸葛亮点点头说道：“确实如此。”

经过诸葛亮的一番仔细讲解，刘备对决策矩阵已完全理解，接下来再回顾13条战略举措，逐一思考收益大小和实施难易程度，最终全部放到了决策矩阵中，如图5-32所示。

收益＼实施	容易实施	不容易实施
收益小	S1O1、S1T1、S2T1	
收益大	S2O3、S3O2、S4T3、W1T4	W2T4、S1O4、S4O4、S2O5、S2T2、W3O4

图5-32 收益/实施难度矩阵决策结果

最终，在诸葛亮的引导下，刘备通过理清各项战略举措的先后逻辑关系，将战略的实施梳理为三个阶段。

第一阶段：注册新汉集团公司，传承东汉集团品牌，前期不进入北方市场，尽量避免和曹操发生正面冲突，仅以正统的东汉原始股东身份打击曹操的“伪汉”集团品牌，通过传播“以客户价值为导向，以仁义治企为根本”的经营理念吸引广大荆州市场的潜在客户，尽快建立荆州市场根据地，通过建立市场根据地，寻找天使投资人，获得创业第一桶启动资金，通过领先的用人观念吸引品牌营销人才，打造品牌营销的领先商业模式，与孙权建立战略联盟，共同对抗曹操。

第二阶段：有意识地吸引益州、汉中方面的人才加盟，借助与益州地方企业负责人刘璋同为东汉原始股东的渊源，逐步渗透进入益州市场，并最终占领益州市场，以益州市场为基础，通过并购迅速占领汉中市场，传播先进的品牌理念，向云贵市场进行品牌输出，将云贵市场作为后方基地。

第三阶段：持续关注北方市场的变化，一旦机会成熟，集荆州、益州之力一举拿下北方市场，进而统一全国市场。

刘备将三阶段战略反复看了三遍，衷心赞叹：“亮亮真乃奇才也！”

诸葛亮笑道：“战略分析算得了什么？最难的是后续的战略落地，今天和大叔讨论出来的仅仅是开了个头，还停留在思路阶段，要想让整个思路落地，还需要聚焦关键目标，设定衡量指标，确定关键行动，在执行推进的过程中还要不断地反思和调整，只是后面的各步骤牵扯的内容太多，不是三言两语能说得清的。”

刘备连连点头，经今日一席谈话，刘备已对诸葛亮的雄才大略深信不疑。

诸葛亮说道：“刚才一席长谈耗时甚久，现在已过午时，大叔如果不嫌简陋，就招呼你的两个兄弟一起在舍下吃个午餐，你们也好尽早赶路回去。大叔以为如何？”

刘备不答诸葛亮的话，起身向诸葛亮一躬到地，说道：“亮亮奇才，世间罕有，刘备有一个不情之请，希望亮亮切勿推辞。”

诸葛亮还礼道：“大叔不必客气，请讲。”

刘备道：“刘备希望亮亮能够出山帮我，一起成就大业，亮亮以为如何？”

诸葛亮摇了摇手，说道：“大叔，不好意思，这件事，我可真不能答应你，我已经决定做一辈子的独立顾问，不想搅和到企业里面去。”

刘备听诸葛亮说得甚是坚决，呆了半晌，突然放声大哭，涕泪横流，边哭边说道：“既然如此，我也不勉强亮亮，我也接下来归隐山林，做一辈子农夫罢了，创业之事就此搁置。”

诸葛亮没想到刘备说哭便哭，一时竟不知如何安慰，眼看刘备越哭越伤心，心下甚是不忍，自己原本也敬重他是个英雄，便将心一横道：“大叔不要再哭，我答应随你出山创业便了。”

刘备瞬时止住了哭声，说道：“如此，我将以亮亮为师，共谋大业。”

诸葛亮见刘备说哭就哭，说停就停，不由得笑道：“大叔，你好大能耐，刚才还哭得梨花带雨，怎么说停就停了？你这能耐大得真是吓死宝宝了。”

说罢，两人抚掌大笑。

屋外不远处，一直在外面等着刘备的张飞和关羽在聊天。

张飞道：“二哥，你觉得诸葛亮会跟我们走吗？”

关羽一捋长须，笑道：“你没听到大哥刚才又哭了吗？天下还有谁能受得了大哥的眼泪？”

张飞道：“但是现在好像又笑了。”

关羽叹道：“三弟，我看以后你还是开你的桑塔纳吧，以你的智商，宝马这么复杂的车实在不适合你。”

张飞冷笑一声，不再言语，心想：“谁稀罕你的宝马？大哥早就答应给我买奔驰了。”

5.9 本章总结：行动学习——统合战略的制定与执行

传统管理模式下，战略的制定和执行脱节，没有共识的战略天然不具备落地基因。日常工作导向的运营体系让部门之间各自为政，在战略推动过程中，遭遇本位主义及孤岛效应，无法有效协同。

行动学习将愿景启动、理念探寻、战略分析、战略制定、运营规划、战略执行作为一个集体对话、持续反思、共同学习成长的过程，上下一体，实现战略的动态调整并推动执行，为组织在不确定的环境中找到确定的答案。

统合战略的制定与执行，让执行成为战略的一部分，这就是战略落地行动学习解决方案的核心，也是组织应对不确定环境的解决之道。

5.10 学习反思：智慧火花，精彩再现

3点收获：本章让我印象最深的三点

____

____

____

____

2个感悟：此时此刻，我的感受和启发

____

____

____

____

1项行动：我决定用到工作中的一点

____

____

____

____

第6章

促动商业模式转型

“现在不怕同行竞争，最怕外行进入，因为他们和你根本就不是一个套路。”这是我在某传统企业做战略项目时，其总经理由衷感叹的一句话。这两年喊得最响的有两个词：“颠覆”和“转型”。这两个词就像一对孪生兄弟，每个都让老板睡不着觉。战争已经打响，却不知道对手究竟是谁，这正是问题的关键！

商业环境发生变化已是不争的事实，绝大多数企业都在尝试商业模式转型，结果是尝试者多，失败者众。

“到底该转向哪里？是弄个App吗？是在京东和天猫上开店吗？是社会化营销吗？这些我们都做了，但是收效甚微。转型的商业模式究竟是什么？哪怕没有确定的商业模式，至少要让大家知道未来正确的方向在哪里吧？”

“我闻到了死亡的味道，可是如何才能让全体员工，至少是中高层管理者能够意识到，让大家形成一种转型的紧迫感，主动思考并推动转型？因为我们这几年一直在高速增长，大家都觉得我在危言耸听。”

“自我颠覆？如果新的商业模式没有成功，我们赖以生存的业务又被我们自己毁掉了，那岂不是没等别人颠覆就把自己搞死了？”

以上是我和很多老板做商业模式转型交流过程中听到最多的三种担忧，这些担忧像三把“心锁”，深深地困扰着老板们，如果不能解开三把“心锁”，盲目跟风转型，成功是偶然，失败才是必然。

事实上，商业模式转型本质上是一个验证假设的过程，需要实施者在行动中学习，在学习中纠偏，在纠偏中调整，而金字塔结构的组织却要求个体按照高层的明确指令行动，与商业模式转型需要的对不确定未来的主动探索背道而驰。

而行动学习可以通过促动企业顿悟自己独特的转型路径，组建创业团队，在行动中纠偏，在纠偏中学习，在学习中前进，实现自我颠覆，完成转型升级。

本章将剖析商业模式转型的心智误区，解析如何用行动学习破除转型误区、凝聚转型共识，最终通过精益创业行动学习解决方案，帮助企业完成转型升级。

6.1 商业模式转型的七大心智误区

组织变革绝非易事，商业模式转型更是难上加难。道理一听就明白，想要落地却太难，“知道”和“做到”从来就是两回事。商业模式转型失败往往并不是因为不知道正确的方向，而是即使知道了正确的方向仍然无法到达。与大量的企业接触后发现，组织在商业模式转型的认识上存在七个致命的心智模式误区，这七大心智误区横亘于传统与新生、此岸与彼岸之间，最终让企业的转型梦想成为泡影。

6.1.1 误区一：遭遇危机才需转型

“我们发展得好好的，业务一直处于上升趋势，每年有20%的增长，为什么要转型？”在做转型咨询访谈时，经常会听到这样的疑惑。言外之意，只有当组织遭遇危机时才需要转型，这确实代表了许多管理者对转型的认知。

自然界所有生命都遵循孕育、成长、成熟、死亡的规律，企业的战略、业务、产品也是如此。英国著名管理哲学家查尔斯·汉迪用S形曲线比喻企业发展的生命周期，如图6-1所示。

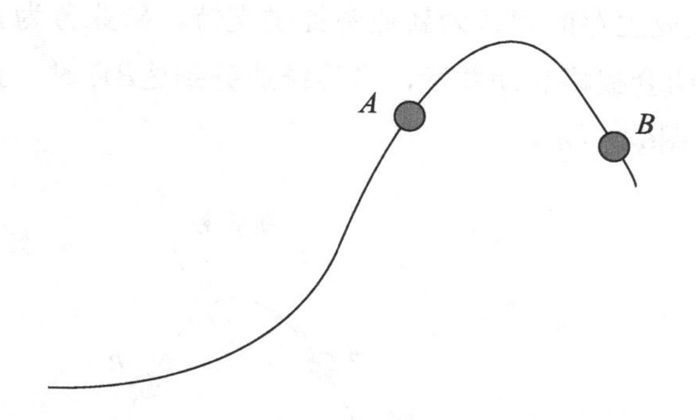

图6-1　企业发展S形曲线

S形曲线的*A*点代表企业业务高速发展，正在向巅峰冲刺；*B*点代表企业发展已经过了巅峰，危机出现，业绩持续下滑。那么，问题来了，企业应该选择在哪一点转型？

长期以来，我们听多了诸如郭士纳拯救IBM、乔布斯拯救苹果的英雄故事，会不自觉地产生错觉，认为只有当重大危机出现时才需要转型。

其实，当企业的业务发展到达*B*点时，正是组织开始裁员、组织领导者的能力开始受到质疑、内部人心涣散的时候，此时转型为时已晚，大多数企业只能接受死亡的命运。IBM和苹果的故事之所以广为流传，正是因为这样转型成功的案例少之又少。

最佳的转型时机恰恰是在*A*点，因为这时业务的发展开始步入正轨，业务趋于稳定上升，业绩正在向好的方向发展，企业开始收获发展带来的红利，员工士气高涨，领导者具有较高的威信可以推动转型，企业也有比较好的实力进行转型。企业一旦迈过巅峰，将逐渐步入为了生存苦苦挣扎的泥潭，想要转型往往已有心无力。

6.1.2 误区二：转型就是推倒重来

当我向企业管理者阐述*A*点是最佳的转型节点时，不少管理者觉得不可思议，因为绝大多数管理者认为所谓转型就是把过去推倒重来，而业务发展到*A*点正是企业经过前期的艰苦奋斗，刚要过上好日子的时候，怎么能推倒重来呢？

其实，这是对转型的重大误读。推倒重来是企业已经遭遇重大危机时迫不得已的选择，也是处于*B*点时的无奈之举。而在*A*点启动的转型属于未雨绸缪，是完全不同的范式。

在*A*点启动转型并不是推翻传统业务，而是在传统业务的基础上启动一项新业务，传统业务保证企业生存的同时为新业务提供支持，新业务为企业探索未来，在传统业务进入*B*点前两套战略长期并行，当传统业务到达*B*点时，企业也顺其自然地过渡到了新业务，如图6-2所示。

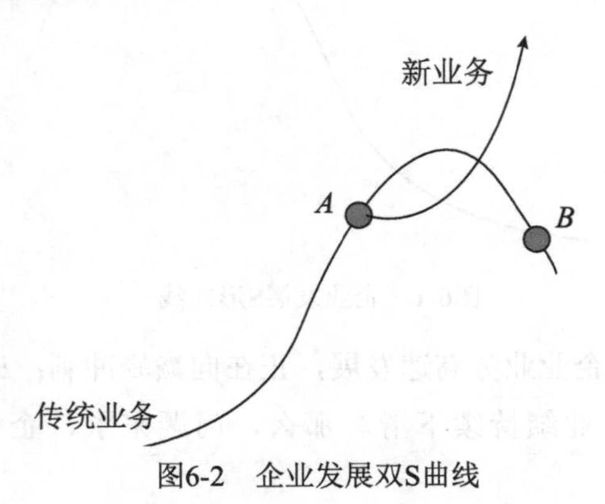

图6-2 企业发展双S曲线

其实IBM后期采用的战略转型正是这种模式，将PC业务低价卖给联想，绝大多数国人欢呼民族企业胜利的时候，却看不懂IBM的转型策略，殊不知IBM已经在传统业务到达*B*点之前完成了转型，只是这样的转型属于“春雨润物细无声”，缺少了戏剧色彩，不被太多人关注而已。

6.1.3 误区三：不懂得营造紧迫感

如前文所述，*A*点是最佳的转型时机，而身处*A*点的组织也恰恰是最没有转型紧迫感的。

某次和一位民营企业董事长探讨转型，我注意到半小时内他三次用“闻到死亡的味道”来形容转型的紧迫性，可是当我和他的高管团队沟通时，却发现大家对转型一事颇不以为然，大家都觉得现在的业务发展得很好，认为老板是在危言耸听。

大多数企业转型是由老板发起，企业是老板的心头肉，有天然的转型紧迫感，然而绝大多数老板并不懂如何将这种紧迫感传递给更多的人，以为转型也遵循传统的“指令—服从”模式即可，这是认知上的重大误区。

人的行为同时受感性和理性驱动，而感性的情绪主导性更强，群体行为尤其如此。

调动人的感性情绪的最有效途径就是令其“目睹”现状，读者可以想象一下，“一个在你面前失控发飙的客户”和“一张显示客户满意度不足60%的Excel表”，哪一个会对你形成更大的刺激？答案不言而喻。

哈佛大学终身教授约翰·科特在研究了无数企业变革案例之后，总结出企业成功变革的路径是“目睹—感受—变革”，成功的核心是调动人的感性情绪，从而促成变革发生，而失败的变革大多是采用了“分析—思考—变革”的纯理性逻辑。

其实不少卓越的企业家都深谙此道，1984年，张瑞敏挥动大锤砸冰箱，一锤下去，砸醒了海尔人的“质量意识”；1994年，李健熙将价值500亿韩元的电子产品付之一炬，点燃了三星人的“质量耻辱”。

在当时不少人看来，这两个案例似乎有点“小题大做”，至少在处理方式上显得并不经济，而这正是普通人与卓越企业家的区别。卓越的企业家深知，人的行为背后是人的心智模式，如果不能促动心智模式转变，仅仅强调行为转变没有太大意义，而促动心智模式转变最有效的办法是直接激发人的感性情绪，而不是理性的数据分析。看起来的“小题大做”，实质上是花最小的代价让大家提前“目睹”危机，展示变革决心，进而促成人的转变，如果等到真正的重大危机来临再去寻求转变，往往为时已晚。

任何变革都是如此，商业模式转型更需要让大家提前“目睹”危机，因为新战略离不开老战略的支撑，需要所有利益关系人的同心协力，如果不能建立起紧迫感，匆忙上马转型项目，必然受到质疑、抵制，转型战略在制定之初也就注定要失败。

6.1.4 误区四：伪共识当成了共识

企业转型往往是高层发起，中基层遵照指令执行。当然，转型战略一旦确定，企业一般也会征询执行者的意见，然而根深蒂固的官本位思想，金字塔结构下的组织政治让这种意见征询过程变成形式和过场，任何质疑都会遭遇防卫、辩护和敌视。这样的意见征询会议中，大家一团和气，纷纷称赞领导的英明，表面来看建立了转型共识，而实质上这是典型的伪共识。

“我们为什么要转型？我们为什么要选择这样的模式转型，而不是其他模式？”这是深埋在战略执行者心中的质疑，不过这些质疑往往止步于私下议论，领导很少有机会听到。

转型战略往往用于探索高度不确定的未知领域，需要在实践中不断地验证和修正假设。这种情况下，战略共识远比战略正确更重要，因为只有共识才能带来承诺，一个得到共识的错误战略会通过实践进行修正，最终带来正确的结果，而一个没有共识的所谓正确战略，从一开始就因为缺少承诺而被质疑和抵制，其最终结果只能不了了之。

6.1.5 误区五：重预算轻愿景感召

大多数企业制定转型战略时只注重财务预算，强调需要多少资金投入，未来会带来多少潜在收益，甚至把这当作务实的表现，而不重视愿景的感召，认为愿景太虚，这是对愿景最大的误读。

人会为了远大的梦想而努力奋斗，愿景看起来至虚，其实至实，会给人提供最大的精神动力，激励转型战略的执行者为了伟大的梦想不断地探索实践。

在启动一个转型项目之前，要使与转型有关的人员能够看到未来，大家一起启动一个激动人心的崇高愿景，让大家对未来拥有共同的期望，当拥有共同愿景的时候，就会让大家自愿付出更多的努力，迎接更多的挑战。

愿景要体现所有人的希望和梦想，要激发大家的能量，所以，领导者必须了解所有利益相关者的需求，懂得如何与他们对话，获得大家的赞同。

6.1.6 误区六：认识不到体系障碍

绝大多数企业将转型业务分解给现有的部门去执行，这些部门既不具备转型所需的知识、技能和经验，也不具备转型的意愿和动力，而企业对现有部门仍然考核传统的财务指标，在现有体系下，短期内不能创造出业绩的新业务让位给老业务也就成为必然。

也有部分企业制定了转型战略之后，交给一个内部团队去推动，或者收购一个互联网团队来执行，最终的结果往往是原地打转，并没有取得想象中的脱胎换骨的变化。究其原因，即使成立了独立的团队，如果纳入现有的运营体系下管理，转型战略同样会被传统运营体系所扼杀。传统运营体系是为确定的日常工作提供支持的，而转型战略面对的是高度不确定的环境，需要快速有效的应变，需要对新团队采用不同的激励方式，这些都是传统的运营体系所不具备的。用传统的运营模式管理一个新物种，最终的结果不是把新团队变得像老团队一样，就是管散了伙。

其实，商业模式颠覆的背后首先是制度体系的颠覆，更深层次的是文化的颠覆，沿用过去的文化、过去的制度流程，最后的结果只能是葬送了转型。

6.1.7 误区七：混淆了探索与执行

2015年年底，一丁集团宣告破产。一丁集团是以组装电脑和卖配件起家的企业，曾获得“中国连锁百强企业”称号，为了赶上互联网时代的变化，在全国各地开了十几家智能体验生活馆，提前为传说中2018年即将到来的物联网布局，宣称要做“全宇宙最牛B”的互联网公司，然而巨额资金砸下去后，真正的客户少之又少，每家店的亏损额度惊人。其实原因很简单，重视体验的新生代因购买力不足不会光顾这些体验店，而购买力充足的中老年人又囿于传统，不能接受这种过于新潮的购物方式。实际上，这是典型的“大跃进模式”：不进行试错和小范围市场探索，直接铺开新业务并大范围投入，最终结果是死路一条。

这样的故事每天都在发生，一丁集团并不是个案。2015年年底，我去一家民营航空公司讲课，那是一次为期一周的培训，我负责开始的两天和最后结束时的两天，中间安排的是某互联网大咖主持的战略转型研讨会，机缘巧合旁听了三天。期间他们研讨了转型后的商业模式，又在商业模式之下制定了战略，然后将战略分解为非常详细的行动计划，最后将行动计划落实到人去执行。其董事长全程参与，对结果非常满意。事后，我对助理说，这个转型项目十有八九将以失败告终。为什么？道理很简单，一个闭门造出来的商业模式不过是一堆假设而已，还制定哪门子战略？更何况还细化到行动计划去执行，这更是错得离谱，其结果一定是执行越彻底、越坚决，最终死得越惨。果不其然，两年后，当我向这家企业的高管问起商业模式转型实施得如何时，对方只是呵呵，结果不言而喻。

没有认识到新业务和传统业务的重大区别，将两者等同视之，混淆了探索与执行是不少企业尝试转型时的重大心智误区。

转型新业务是一个脆弱的新生命，七个心智误区中的任何一个都足以将其葬送，如果不能避免七大心智误区，转型不过就是一场徒劳。我见到过许多转型失败的案例，失败表面上看起来有各种原因，诉诸根本是没有走出这七个心智误区，掉入了转型的死亡谷，没有到达成功的彼岸。

6.2 以转型研讨会破除心智误区

如何破除转型心智误区？我以行动学习为基础，设计了两天一夜的转型研讨会，通过五个步骤的研讨突破心智误区，帮助传统企业探索转型之路，如图6-3所示。

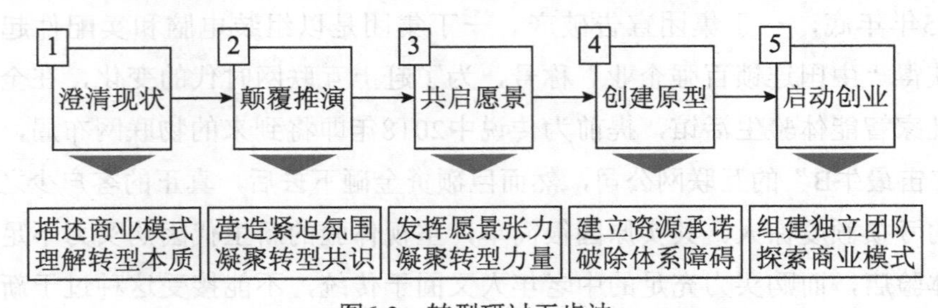

图6-3 转型研讨五步法

6.2.1 澄清现状：描述商业模式，理解转型本质

认清现状是迈向未来的基础。读者如果是位老板，你觉得你的管理层清楚公司现在的商业模式吗？不管你的答案如何，我在现实中验证出来的答案并不乐观。绝

大多数中高层管理者对公司的商业模式只能说出一个大概，而这个大概也仅限于企业生产什么产品，通过什么模式赚钱，但是经不起深究。如果继续追问，你们的目标客户到底是谁？有哪些特征？你满足了他们哪些具体需求？你们和竞争对手比到底有哪些独特之处……就基本回答不上来了。

研讨会首先应促动大家描述当前组织的商业模式，先确认我们的现状到底是什么，连现状都认识不清楚，也就无所谓未来到底是什么了。

为了能让参与者清晰地理解商业模式的概念，同时也便于研讨，我在商业模式画布的基础上，重新构建了一个研讨工具——商业模式罗盘，如图6-4所示，帮助学员描述企业当前的商业模式。

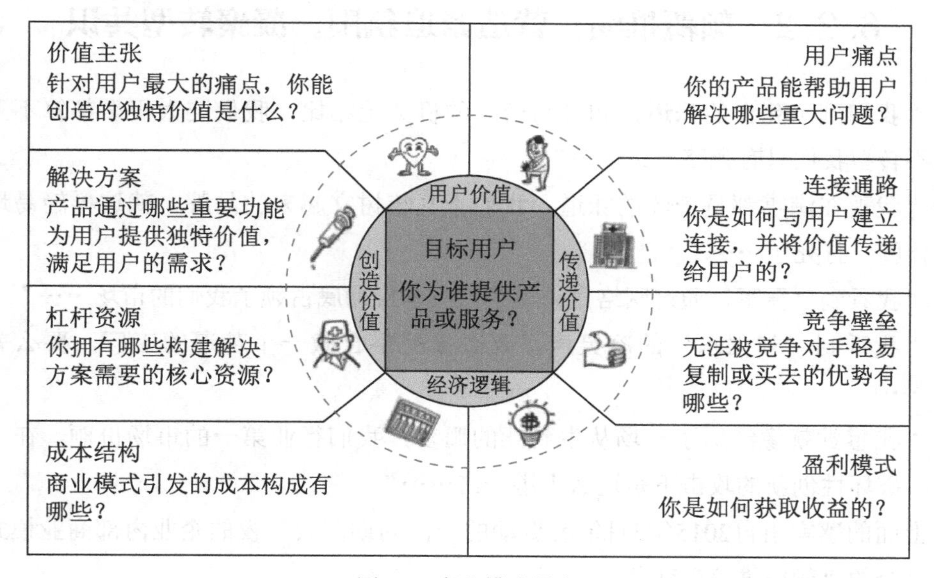

图6-4　商业模式罗盘

以商业模式罗盘为工具，促动学员从九个方面将现行业务的商业模式描述清楚。通过实际描述的过程可以发现，让大家把现在的商业模式讲清楚其实并不容易，所以这也是一个不断澄清假设、凝聚共识的过程。当小组完成描述后，在大组中进行分享，促动小组之间进行质疑提问，对表述模糊的概念进一步澄清，确保对商业模式九个要素的理解准确，对传统业务商业模式表述清晰。

当学员对当前的商业模式有了清晰的认识后，再确认转型时机。对于绝大多数寻求转型的企业来说，其传统业务普遍处于S形曲线的A、B点之间，如果现状更靠近A点，则是转型的有利时点；如果更靠近B点，则转型已迫在眉睫，而且转型之外还需要另外启动绩效提升或战略落地行动学习项目，优化传统业务。

通过导入双S战略理念，帮助学员转变“只有遭遇危机才需要转型，转型就是推倒重来”的旧认知，建立“传统业务上升期才是最佳的转型时机，转型是两套战略并行”的新认知。其实这个概念很容易被理解，也很容易达成共识。

在研讨会上，我经常请每位参与者根据自己的判断，在S形曲线上标出当前业务所处的生命周期。从现场的实际研讨情况来看，即便是企业现在的传统业务发展势头很好，广大管理者也会认为已接近巅峰，转型已很紧迫。这也折射出一个道理，建立基本的转型共识并不难，只是在传统金字塔组织中决策与执行分离的模式下，组织习惯于把决策告诉中基层去执行，却从未想着充分激发中基层的大脑。

6.2.2 颠覆推演：营造紧迫氛围，凝聚转型共识

“我闻到了死亡的味道，和‘马云’的机关枪相比，我们连太极拳都算不上，如果不转型我们只有死路一条……”

“我现在满嘴都是苦涩的味道，我们十几年树立起来的品牌，就这样轻易地被‘马化腾’打死了……”

“我看到‘雷军’通过网络直销模式以成本价彻底占领了我们的市场……”

“我听到‘刘强东’的冷笑声，要么接受整合做一个苦逼的工厂，要么就被颠覆……”

“我感觉就像经历了一场从生到死的噩梦，我们行业第一的市场份额，在‘周鸿祎’破坏性创新的攻击下是这么不堪一击……”

上面的感言出自2015年5月笔者促动的一次为期两天一夜的企业内部商业模式转型研讨会的“颠覆推演”环节。

“颠覆推演”是这样设计的：假设马云、马化腾、雷军这些知名的互联网“野蛮人”进入我们这个行业会发生什么？我们会被怎样颠覆？

每个小组选择一个互联网“野蛮人”角色，以笔者讲授的各种新型商业模式为激发物，进行“颠覆推演”。互联网大佬的角色扮演让这些组织高管不再被特定的企业系统所局限，能够从局外出发，从可能性出发，充分发挥其想象力，“兴高采烈”地想象出自己企业的各种“死法”。

当各个小组分享了各自的“颠覆推演”结果后，让所有与会者现场用投票贴在影响/概率矩阵(见图6-5)上投票，这样的“颠覆”发生的概率高还是低？如果发生了，对我们的影响是轻微还是致命？

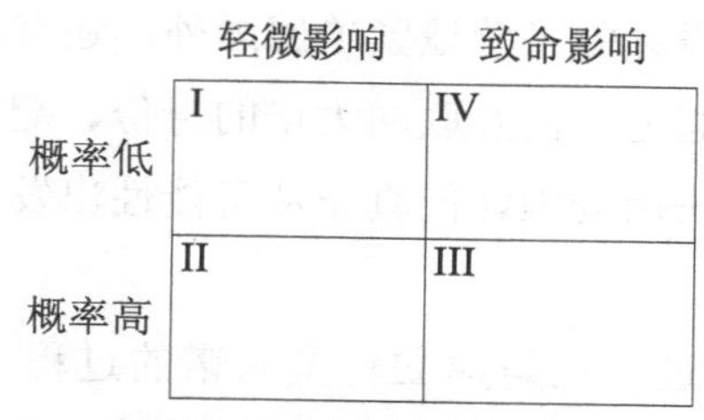

图6-5　影响/概率矩阵

当大家看到几乎所有的票都投向第III和第IV象限时，刚才还“兴高采烈”的人群慢慢陷入静默，一股“死亡的气息”开始弥漫整个现场。

笔者让每个人运用自己的五觉表达感受：如果这些“颠覆”真的发生了，你会看到什么场景？听到什么声音？闻到什么气味？尝到什么味道？感觉到什么？

于是就有了最开始的一幕。

事实上，在笔者促动的十几场商业模式转型研讨会上每次都有前文所述的类似感言，提及最多的就是感受到了“死亡的气息”，因为所有的发言者都经历了一次“死亡”。

这正是研讨会期望的效果：让大家“目睹”死亡，产生强烈的“濒死”感受，营造转型的紧迫感。

6.2.3　共启愿景：发挥愿景张力，凝聚转型力量

当所有参与者都感受到潜在的重大危机，体会到转型的紧迫感时，发自内心的转型推动力开始形成，促动所有参与者反思，我们的追求到底是什么？我们的使命到底是什么？我们究竟为何存在于世？现场所有人都建立起了连接，融合到了一起，我们期望的未来开始涌现。

现场，大家一起为转型绘制一幅生动的未来蓝图，澄清每一个人对未来的理想，描绘转型的愿景。愿由心生，共同描绘的愿景承载了每一个个体的追求，聚集了每一个人的承诺，为转型创造出强大的张力。

这个时候描绘出来的愿景才是真正的愿景，是大家共同的理想，是大家共同看到的独特的想象画面，是面向未来并承载着共同利益的共同愿景。

6.2.4　创建原型：构建商业模式，凝聚原型共识

共启愿景之后，所有人重新在商业模式罗盘上共同设计转型商业模式的原型。

事实上，“颠覆推演”的设计除了营造紧迫感之外，还有一个用意就是打破可行性思维，从可能性出发进行思考，而互联网大佬的身份、翻转角色的设计，让所有参与者不再被组织资源和身份所局限，能真正从可能性出发，激发众人的智慧，找到转型的可能方向。

构建商业模式原型的过程也是建立转型承诺的过程。当然，两天一夜的研讨会不可能找到正确的商业模式，最重要的是凝聚转型的共识，建立起商业模式的雏形，正如我们一再强调的，就转型而言，共识远比正确更为重要。

6.2.5 启动创业：组建创业团队，探索商业模式

商业模式原型确立之后，就进入了创业团队的组建阶段。即便转型的商业模式涉及的业务对企业来说是完全陌生的领域，企业也要自己组建创业团队，而不是外包。因为商业模式探索的过程中，企业必须亲自调研客户才能提升认知，进而迭代商业模式，因为没有人可以代替企业完成这一过程，所以自建团队是商业模式转型的必经之路。创业团队的组建需遵循以下五项原则。

(1) 独立运营。创业团队要探索未知的商业模式转型路径，这完全不同于传统业务团队，继续沿用原有的体系将成为团队应对不确定环境的最大阻碍，企业要将创业团队独立于企业运营体制之外，将商业模式转型业务当作初创企业，原组织扮演创业团队天使投资人的角色。

(2) 选择具有创业家精神的团队成员。创业团队要探索不确定的未来，对人员的特质要求不同于成熟、稳定的相关岗位，所以团队成员必须具有创业家精神。

(3) 创业团队需包含三类人才。创业团队要包含和新业务直接相关的三类人才，拥有产品开发经验和产品使用技术的开发人才，拥有产品功能设计能力和美学设计能力的设计人才，拥有文案能力、沟通能力和市场营销知识的营销人才。

(4) 打破传统的岗位设置。创业团队没有传统意义上的岗位设置，其成员只有两个角色：客户问题团队和解决方案团队。而这两个角色又会经常互相参与对方的工作，不做严格区分。

(5) 人数从简原则。人数从简可以让创业团队成员之间的沟通更加便捷，而且能降低创业初期的成本，创业团队人员的数量以满足初期工作开展需要即可，不做多余储备。

以上五条原则需要在商业模式转型研讨的过程中形成共识，以此为基础从组织内部或外部选择并组建创业团队。独立运营的创业团队相当于原组织投资的一家新

创企业，其使命是寻找可升级、可复制和可盈利的商业模式。

经过两天一夜的转型研讨，在转型利益关系人中凝聚共识，建立转型承诺，打破转型的前六个心智模式误区。而最后一个心智模式误区“混淆了探索与执行”的突破需要采用新的模式——流行于硅谷的精益创业。

6.3 以精益创业探索商业模式

精益创业概念的提出者是埃里克·莱斯，而真正的鼻祖是其老师斯蒂夫·布兰科。布兰科曾先后创建过8家公司，结合其自身的创业经历，研究了大量的创业案例后发现，创业失败往往不是因为缺少技术，而是因为缺少客户；不是因为忽视需求，而是因为过度收集了不真实的需求；不是因为缺少梦想，而是因为缺少检验梦想的方法。

为此，斯蒂夫·布兰科提出了指导新创企业围绕客户进行探索和验证，通过科学试错，对商业模式进行快速迭代的四步创业法，如图6-6所示。

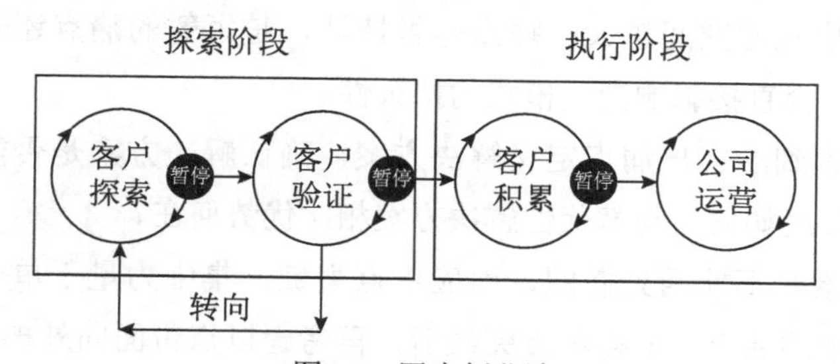

图6-6 四步创业法

精益创业如何开展？其核心是创业团队不要待在办公室里凭空想象，走出去，去和目标客户沟通互动，进行客户探索和客户验证，直到这两步完全获得验证再进入客户积累阶段，寻求放大商业模式的途径，如果商业模式放大成功，就转入公司运营阶段。

6.3.1 客户探索：寻找天使客户，确认潜在痛点

在介绍客户探索之前，我们先思考创业的本质是什么？无论拥有多大的情

怀，回归到根本，创业的本质就是发现客户痛点，匹配解决方案。

听起来似乎是简单的常识，但常识往往并不简单。无论是传统企业转型创业还是新创的公司，普遍并不清楚这一常识。大多数创业者奉行的是“大干快上”的大跃进模式，拥有一个美妙的创业点子或者复制国外某个成熟的商业模式，再加上一份翔实而充满想象空间的商业计划书，然后就开始四处向投资人游说。一旦找到投资人，就进入“烧钱”模式，大规模高薪招人，大手笔软硬件投入，用钱“烧”出一堆用户，做大估值，以便继续吸引更大的投资。通过“烧钱”创造出一派虚假繁荣景象，完全靠资本盲目扩大规模，一旦资本难以为继，分分钟就会倒闭。最致命的是这些失败的创业者们往往认为失败是因为资本没跟上，不认为自己做错了什么。

精益创业认为客户痛点和解决方案在未经验证之前，本质上都是未知的，我们认为的所谓的“客户痛点”只是“想象的痛点”，与真实的痛点往往并不吻合；我们认为的“解决方案”也只是“想象的解决方案”，往往与客户的实际需求差距甚远。

证实“客户痛点”是否是真实的痛点最有效的办法就是向客户探索，证实“解决方案”是否被客户需要最有效的办法也是向客户去探索。通过探索客户痛点，确认客户的痛点是凭空想象还是真实存在，痛点是不是足够大，越是大的痛点，商业机会越大，商业模式的空间越大；痛点是否持续，是短暂的痛点还是持久性痛点，客户痛点的持续性会直接影响商业模式的持久性。

然后根据探索到的客户痛点定义解决方案，确认解决方案是否能够解决客户痛点，与痛点的吻合度如何？与替代性解决方案相比优势何在？

进行客户探索时不能四处撒网，而应单点突破，集中力量于单个细分市场，找到客户使用场景中的痛点，取得单点突破后，再考虑以点带面向外扩散。

客户探索阶段要着力于在细分市场中寻找“天使客户”，就是那些已经打算自己动手制定解决方案解决痛点的客户，或者打算或已经申请预算寻找解决方案的客户，如图6-7所示。因为他们对痛点的认知最为深刻，对解决方案的渴求也最为紧迫，向他们探索，最能澄清客户对痛点的认知，最能澄清解决方案的定义。

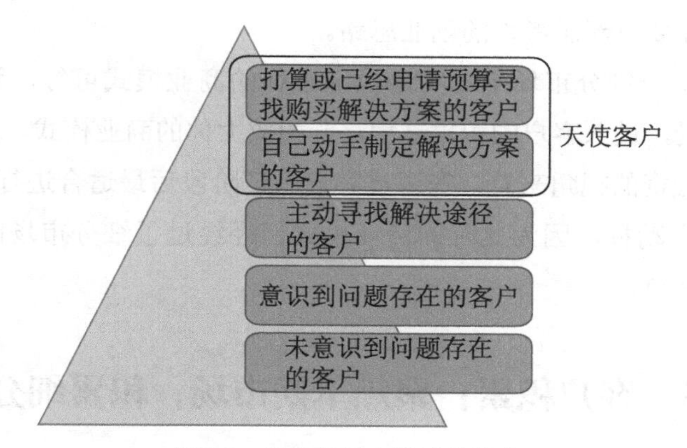

图6-7　细分市场中的天使客户

6.3.2　客户验证：推出产品原型，快速迭代更新

经过客户探索初步确认了需求，定义了解决方案，接下来就进入客户验证阶段，客户验证是一个“推出原型，不断试错，快速迭代”的过程。

MVP(见图6-8)是解决方案的最小原型，是一个最小的可行化产品，体现解决方案的核心功能即可，其目的是向客户学习，不是向客户真正推销产品，所以MVP也可以是反映产品核心功能的介绍资料，而不是实际产品，以确认天使用户是否认可。

图6-8　MVP

这一阶段的重点是验证痛点和解决方案假设是否成立？是否存在可重复、可规模化的商业模式？热情的天使客户是否继续支持你的解决方案？

通过与客户的互动不断地迭代MVP产品，在迭代过程中，如果你依靠这个产品盈利，还要随时测试客户是否会为产品买单，以验证商业模式的可盈利性。只有愿意为产品付费，才能证明热情的天使客户对你的产品是真爱。

开发出MVP产品时，经常会遭遇另外一种可能，曾经热情的天使客户对你的产品变得毫无兴趣，那么你需要重新进行客户探索，重新找另外的细分市场进行探索，如果所有可供选择的细分市场都没有获得验证，那么就说明商业模式的源头创意可能有问题，需要重新思考你的创业思路。

只有最终在一个细分市场中真实地验证了你的商业模式可行，那么恭喜你，你可以迈入下一阶段，进入客户的积累过程，开始放大你的商业模式。

如果从创业融资的视角来看，在迈过客户验证阶段后最适合进行A轮融资，此时融资拥有一定的主动权，因为此时的商业模式已经经过了细分市场的验证，已经拥有了一定数量的客户。

6.3.3 客户积累：聚焦早期市场，积累细分客户

在客户积累阶段，要把一个经过验证的商业模式进行复制，做大客户群体，并寻求推向大众市场的可能路径。读者可能会有疑惑，既然商业模式成立，为什么不直接推向大众市场？

读者可以思考一个问题，在细分市场成立的商业模式一定可以复制到大众市场吗？答案是有可能，但很难，因为这一过程会遭遇“鸿沟”。

图6-9所示即为杰佛里·摩尔提出的鸿沟理论模型，在客户探索和客户验证阶段所找的天使客户就属于技术爱好者和技术尝鲜者，这个目标客户群体是“痛点”的高敏感群体，所以会对你的解决方案迅速产生兴趣。而真正的大众市场是实用主义者和保守主义者，这两个群体对“痛点”的感觉比较迟钝，亲自去找少量的天使客户做探索和验证是容易的，而要让数量巨大的实用主义者和保守主义者知道并接受你的解决方案，其难度可想而知。所以大众市场和早期市场之间有一条难以逾越的“鸿沟”。

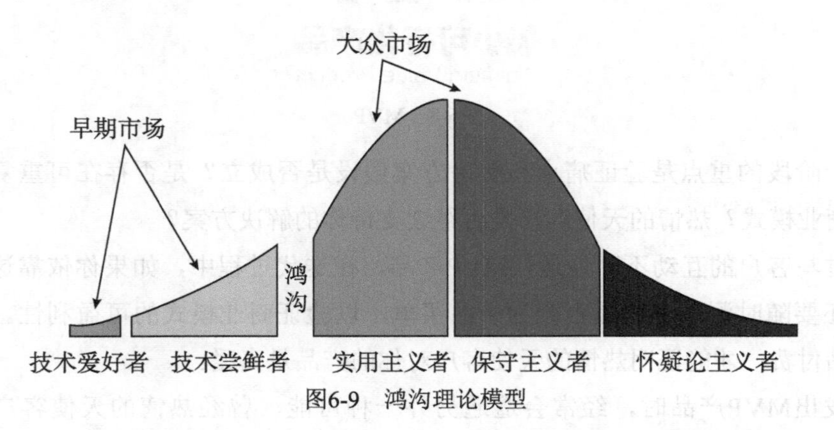

图6-9 鸿沟理论模型

不少创业公司就死在这条“鸿沟”上。我们可以回想一下近几年倒掉的大量O2O企业，当拥有了一定数量的用户，获得B轮融资后，几乎无一例外地开始了

"烧钱"模式，期望通过"烧钱"迅速放大品牌，获得大众市场的用户，急于求成之下得到的只是大量不被资本认可的伪用户，最终倒在了C轮融资的门口。这样的例子不胜枚举，如果你在2015年的4—5月份路过北京的一些写字楼密集区，一定有过这样的印象，到处都是地推人员在搞有偿下载，送饮料、送洗护用品，甚至下载一个App赠送10元钱。我当时的感受是，天欲让其灭亡，必先使其疯狂。果然，进入9月份之后，这样的人群逐渐消失不见了。

精益创业遵循的原则是付出最小的代价，通过科学试错探寻成功路径，让一切可控，所以精益创业并不赞成盲目地通过"烧钱"向大众市场高歌猛进，第三阶段的客户积累也并不是积累大众市场的客户，而是仍然聚焦于早期市场。

不要忘了，客户探索和客户验证两个阶段只是亲自验证了少量早期市场客户，既然商业模式得以验证，为什么不去深耕早期市场？所以客户积累阶段首先要深耕早期市场，以求将这一细分市场做穿做透，完成客户的原始积累，夯实早期市场，再借力早期市场客户的口碑传播，让客户告诉客户，寻求跨越鸿沟的可能路径，寻找引爆点，进入大众市场。

6.3.4 公司运营：放大商业模式，开始正式运营

完成客户积累的创业团队可以放大商业模式，转向公司运营。公司运营的发展模式可以应用本书第四章中提到的战略落地模式，此处不再赘述。

精益创业的四个步骤可分为两个阶段，探索阶段是从0到1的过程，而执行阶段则是从1到N的过程，如图6-10所示，任何阶段没有获得充分的验证，绝不进入下一阶段。

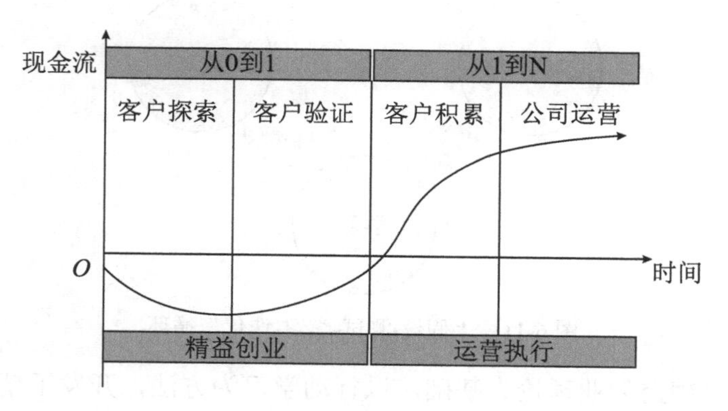

图6-10 精益创业曲线

从0到1的过程包括客户探索和客户验证两个步骤，当探索到商业模式之后，就

进入了从1到N的过程，组织要通过一些引爆市场的模式使客户数量呈现指数级增长，带来客户积累，放大商业模式。当企业经历了高速发展阶段之后，进展开始变得缓慢，进入了相对平稳、成熟的公司运营阶段。

精益创业是全新的模式，与我们在传统商学院中学习的管理理念、方法和工具完全不同，也与成熟公司采用的管理模式完全不同。创业团队即使能理解精益创业的道理，但是真正实践时，又很容易回到熟悉的范式。

为此，针对转型创业最难的前三个阶段，我以行动学习结合精益创业思想构建了精益创业行动学习解决方案，帮助创业团队实现从0到1的质变。

6.4 精益创业行动学习解决方案

精益创业把创业过程作为一个向客户学习的过程，通过科学试错，以最小的成本探索商业模式，避免盲目扩大规模，在错误的方向上越走越远。精准创业在本质上是一个“假设-测试-学习-迭代”的循环，如图6-11所示，是一个“做中学”的过程，与行动学习的原理完全一致。

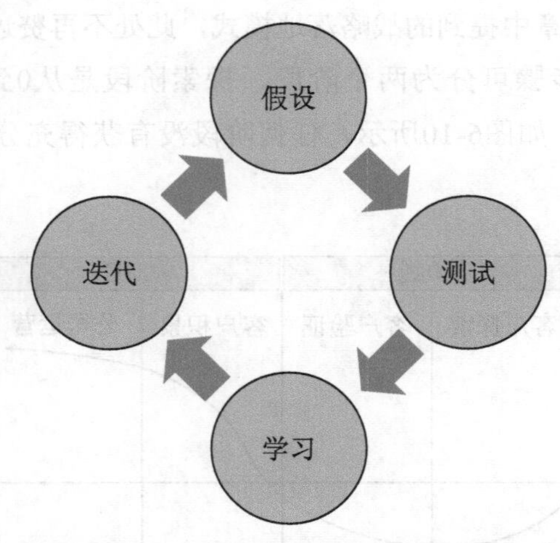

图 6-11 “假设-测试-学习-迭代”循环

因此，我以精益创业理论为基础，以行动学习为方法，开发了精益创业行动学习解决方案，促动创业团队进行客户探索和客户验证，找到真正适用的商业模式，并放大商业模式，实现客户积累，获得加速增长。

精益创业行动学习解决方案是一个历时6～12个月的行动学习项目，既可以用于指导企业商业模式转型，也可以指导企业创业，其背后的基本原理完全一致。下面以商业模式转型为例阐述这一项目过程。精益创业行动学习解决方案将转型创业分为三个阶段，如图6-12所示。

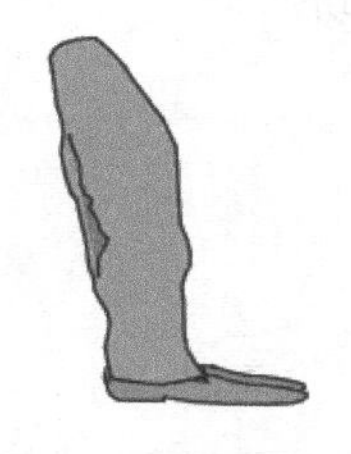

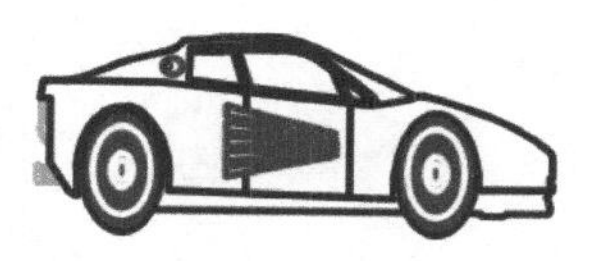

激活期

- 凝聚转型创业共识
- 界定创业范围
- 成立创业投资委员会
- 创业动员并公布创业激励模式
- 接受创业报名
- 自建创业团队
- 研讨商业模式
- 评选商业模式

孵化期

- 获得天使轮投资项目，进入孵化期
- 精益创业及行动学习理论、方法导入
- 客户探索
- 客户验证
- 评估商业模式可靠性、规模、持久性
- 融资路演

加速期

- 获得A轮融资项目，进入加速期
- 跨越鸿沟、引爆市场理论及方法导入
- 产品发布并推广
- 评估放大商业模式的可行性
- 确定获得B轮融资项目
- 预做实体运营准备

图6-12　精益创业三阶段

6.4.1　激活期：凝聚转型共识，激发创业动力

激活期也可称为准备期，为转型创业预热，最重要的是凝聚转型共识、激发创业动力，具体的方式就是我在前面提到的商业模式转型研讨会。当然，如果组织对转型创业的准备度比较高，也可以采用一个简化模式，直接导入商业模式罗盘风暴创业创意。

6.4.2　孵化期：精选创业项目，提供天使资金

由内部投资委员会对商业模式创意进行评选，获得天使轮融资的项目进入孵化期，启动创业。进入孵化期的创业项目团队学习精益创业和行动学习理论，开始客

户探索和客户验证。该阶段创业团队的核心任务是探索客户痛点，验证解决方案。创业团队必须在天使资金耗尽之前探索到商业模式，其核心原则是快速、验证和专注，如图6-13所示。

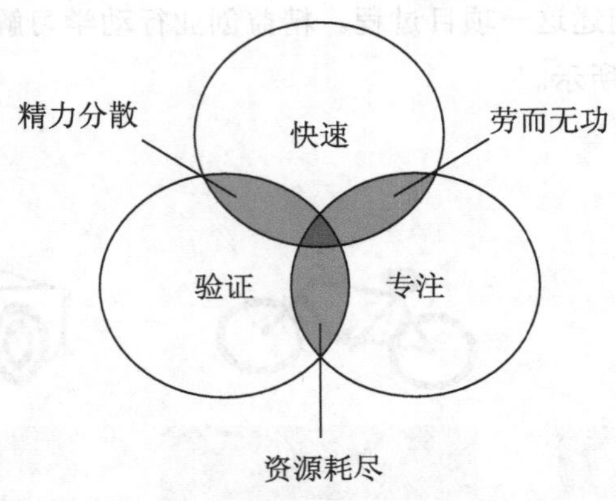

图6-13 “快速-验证-专注”模型

快速、验证和专注缺一不可，如果缺少快速，就可能在没有找到商业模式前就把资源耗尽；如果缺少了验证，最大的可能是闭门造车做出来的产品不被客户认可，最终劳而无功；如果缺少了专注，去验证多种可能性或者提前去思考后面的步骤，就会导致创业团队精力分散，任何验证都不彻底。

经过一段时间的探索和验证，由公司投资委员会评估商业模式，获得A轮融资的项目进入加速期，未获得融资的项目由公司根据项目进展的情况决策放弃或者继续孵化。

6.4.3 加速期：评估商业模式，选择投资项目

获得A轮融资进入加速期的项目团队，开始在细分市场中明确产品定位和公司定位，并发布产品，深耕细分市场，夯实细分市场，尝试商业模式的放大。

经过投资委员会评估加速期项目的客户积累成效，获得B轮融资的项目预做实体运营准备，未获得融资的项目继续深耕细分市场，积累客户。

以上三个阶段是精益创业行动学习解决方案的标准框架，具体实施时可视行业、组织的差异进行调整。

6.5 案例：从0到15亿——华蒙通逆袭生鲜领域

从2014年起，生鲜领域以其高频需求、痛点突出吸引了大批的互联网企业，沱沱工社、爱鲜蜂、天天果园、青年菜君等一批O2O企业迅速崛起，成为资本追逐的新贵。

然而，随着2015年资本寒冬来临，生鲜领域的创业者颓势尽显：2016年4月初，爱鲜蜂陷入裁员风波、离职潮，并拖欠供应商货款；6月5日，本来便利App被暂停；6月30日，沱沱工社CEO杜非辞职；7月26日，天天果园曝出关闭大量门店；7月30日，青年菜君被举报拖欠员工工资，准备破产清算；8月1日，果食帮宣布将于8月4日正式停业。

生鲜领域兴旺时被资本追捧，萧条时被资本抛弃，正应了一句古语：其兴也勃焉，其亡也忽焉。

然而，就在生鲜领域拓荒者大呼资本寒冬来临之际，一家至今仍不为大众所熟知的生鲜供应链企业——华蒙通，却在2015年的资本寒冬获得了超过2亿元的A轮融资。而且非常独特的是，华蒙通并不具有互联网属性，是一家专注于线下的供应链企业。在这个资本寒冬，华蒙通是如何实现逆袭的？

6.5.1 大干快上——生鲜创业致死之源

在讲述华蒙通之前，我们首先看看是什么让生鲜领域成为互联网企业重灾区的。

2016年8月1日，果食帮在其微信公众号上发布公告称：

由于生鲜行业异常残酷，O2O补贴大战、产品低价竞争等，果食帮虽然不断地调整经营策略、优化用户体验、改善供应链，直至转型线下实体店，但两年来，想尽各种办法也没有实现盈利，最终“弹尽粮绝”，选择停业。

如果果食帮公众号所言即为其对自身败因的认知，可以说果食帮至死都未明白其真正死因。结合本章前面的内容，细究其真正死因，应该是以下三点。

死因1：误把靠“烧钱”创造出的伪需求当作用户的真实痛点，一旦减少或停止补贴才发现千辛万苦聚集起来的用户毫无忠诚度可言，纷纷换船走人。

死因2：补贴政策让解决方案无法获得验证，掩盖了解决方案的无效，一旦停止补贴，供应链能力不足导致的运营成本高、用户体验差成为致命短板。

死因3：在未找到可盈利、可复制的商业模式之前，为了做大估值、吸引资本，盲目扩张放大商业模式，终至“弹尽粮绝”。

所以，“大干快上”的大跃进模式才是其致死之源。

与生鲜领域的众多创业者的“大干快上”模式相比，华蒙通采用的是完全不同的模式——精益创业。

6.5.2 精益创业——华蒙通的制胜之道

华蒙通成立于2013年，定位于提供生鲜供应链服务。与互联网企业的从聚集线上用户入手不同，华蒙通是从构建线下的供应链开始。成立伊始，首先在阿克苏、呼和浩特建库，以自建仓储为基础，借助社会化运输，构建“冷链”物流体系，期望未来能够打通信息流、商流和现金流。

华蒙通受到资本青睐的主要原因在于其在两年多的时间内实现了两个倍速增长。

第一，交易额从2014年年初的0到2014年年底的1亿元，再到2015年的5亿元，再到2016年预计15亿元。

第二，城市网点从2014年的0到2015年突破5 000个，再到2016年预计突破50 000个。

华蒙通和生鲜领域的其他创业者究竟有何不同之处？在资本纷纷放弃生鲜领域时，华蒙通是如何实现逆袭的？区别于众多生鲜领域互联网拓荒者，华蒙通采用的是完全不同的创业模式，具有以下三个特征。

特征一，立足于探索客户的真实痛点，而不是盲目烧钱。

特征二，立足于在线下构建有效的供应链解决方案，并通过不断地验证进行迭代，而不是盲目地从线上聚集用户入手。

特征三，通过有效的方式在细分目标客户群体中放大经过验证的商业模式，而不是盲目扩张。

这是与“大干快上”完全不同的模式，正是前文介绍的精益创业行动学习解决方案模式，也是华蒙通在生鲜领域逆袭的制胜之道。

6.5.3 洞见商机——解决生鲜供应之痛

“我们是做供应链服务的，不是卖水果的，我们要解决的是目前生鲜供应链上的痛点。所以我们是通过提升供应链效率赚钱，而不是赚水果利差。”这是我第一次和华蒙通总经理老范沟通时，他着重强调的。与生鲜领域其他创业者不同，华蒙通看到的是生鲜供应链上的痛点，而这也正是其他生鲜创业者的难言之痛，他们的失败多数归因于供应链的短板。

虽然，公司高层对公司的使命“解决生鲜供应链痛点”的认知非常清楚，但广大员工却并不清楚，总把自己当作一个水果批发商。为了凝聚战略共识，2015年年初，华蒙通引进了行动学习。

公司高层的最初想法是引入战略落地行动学习解决方案项目，经过前期沟通，他们开始认识到华蒙通是新创企业，市场高度不确定，不适合做标准的战略落地项目，最终议定的方案是聚焦重点战略目标，组建小组突破，采用精益创业行动学习解决方案辅导小组推动项目落地。采用深度合作模式，2月份召开行动学习项目启动会，3—9月份每月辅导2天。

项目启动会上，大家对公司的商业模式进行了梳理，凝聚了共识：聚焦生鲜食品存在的安全隐患痛点，以构建“从农民地头到市民餐桌”的高效生鲜供应链为解决方案，统合“物流、信息流、商流和现金流”构建盈利模式。

商业模式之下是五个战略重点。

控基地：在全国特色农产品产区布局建立现代化仓储物流基地，利用基地服务产地资源，形成供应链核心竞争力。

降损耗：应用国际先进气调技术，建立现代化仓储物流基地，全程冷链控制，保障一路新鲜到达。

建标准：建立严格的产品、验收、包装、仓储和运输的五星级标准。

减环节：依托电商交易平台无缝连接产地与终端需求，形成农户(合作社)+华蒙通+终端市场集合线上与线下“三位一体”的农产品供应链平台。

拓渠道：通过开拓城市网点，打通到达市民餐桌的“最后一公里”。

与多数进入生鲜领域的互联网公司不同，前身为物流公司的华蒙通拥有丰富的物流经验，成立伊始，用不到一年的时间就搭建起几条冷链物流线，所以控基地、降损耗、建标准三项战略重点在项目开始前已伴随冷链物流线的搭建启动与实施，并取得了一定成效，而减环节则是更为长远的模式，当下的关键为拓渠道。因此，项目聚焦于打通供应链“最后一公里”，让冷链物流线运转起来，再寻求更大的突破，所以项目围绕城市网点开发进行客户探索、客户验证和客户积累。

6.5.4 客户探索——找准客户真实痛点

在行动学习研讨会上，向大家导入了精益创业理论，销售团队按照精益创业的原则，决定首先对水果店、批发市场、特通(餐饮等)、商超(含连锁便利店等)四类渠道进行痛点探索。

完成初期的客户探索后，开展行动学习复盘总结，得出结论：水果店单体店小，但数量巨大，对产品品质和价格敏感，最大的痛点是每天需花费大量的时间去批发市场进货，对通过城市配销商直接配送的解决方案非常感兴趣；批发市场需求量大，对水果的品质、价格、时效、销售、稳定供货比较敏感，华蒙通的冷链物流解决方案对批发市场有一定吸引力；特通对水果需求较小，合作存在账期；商超在保证品质的基础上，提供较低的采购价格，年销售量可观，进入难度较高，合作存在账期。

在行动学习复盘会上，大家最后的决策是，首先对水果店验证，再对批发市场验证，特通和商超作为未来的补充。

6.5.5 客户验证——快速迭代解决方案

进入客户验证阶段，按照精益创业高度聚焦的原则，选择立足内蒙古，依托冷库，对前期调研中意向强烈的水果店进行验证。

针对水果店需要在进货上花费大量时间的痛点，将城市物流商发展为城市配销商，验证以城市配销商替代批发商，直通水果店的解决方案，寻求打通供应链，如图6-14所示。4月1日首先在呼和浩特验证，5月15日进入包头验证，6月1日进入赤峰和集宁验证。

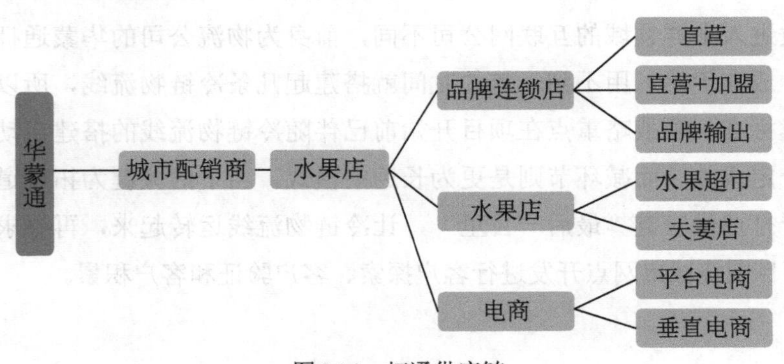

图6-14 打通供应链

经过三个月的验证，得出的结论是：想象中的解决方案和真实的解决方案有差距，解决方案需要迭代更新。

直接将城市物流商发展为水果配销商替代批发商，直通水果店的解决方案受水果品类、专业度的影响很难走通。比如，水果店需要油桃，而油桃的品类非常多，这对城市配销商的专业度就是一个很大的考验；水果店对品类的需求很广，每一品类的需求量小，这对配销商的配货、分拣送货是一个更大的挑战。

既然水果店的痛点真实存在，说明解决方案的逻辑是成立的，那么，真正需要解决的是水果品类和城市配销商专业度的问题。如果将二级批发商发展为城市配销商是否可以解决这两个问题？从逻辑上来说是可以的，二级批发商的专业度足够，其自有水果品类比较丰富，可以补充华蒙通现阶段可供应水果品类不够丰富的问题，当未来华蒙通规模做大后，就可以通过扩大产地合作范围丰富水果品类的供应，同时，配送可以增加二级批发商的营收，对部分二级批发商有一定的吸引力。

所以，接下来的验证从水果店转入二级批发商，只有先拥有足够数量的二级批发商，才有望从二级批发商中发展出合适的城市配销商。考虑到内蒙古人口规模小，验证不具有典型性，所以这一次决定选择石家庄进行验证，石家庄人口密集，属于中心城市，辐射周边，年吞吐量大，需求旺盛，石家庄及其周边的唐山和沧州的人口总数就超过了内蒙古的总人口，所以，7月1日进入石家庄批发市场验证。

经过行动学习复盘，最后得出的结论是：中心城市的批发商交易量非常大，易于将生鲜供应链运转起来，同时，发展合适的二级批发商作为城市配销商供货水果店的解决方案成立。

6.5.6　客户积累——引爆细分目标市场

复制石家庄经验进入其他城市，通过批发商供货水果店，以水果店打通“最后一公里”，放大商业模式。经过行动学习研讨会，决策出四项策略。

策略一：品牌渗透。在进入城市的水果批发市场采用广告传播、物料应用和VI导入等低成本模式推广品牌。品牌渗透模式投入的成本并不高，但因为针对性非常强，所以效果显著。

策略二：行销推动。主要采用店面促销、社区推广和跨界合作模式。例如在呼和浩特与利客便利店跨界合作“线上预售”模式，借力利客便利店资源，积累客户。

策略三：社群互动。将开发出来的客户即时拉入微信群，在群中随时进行互动，接受客户吐槽，快速优化服务。事后证明，这一模式确实是改进服务的有效举措。

策略四：单品突破。选择品类单一、包装单一的香蕉为引爆市场单品，开展“香百万计划”。“香百万计划”获得了非常大的成效，8月25日确认方案，全国22个城市启动，从8月份没有香蕉品类批发客户，全月平台交易仅2万件香蕉，到9月份平台交易126万件香蕉，开发出25个香蕉品类的客户。

在客户积累阶段，营销团队依据在行动学习研讨会上制定的“五个凡是”，作为快速推进商业模式放大工作的指导原则。

- 凡是有目标必有计划。
- 凡是有计划必有追踪。
- 凡是有追踪必有结果。
- 凡是有结果必有复盘。
- 凡是有复盘必有激励。

每天微信群追踪结果，每周例会进行复盘和激励，将行动学习作为推进项目的工作方法。

基于前期对客户痛点的深入探索和对解决方案的深入验证，所以2015年的客户积累过程非常有成效，在内蒙古、辽宁、石家庄、江苏、福建、四川等几个省份累计开发城市网点突破5 000个。

就在生鲜领域成为创业者的重灾区之际，华蒙通成功实现了逆袭，并获得资本青睐，获得A轮2亿元的融资。而这一逆袭过程中，行动学习扮演了保驾护航的角色。

6.5.7 逆袭秘诀——行动学习保驾护航

华蒙通行动学习项目是我做的一个“深耕”项目，从2015年2月份启动会开始，此后每月进行一次辅导，一直延续到9月份。经过连续8个月的强化，行动学习已成为华蒙通的工作方法。可以说，行动学习为华蒙通的创业早期实施了保驾护航，是其成功逆袭的秘诀。

“香百万计划”的产生过程就是行动学习释放集体智慧的结果，营销总监最初想选择的引爆单品是苹果，所以把营销研讨会安排在苹果产地烟台，意图很明显，会议结束后就可以马上开始行动。

“因为我们开会采用的是行动学习的‘导入-发散-涌现-收敛-关闭’的研讨模式，所以过程中鼓励大家对已有的观点进行充分的质疑。”营销总监说，“结果就是，当我提出将苹果作为引爆品时，大家对此进行了质疑，苹果品类众多，各地喜欢的口味差异较大，苹果包装各异、风格多样，营销成本和难度大……不少人认为苹果不是一个好的单品选项。”

“既然苹果有这样的缺点，选择什么单品作为引爆品更好呢？有人建议香蕉，因为与苹果相比，香蕉分周期上市，同一时间全国品类一致，包装比较单一，作为引爆品，香蕉显然比苹果有太大的优势……”

“既然，香蕉是大家‘钟意’的引爆品，接下来就让大家自发承诺，如何引爆这个市场，结果每个人都很踊跃，主动出谋划策，主动担当……”

“对这个过程进行反思也是学习，是什么让我一开始就局限于苹果而不是香蕉？根源在于，我们平台的苹果交易量最大，而香蕉交易量很小，所以形成了个人思维定式，也正是群体智慧被激发，这一定式才得以打破。”

……

当然，对于像华蒙通这样一家有着远大抱负的企业而言，2015年取得的成效只是漫漫征途的第一步，对于完整商业模式的实现，还只是一个开始，最重要的是精益创业行动学习解决方案让华蒙通的高管们明白：我们身处一个不确定的时代，激发群体智慧，通过科学试错探索不确定的未来，是组织应对不确定时代的唯一解决之道。

6.6 本章总结：行动学习——不确定时代的确定解

转型和创业不同于公司传统业务，传统业务面对的市场和客户相对确定，所以传统业务是在执行相对确定的商业计划，强调更多的是执行。而无论是转型还是创业，其本质都相当于新创企业，新创企业的市场和客户都是未知的，其商业模式就是一堆假设，而假设不过是瞎猜的文雅说法，只不过是我们闭起门来的想象而已，在绝大多数情况下和客户的真实需求相距甚远，新创企业如果像传统业务一样强调执行，会产生什么结果？最大的可能是花费了无数的精力研发出来的产品上市之后却无人问津，白白消耗了资金，付出了成本。

新创企业并非大公司的缩微版，新创企业的核心使命是探索未知的商业模式，传统大企业的核心则是执行，这是两种完全不同的模式。混淆了探索与执行，是无数新创企业失败的根源。

执行意味企业拥有一套可被规划和相对确定的管理模式：明确的战略、清晰的分工、稳定的运营体系。而新创企业所谓的商业模式只不过是未经验证的创意和猜想，其生存在不确定的环境中，不了解真实的客户需求，不清楚解决方案是否有效，也就谈不上制定战略和推动执行，因为如果方向错误了，走得越远，走得越快，最后会死得越惨。新创企业需要通过不断地探索、持续地验证、快速地迭代，直到找到可行的商业模式。所以，传统的大企业的运营执行模式不适用于新创企业，新创企业需要采用适合其自身特点的模式。

新创企业需要在一个小细分市场进行尝试，也就是试错，探索客户的真实痛点和解决方案的有效性。创业团队需要不断地与客户进行互动，修正对客户痛点的认知，让想象中的痛点逼近客户的真实痛点；修正解决方案，让想象中的解决方案逼近客户真正需要的解决方案；不断地修正商业模式，让商业模式从假设逐渐逼近“真相”；积累足够的成功验证，确定商业模式可以放大后，才可以大面积铺开。

创业过程是一个动态试错的过程，需要正确的方法，需要比较长的周期，需要高管有足够的耐心和长期的支持。任何心智模式误区都足以葬送这一过程，把创业过程作为一个学习过程更为恰当，通过凝聚转型创业共识，在行动中验证，在验证中反思，在反思中更新认知，破除心智误区，最终从此岸迈向彼岸。

所以，无论是独立创业还是企业的转型创业，都必须激发创业者的内驱力，并采用正确的创业方法，才有望坚持并摘取最后的胜利果实，而这也正是商业模式转型研讨会、精益创业行动学习解决方案对转型和创业的独特优势。

在不确定时代，唯一确定的是需要释放群体智慧探寻解决方案，而行动学习是释放群体智慧的最佳手段，是不确定时代的确定解。

6.7 学习反思：智慧火花，精彩再现

3点收获：本章让我印象最深的三点

____

____

____

____

2个感悟：此时此刻，我的感受和启发

1项行动：我决定用到工作中的一点

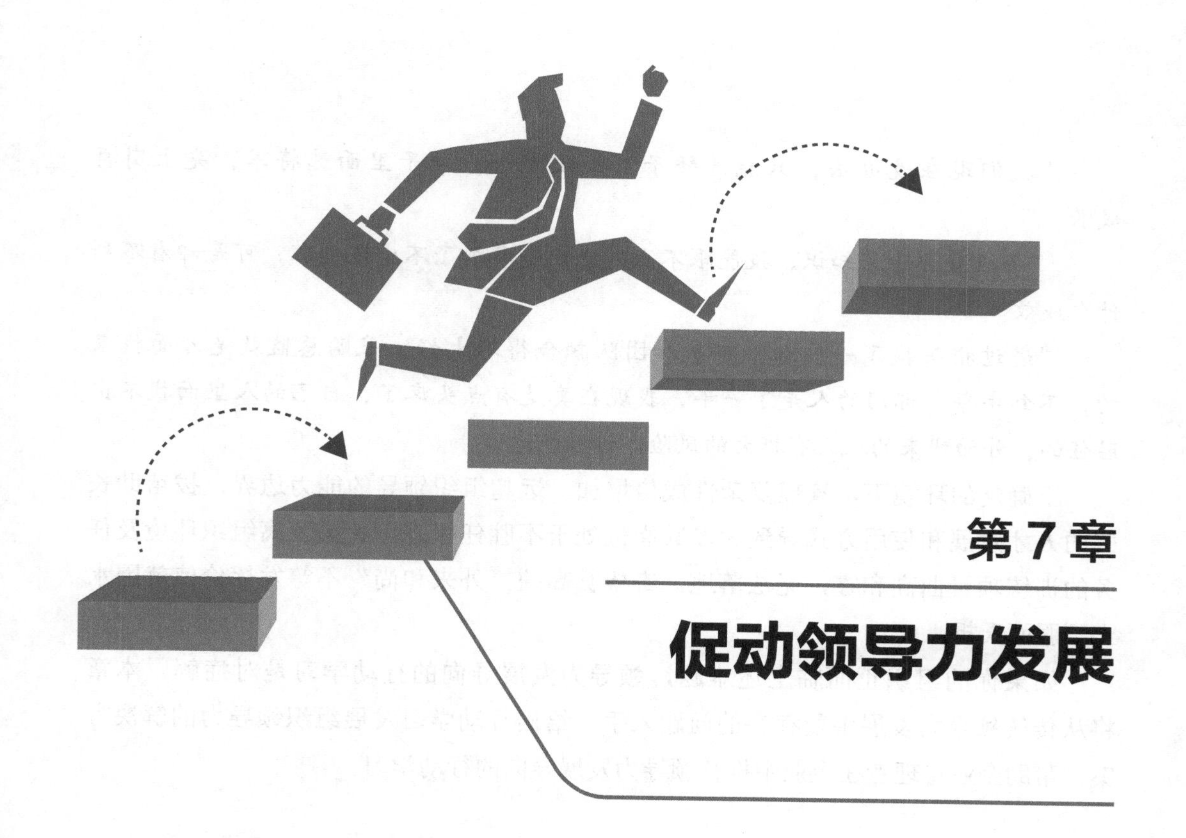

第7章

促动领导力发展

“我们现在没办法，只能是矮子里面拔大个，矬子里面选将军，先上岗再成长。”

“各级管理者的知识、技能跟不上，送出去参加了不少培训班，可是却看不到什么成效。”

“通过猎头找了一些人，可是和团队融合得不太好，采购总监就是外面找来的，不到半年，部门的人走了一半，我现在真是有点头疼了，自己的人里面找不出胜任的，外面找来的人又有挺大的风险。”

不确定的环境下，管理复杂性成倍增加，远超组织领导的能力边界，拔苗助长式的人才发展和使用方式导致大多数岗位处于不胜任状态，各类脱离组织环境及任务的训练项目曲高和寡，无法落地，寄望甚高的“外来和尚”不等发挥价值就因水土不服而夭折。

如果你的组织正面临上述难题，领导力发展导向的行动学习是对症解。本章将从传统领导力发展手段存在的问题入手，给出行动学习发展组织领导力的解决方案，帮助企业管理者在企业中推行领导力发展导向的行动学习。

7.1 领导力发展导向的行动学习

传统人才发展方式以解决技术性障碍为主，不能直击问题，无法与快速变化的实际业务需求相匹配，导致人和任务脱节。

领导力发展导向的行动学习直击问题，以解决问题为载体，在解决问题这条主线的牵引下，综合运用多种人才发展手段，以用促学，学以致用，学用相长，在解决组织问题的过程中培养人才，以人才发展促进组织发展。

在介绍领导力发展导向的行动学习之前，我们先看看传统领导力发展手段面临的困境。

7.1.1 遭遇"变态"要求：先证明胜任再上岗

Eric是某大型外企事业部的HRBP(人力资源业务合作伙伴)，我见到他的时候，他正为一件事头疼，因为事业部总经理交给他一件"不可能完成的任务"。

"未来两年，我们需要7～8位大区经理作为后备，用什么样的培养方法我不管，只要在预算范围内我都支持，我只要一个结果：在上岗前证明他们是胜任的大区经理。"

Eric给我复述了老大的原话后，强调说："这根本就是一件不可能完成的任务。"

"是什么让你这样认为的？"我问Eric。

"我找了十几家管理咨询公司，能想到的人才培养方案都考虑过了，360度测评、知识技能培训、知识萃取后再培训、管理教练、导师制、在岗训练、工作坊……可是都无法给出一个确定的结果——在上岗前证明他是胜任的大区经理，你不能说测评胜任就胜任吧？你不能说考试合格就胜任吧？你也不能说教练和导师评价胜任就胜任吧？"

"在什么情况下才能证明他胜任呢？"看着焦虑的Eric，我笑问。

"胜不胜任只有上岗后才能知道，别的都是预测，这是小白都能想明白的道理啊，"Eric抱怨道，"他的想法根本就是异想天开！"

读者不妨代入一下，如果你是Eric，能不能解决这个难题？没读本书前也一定认为这是一个不可能完成的任务吧？

这是一个典型的领导力发展项目，我们先看传统的领导力发展模式会怎么做。最常规的做法是结合绩效考核和测评，挑选出一部分绩效优秀、有潜质的区域经理作为大区经理后备，再以大区经理的能力模型为标准选择、开发培训课程，然后运用多种手段训练，最后再进行后测评，前后一对照，说明能力提升了多少。

这些人从此就可以胜任大区经理这个岗位了吗？能不能胜任只有上岗了才能知道。因为，在上岗之前，这些后备人才根本就没有机会去承担大区经理的工作任务，因此培训再久，都不过是纸上谈兵而已。

这个案例很有意思，陷入了一个死循环：只有让他们上岗才能证明是否胜任，要让他们上岗则首先要证明他们胜任。

真的无解吗？传统视角也许确实如此，但从行动学习的视角来看，不过是小菜一碟。

本案例中的需求是典型的领导力发展导向的行动学习需求，这类行动学习项目和前面讲的绩效提升导向的行动学习项目略有区别。绩效提升导向的行动学习项目是直接的绩效诉求或战略落地诉求，专注于业务本身。而本案例提出的是人员发展诉求，是典型的领导力发展导向的行动学习。

如何用行动学习解决Eric的难题？其实从行动学习的视角来看，问题很简单，我当时对Eric说，不是只有上岗之后才知道能否胜任吗？问题就是答案！那就让他们“上岗”——用行动学习创造上岗经历。

7.1.2 创造“上岗”经历：攻克上级绩效难题

如何上岗？Eric感到非常不可思议。其实，我这里所说的“上岗”只是一个比喻，我给Eric的建议是，以绩效考核结果为依据选择十五六个大区经理后备并分成两个小组。第一年选择两个业绩差的大区，每个小组认领一个，在两位大区经理的支持下，经过深入调研、分析问题、制定方案，在大区经理的授权下，推动方案落地，在落地过程中验证假设，修正方案，帮助大区进行绩效突破；第二年再选择两个业绩好的大区，仍然按照这个模式为组织探索新的业务模式。是不是觉得很熟悉了？又回到前面的绩效提升导向或战略落地导向的行动学习项目了。

利用解决组织难题这条线索，再结合360度测评、专业知识培训、领导技能培训为解决问题小组提供全面支持，针对个性化的素质短板，设定个人议题，通过教练辅导推动实践和转变。真正实现干中学、学中干，用以促学，学以致用，学用相长。

两年时间，两个小组完全换位到大区经理的视角去分析问题和解决问题，相当于“履行”了大区经理的职责，而且解决了两项重大的挑战“扭亏为盈”和“探索不确定的未来”。最重要的是，他们没有大区经理的法定权力，推动方案落地的过程中会遭遇比大区经理更大的挑战，而这才是真正的领导力发展。要看一个人有没有领导力，最有效的办法就是拿掉他的法定权力，看他还能影响多少人。

当有了让后备管理者履行大区经理职责解决问题的真实情境，识别、找到能够胜任大区经理的后备人员不就成了一件很容易的事了吗？

用行动学习创造真实的上岗经历，实现领导者发展，这就是领导力发展行动学习解决方案。

7.1.3 领导力发展行动学习解决方案

领导力发展行动学习解决方案以行动学习为主体，以解决组织难题和个人岗位难题为载体，以领导力发展的7∶2∶1法则为指导原则，统合360度反馈、专业知识学习、领导力技能训练、教练辅导等传统领导力发展手段，实现绩效和能力的同步提升。

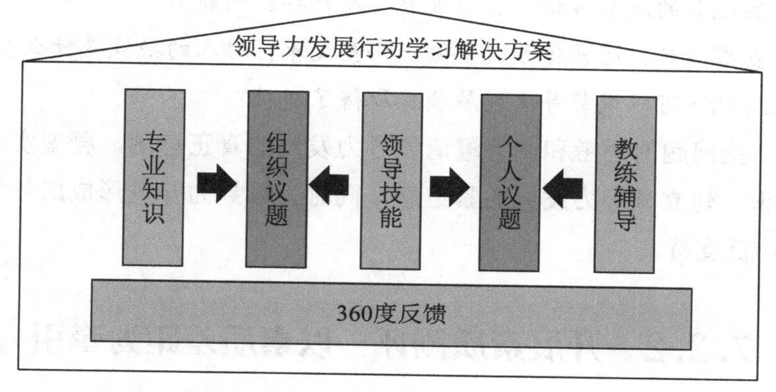

图7-1 领导力发展行动学习解决方案

正如图7-1所展示的，领导力发展导向的行动学习项目是一个综合发展模式，而解决难题是为整个发展过程穿针引线的灵魂，正因为有了解决难题这条主线，使传统的领导力发展手段威力倍增。

7.2 领导力发展五步骤

领导力发展行动学习解决方案主要针对中层干部或后备梯队，需要被发展对象亲自通过学习、调研制定方案，并推动方案落地，验证假设。项目过程设计共包含五个步骤。

7.2.1 澄清发展目的：以组织战略为导向

为什么要发展领导力？这是开展领导力发展项目之前首先要澄清的问题。不同的组织发展领导力的目的各有差异，但归集起来不外乎两个目的：战略和运营。

战略是组织应对外部环境的策略，运营是为了支持战略而构建的组织治理体系，无论是战略还是运营，最后的落点都是人员，所以组织发展领导力就是为了支持战略需求，协同运营一致。

因此，在决定开展领导力发展项目时，首先通过下列问题澄清领导力发展的目的：

- 组织的长期愿景是什么？
- 未来3～5年的战略是什么？对人的挑战是什么？
- 为了实现新的战略目标，公司需要具有哪些新的能力？
- 为了支撑战略，运营体系需要做出哪些变革？对人的挑战是什么？
- 什么情况下可以说领导力发展项目取得了成功？

通过对这些问题的思考和回答澄清领导力发展的真正意图，凝聚实施领导力开发项目的共识，建立领导力发展的紧迫感，同时为领导力开发形成愿景型目标，获得管理者的广泛支持。

7.2.2 开展素质测评：以素质差距为牵引

测评是领导力开发的常用手段，很显然，在领导力发展前，被发展者首先需要澄清发展目标，清楚自己的现状，认识到现状与目标之间的差距，从而激发其自我超越的动力。实施领导力测评包含三个步骤。

1. 建立测评标准

无论是组织自己构建领导力模型还是选择通用的模型，都应与组织的未来战略需求密切相关。基于战略的领导力发展模型代表了组织及其领导者的形象和追求，也为领导者提供了与战略密切相关的发展目标。

2. 实施测评

为了让被发展者全面认识自身领导力上存在的差距，一般建议采用360度测评。基于测评标准设计测评问卷，通过营造安全的环境，让被发展者的上级、下属、同事、客户和本人采用“背靠背”的方式进行评分。

3. 总结测评结果

测评结果以测评报告的形式呈现，个人测评报告作为个人领导力反馈和行动学习个人议题选题的依据，总的测评报告作为集体反馈和行动学习组织议题选题的选择依据。

7.2.3　设计项目方案：以行动学习为手段

行动学习解决方案设计的依据是组织战略和测评报告，组织战略为行动学习提供了难题来源，测评报告为难题选择提供了依据。领导力发展导向的行动学习解决方案设计与业绩提升导向的行动学习解决方案相比，在发起人、召集人等六个角色的设置及行动学习项目的实施周期等方面是一致的，在以下五个方面有其自身特点。

1.确定组织议题

组织议题源自战略任务，战略任务既可以是组织与外部环境进行交互的一系列具体举措，如探索新的商业模式、开发新市场、扩大经销优势、全球化扩张等；也可以是组织为了应对外部环境对运营体系做出的一系列适应性调整，如制度流程变革、体系重建、运营优化、内部管控、降本增效等。

选择战略任务的依据是被发展者经测评得出的共同短板，因为测评标准源自战略，被发展对象的共同短板反映了战略落地过程中的重点、难点。这正是行动学习发展领导力的独特之处，既然发展领导力的目的是让人员能够支持战略中的难点任务，那么就将解决这些难点任务直接作为发展领导力的手段。

2.确定个人议题

个人议题源自个人领导力发展报告，组织议题解决被发展对象的共同短板，个人议题则解决被发展对象的个性化短板。

个人议题分为两种：绩效议题和素质议题。

绩效议题是指被发展对象选择岗位工作中的难点任务作为个人议题。岗位工作中的难点往往源自其个人素质短板，所以通过小组成员的相互支持，攻克岗位难题的过程也正是发展其个人素质短板的过程。

素质议题是指被发展对象直接针对个人素质短板制订个人发展计划，通过小组成员的相互支持，推动实施个人发展计划以发展其个人素质短板。

从发展领导力的视角来看，选择哪一类个人议题都可以，其中绩效议题的挑战会更大，需要付出的精力也会更多，所以组织和促动师在设计解决方案时，要综合考虑小组成员的时间和精力，选择恰当的个人议题模式。

3.确定知识获取方式

知识学习主要是为了支持行动学习的方案制定，当行动学习议题确定后，结合议题和测评发现的被发展者的知识短板，确定领导力发展过程中的知识学习方式。知识学习既可以是专业知识的培训，也可以是内外部案例的分享，还可以是标杆学习、跨界学习。知识上存在的共同短板可以通过培训等方式共同获取，个性化短板则可以通过自学等方式获取。

4. 确定领导力技能训练课程

领导力技能训练既支持组织议题的落地，同时也支持个人素质类议题的推进，所以领导力技能训练课程的选择源自测评报告中的共同素质短板，所以要基于作为测评标准的领导力模型做定制化开发。

5. 确定教练辅导模式

教练的引入是为了支持被发展对象个人议题的达成，同时，教练也是促动师的角色之一，其核心是通过提问启发被发展对象自己找到问题的答案，而提问也正是最好的领导力发展方式。通过行动学习发展领导力有三种常用的教练模式可供选择。

第一种：小组成员相互教练。这是最常用的一种教练模式，行动学习过程通过促动师教会学员教练技能，让学员围绕个人议题相互教练，既解决了个人议题，同时也发展了领导力。当然，如果采用这种模式，就需要在集中会议和小组会议时留出充足的时间。

第二种：高管承担教练角色。如果被发展对象是中基层管理者，可以为每个小组指定一名高管作为教练，通过培训让高管掌握教练技能，并安排出一定的时间对小组成员进行一对一教练，在发展学员领导力的同时，也发展了高管的领导力，因为教练式提问本身就是最有效的领导力技能。

第三种：外部教练。如果被发展对象是组织高管，可以配备外部的专业教练，围绕个人议题定期对发展对象进行一对一教练。

7.2.4 推进实施项目：以解决难题为牵引

与绩效提升导向的行动学习项目一样，领导力发展项目的实施过程主要包括三项活动：集中会议、小组会议和行动。

图7-2即为一个典型的领导力发展项目的实施框架，与绩效提升的行动学习项目相比，最大的差别在于个人议题行动学习。绩效导向的个人议题行动学习可以采用“行动学习圆桌会”的模式实施，素质发展导向的个人议题行动学习最重要的是通

过制订个人发展计划，结合一对一教练将所学知识、技能岗位化。

	第一次集中	课后小组活动	第二次集中	课后小组活动	第三次集中	课后小组活动	第四次集中
主线一	行动学习启动会(3天)	小组聚会 小组行动	初步方案汇报(2天)	小组聚会 小组行动	最终方案汇报(2天)	小组聚会 小组行动	成果总结(2天)
主线二	管理专题学习(1天)		管理专题学习(1天)		管理专题学习(1天)		
主线三	领导技能训练(1.5天)		领导技能训练(1.5天)		领导技能训练(1.5天)		
主线四	个人议题(0.5天)	一对一教练	个人议题(0.5天)	一对一教练	个人议题(0.5天)	一对一教练	

图7-2　领导力发展项目的实施框架

推进领导力项目实施的过程，以“解决难题”作为落点，当被发展对象的注意焦点集中到绩效难题上，管理专题和领导技能的学习就会在解决难题的牵引下自然发生，最终使绩效难题得以解决，领导力得以提升。

7.2.5　评估发展效果：以持续提升为目的

评估发展效果是最后一个环节，首先从最初的目标出发，评价领导力开发所采用的方法、措施是否取得成效，然后在领导力发展项目结束半年之后再次实施360度测评，对比前后两次的测评结果以确认领导力发展成效。

效果评估是领导力发展的最后阶段，但是，终点并不意味计划的结束。在这一阶段，组织还要反思两个问题。

问题1：如何进一步改进和强化领导力开发计划？

问题2：如何消除持续实施领导力开发计划的障碍？

通过总结成功和失败经验，持续提升领导力发展能力，因为领导力发展是组织的长期行为，只有起点，没有终点。

从本质上讲，所有的行动学习项目都是领导力发展项目，所谓的领导力导向的行动学习发展项目，只不过是提出了更加明确的领导力发展目标而已。在这一目标的牵引下，通过解决组织的真实难题，激活其他各种发展领导力的手段，让领导力的发展可以被衡量，不再空对空，让组织从绩效发展和领导力发展两个层面见证最真实的成效。

7.3 案例：行动学习双引擎，绩效能力两提升

宏峰建筑工程有限公司(以下简称宏峰公司)是一家业务涵盖路桥工程、园区开发、园林绿化总包和工程机械租赁四个板块的建筑公司。

2015年，宏峰公司面临的最大挑战是市场工程总量下降的情况，导致行业竞争加剧、工程利润缩水。而建筑行业在管理上整体比较粗放，经济形势好的时候，工程项目利润高，一些问题被效益所掩盖，经济效益整体下降时，管理问题开始凸显。

为此，宏峰公司将2015年定位为“组织能力建设年”，重点放在加强运营管控，降低工程造价，从粗放式管理向精细化、节约化转型。

7.3.1 澄清目的：优化改进运营，提升组织效能

“我们这个行业的管理水平普遍不高，如果我们的管理水平能提升上去，那么别人没法干的项目，我们就可以承接，通过向管理要效益，我们至少可以维持度过这一段低谷期。”董事长刘宏峰说，“最大的挑战来自管理者的能力不足，过去效益好的时候，人员能力不足的缺陷被掩盖了，现在效益下降，人的短板问题就凸显出来。

“换个视角来看，这也是件好事，2014年年底，公司领导班子在公司年度总结会上进行了讨论，最后一致认为要把‘打造工程项目管理能力’作为未来几年的重点，我们期望未来成为一家‘建筑领域精细化管理的标杆公司’。”

“你期望通过本项目实现哪些具体目标？”我问。

“第一是工程项目管理的精细化，通过体系实现精细化管理；第二就是带队伍的能力，要懂得培养人；第三就是部门之间的自主协同性，现在部门之间各自为政的现象比较严重。”刘宏峰说，“当然，我也知道这有个过程，只要能看到在往这个方向转变，我就心满意足了。”

经过和刘宏峰沟通，最后决定采用标准的领导力发展导向的行动学习项目，将来自职能和业务单位的27名中层干部作为发展对象，通过测评找出素质短板，选择相匹配的难题作为行动学习课题，发展人员领导力。

7.3.2 测评反馈：实施素质测评，发现能力短板

鉴于宏峰公司没有建立领导力模型，我建议结合发展目标，选择通用的领导力模型作为测评基础，最后经过与刘宏峰本人沟通确认，选择了以下七项素质作为领导力测评的基础。

- 以身作则：在团队中构建共同理念，并通过言传身教打造文化。
- 共启愿景：能够描绘团队的共同愿景，通过愿景感召他人。
- 搭建体系：能够通过构建体系实施规范化管理，并对体系做持续改善。
- 挑战现状：具有前瞻性，领导队伍突破现状、不断创新的能力。
- 发展他人：辅导下属、成就他人的能力。
- 激励人心：通过个性化认可激励他人，打造集体主义精神。
- 自我超越：自我反思，并能够通过接受他人反馈，不断提升自我。

在选择并构建了领导力模型后，对27名发展对象进行了360度测评，测评结果如图7-3所示。

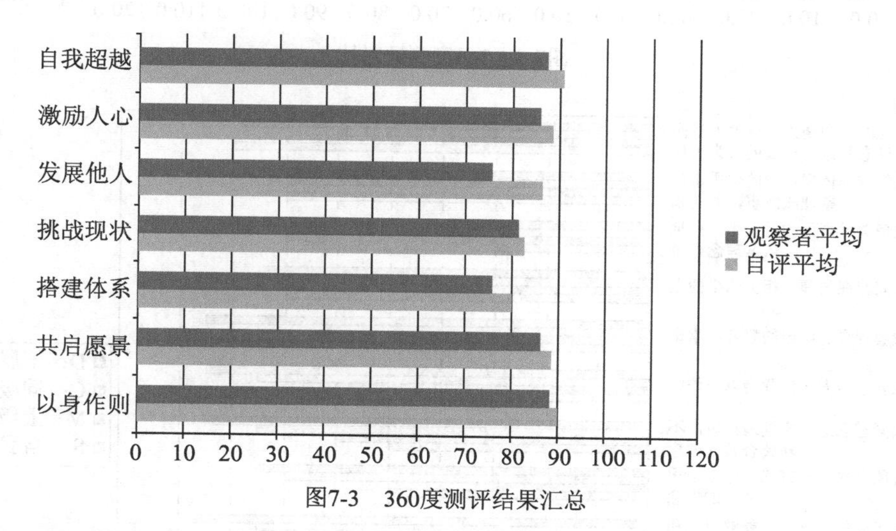

图7-3 360度测评结果汇总

整体测评结果如下。

- 自评得分趋势整体高于观察者测评得分，说明自我认识普遍高于他人认识，其中“发展他人”自我认识大大高于他人认识。
- “以身作则”“自我超越”得分相对较高，属于组织优势。
- “搭建体系”“挑战现状”及“发展他人”得分较低，属于组织劣势，在测评中也有部分人员的自评明显低于观察者测评，说明存在自我意识偏低，在领导力训练中，需加强自我意识的训练，提高自信。

- 上级评价整体低于自评，可部分说明本组织内部上级并没有完全将业绩压力有效传递下去，造成上、下级对目标要求解读的不统一，建议加强有效的业绩目标沟通机制与方式。
- 同级评价整体趋低，建议加强组织内部同级之间的沟通、协作机制的建立。
- 下属的评价整体偏高，说明下属对被测评人的认可度较高，属于组织优势。

个人测评结果如图7-4和图7-5所示。

自我超越
激励人心
发展他人
挑战现状
搭建体系
共启愿景
以身作则
0.0 10.0 20.0 30.0 40.0 50.0 60.0 70.0 80.0 90.0 100.0 110.0 120.0
D：下属评价
C：同级评价
M：上级评价
S：自我评价

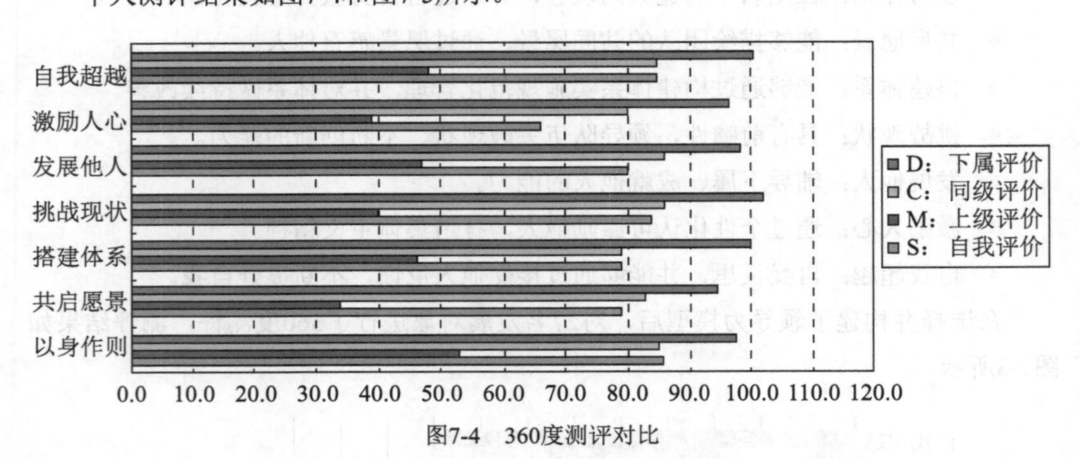

图7-4　360度测评对比

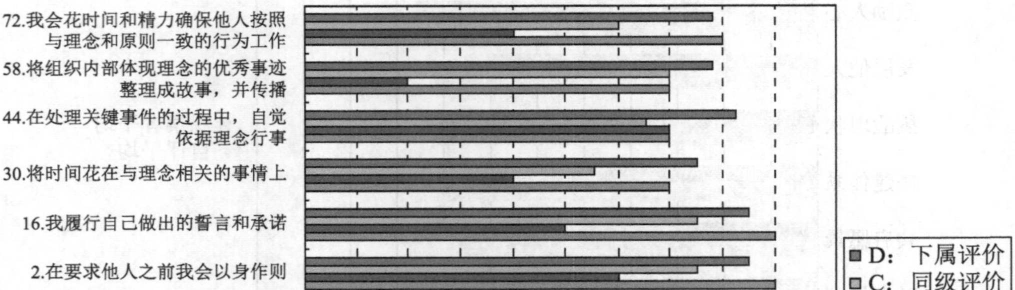

72.我会花时间和精力确保他人按照与理念和原则一致的行为工作
58.将组织内部体现理念的优秀事迹整理成故事，并传播
44.在处理关键事件的过程中，自觉依据理念行事
30.将时间花在与理念相关的事情上
16.我履行自己做出的誓言和承诺
2.在要求他人之前我会以身作则
71.对共同理念进行定期地检讨，不断整合共同理念
57.通过团队对话的方式，形成组织共同的理念
43.倾听下属的理念，并能够尊重和包容下属的理念
29.我会利用安静的时间，寻找内心的声音
15.我对自己的理念深信不疑，并能够前后一致地阐述和表达
1.我清楚自己的领导理念
0.0 1.0 2.0 3.0 4.0 5.0 6.0 7.0 8.0 9.0 10.0
D：下属评价
C：同级评价
M：上级评价
S：自我评价

图7-5　360度测评细项对比

7.3.3 制定方案：行动学习牵引，统合发展手段

结合公司“向精细化管理转型”的战略重点，同时结合测评结果制定了行动学习解决方案。

1.选择组织议题

经过学员代表访谈，与高管讨论，选定四个课题作为行动学习小组承担的组织议题。

课题一：降低园林工程造价

课题二：优化路桥工程项目管控

课题三：提升园区工程项目按时交付率

课题四：提升工程机械租赁产能

四个组织议题按照四个业务板块划分，每个课题的小组构成以本业务板块人员为主，将职能部门管理者分散到四个小组中。四个业务板块的分管领导作为课题所有者参与项目。通过解决四个议题，重点发展学员“搭建体系、挑战现状”两项素质短板，组成多元化小组，通过行动学习过程中的相互质疑与点评，促进部门之间的协同性。

2.选择个人议题

个人议题采用素质议题模式，每个人针对自己的素质短板制定发展计划，并在自己的团队中进行实践，重点提升发展他人的能力。

3.专业知识学习

结合组织议题进展，统一培训“项目管理”和“工程造价管理”课程，其他知识的缺口由个人通过自学获取。

4.领导力技能训练

将七项素质作为领导力训练的重点，并且和个人议题结合，每次学习结束后制订个人发展计划。

5.教练模式

采用小组成员相互教练的模式，并将掌握的教练技能应用于自己的团队，提升发展他人的能力。

7.3.4 推进实施：攻克运营难题，促进范式转变

宏峰公司领导力发展项目采用了标准的四次集中模式，其中主线一(解决问题线)集中研讨四次共9天，主线二(管理专题线)集中学习两次共2天，主线三(领导技能线)集中学习三次共4.5天，主线四(个人议题线)集中研讨分享三次共1.5天并配合一对一教练。具体日程设计如图7-6所示。

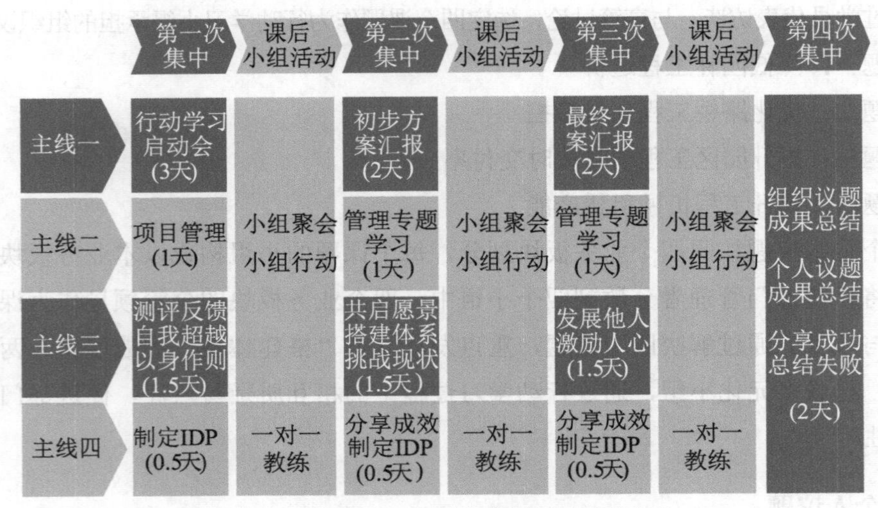

图7-6 宏峰公司领导力发展项目日程安排

在项目实施过程中，董事长刘宏峰及分管四个业务板块的高管全程参与了项目，对项目的顺利推进起到了很大的作用。

解决难题的过程也是促成学员范式转变的过程，在难题攻克的过程中，促动学员反思行为模式和心智模式，学员个人效能和团队有效性不断获得提升。

“过去用个人想法主导问题讨论，影响团队智慧的激发，认为学习过程太烦琐，对根本原因的探究深度不够；过程中改变行为模式，发挥成员智慧，善用团队学习，程序化思考利于根本问题的解决达成一致；现在明确目标，系统思考，创新解决思路，由惯性思维转向科学的过程方法……”

“过去做了很多工作，仍无法按时完成既定目标。过程中，思维模式转变，用结构化的过程方法找到解决问题的根本；过程中，心智模式转变，变得积极、主动；现在以目标为导向，创新工作思路与方法，积极主动地承担工作，而不是推诿……”

——摘自宏峰公司领导力发展项目学员感言

7.3.5 效果评估：绩效成效显著，能力提升明显

宏峰公司领导力发展导向的行动学习项目历时五个多月，在绩效提升和能力发展两个层面都取得了显著成效。

1. 绩效成效显著

四个组织议题都取得了成效，梳理出23个导致园林工程造价高的节点，制定了17个管控规范，预计对不同的园林工程造价降低5%～7%；对路桥工程项目管理的全过程进行了梳理，共找出31个“漏水点”，梳理了27个流程，预计可提升路桥工程利润3%～5%，园区工程项目按时交付率从过去的63%提升到82%，工程机械租赁总产能提高了17%。

2. 能力提升明显

项目结束半年后又进行了第二次测评，各项素质都有显著提升，尤其是“搭建体系、发展他人、挑战现状”三项共性短板提升幅度非常大，如图7-7所示。

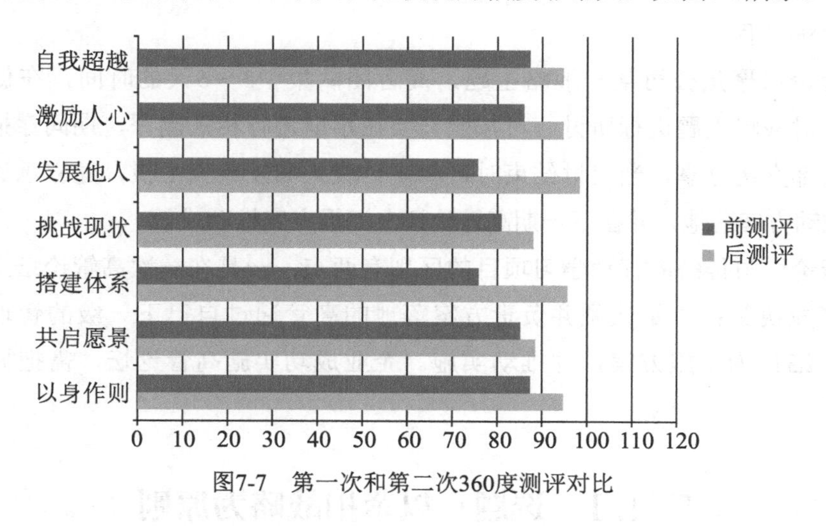

图7-7 第一次和第二次360度测评对比

7.4 高管论坛

“年初制定的战略目标许多都放了水，各种例会就像例行公事，很难摸清实际

业务的情况，想要管得更深入一些，可是组织规模太庞大，层级太多，很难伸得下手去。”某高管如是说。

“高管最需要发展领导力，可是怎么发展呢？该上的EMBA也都上过了，该听的高端课程也都听过了，而且高管们普遍觉得听课是在浪费时间，实在不知道该怎么安排了。”某人力资源总监如是说。

上面的两个问题，在不少组织都有普遍性，金字塔结构的组织让管理层级增多，组织战略的推进结果到了高管只剩下财务数字还算靠谱，其过程经过层层美化呈现给高管的已经成了“看上去挺美，事实上面目全非”。都知道高管最需要领导力发展，可是无法落地的领导力发展课程已经成了高管的负担，很难激发高管的兴趣。

怎么办？前面提到的“标准领导力发展导向的行动学习项目”是否适用于高管？其实，本质上无论是高管还是中基层管理者，用行动学习发展领导力的原理都是一致的，只是高管不同于中基层，很难有时间通过多次小组聚会钻研具体的课题，所以很难通过标准的行动学习项目发展领导力。这就需要一种新的行动学习发展领导力的模式——高管论坛，既可以发展高管的领导力，又为高管打造推动战略落地的管理抓手。

高管论坛聚焦公司某一战略主题，高管团队集中3～5天的时间，在促动师的促动下，对战略主题进行研讨。可按照需要在事前进行相关测评，期间穿插理论培训、内外部案例分享，当研讨结束时，将研讨成果向发起人汇报，建立承诺，在研讨会后推动方案落地，并在下一期高管论坛上汇报方案推动成效。

高管论坛与传统的行动学习项目的区别有两点：一是在一次高管论坛上要对课题方案形成决策；二是认领并负责方案落地的高管通过自己下一级的管理者把方案进一步细化为实施方案，并推动实施。企业成功实施高管论坛，需把握好四个要点。

7.4.1 选题：以紧扣战略为原则

和所有的行动学习项目一样，在确定了发起人之后就开始确定议题。高管论坛的选题既可以是组织当前面临的紧迫绩效问题，也可以是探索未来的重要的前瞻性问题，无论哪种类型的问题，都必须是与组织战略紧密结合的课题。与组织战略紧密结合的课题更能提升参与者的重视度，更易于建立承诺。

7.4.2 周期：以季度、月度为周期

无论是推进战略落地，还是发展高管的个人领导力或整个高管团队的组织领导力，都不可能一蹴而就，需要付出一定的时间。所以高管论坛要具有持续性，通过研讨→行动→再研讨→再行动……不断地持续开展。在解决组织战略落地难题的过程中，通过持续地强化，转变高管团队的认知范式，带来行为模式的持久转变和心智模式的根本转变，让个人领导力和组织领导力都得以发展。从长期的实践来看，如果是规模较大的集团，比较好的周期是以季度为单位，以高管论坛替代传统的季度会；如果是规模不大的公司，比较好的周期是以月度为单位，以高管论坛替代传统的月度会。

7.4.3 实施：以解决难题为主体

高管论坛既不是传统意义上的组织例会，也不是传统的培训，是解决问题的抓手，是发展领导力的手段。在过程中，既要对上一次方案的落实情况进行跟进，也要研究解决新的实际难题，还要结合难题学习专业知识和案例，时间不充足则难以对问题真正研究透彻，也难以产生创新的观点，很难让学习充分发生，所以需要有较为充足的学习和研讨时间。如果是以季度为单位，一般一次高管论坛的时间以3～5天较为理想，如果以月度为单位，一般不应低于两天。

图7-8即为一次为期3天的高管论坛的典型设计。

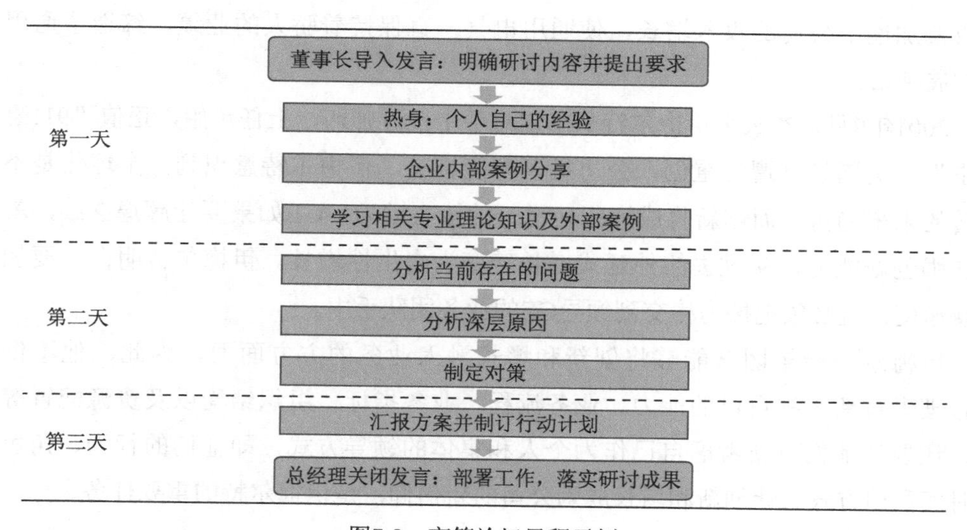

图7-8　高管论坛日程示例

7.4.4 机制：以推进执行为目的

组织高管工作繁忙，当论坛结束，回到工作岗位后会迅速被日常杂事所包围，如不能建立有效的推进机制，那么高管论坛上围绕议题形成的决策就会被置之脑后。所以当组织决定开展高管论坛时，就要建立高管论坛的跟踪管理机制。跟踪管理机制一般包括提前建立激励机制，在论坛结束时课题承担者向组织一把手承诺，学习发展部门按照计划跟踪推进，在下一次论坛上开展复盘并接受一把手质询，兑现激励承诺。

高管论坛不仅仅是一种领导力发展手段，也是高管向下施加影响力的有效管理工具。金字塔结构下的组织，越是组织高层越容易脱离实际，通过高管论坛，为组织打造出推动战略落地，对战略进行纠偏调整的最佳抓手，让高管团队对战略落地过程不再有心无力。

7.5 案例：GE的LIG论坛——伊梅尔特的管理抓手

杰克·韦尔奇以群策群力行动学习为基础构建了无边界组织，以6Sigma为手段优化了运营管理，以“数一数二”为战略指导思想做强了各战略事业体，并通过大举收购加速了公司的收入增长，使通用电气一直保持着骄人的业绩，缔造了通用电气发展神话。

2001年9月，杰夫·伊梅尔特从韦尔奇手中接过帅印，上任伊始，正值“911恐怖袭击”，美国经济遭受重创，公司经营环境剧变。伊梅尔特意识到，全球化是不可逆转的未来趋势，而创新将成为驱动增长的核心动力，GE如果要让辉煌继续，就必须加强创新能力，从过去的外延式增长转变为内生性增长。伊梅尔特明白，要加快发展速度，就必须把接力棒交到领导GE的业务团队手中。

伊梅尔特希望团队能够将创新和增长融入业务的方方面面，为此，他不仅要求管理者重新审视自己的能力、业务流程、业务指标、组织结构以及资源配置等问题，还要让他们重新考虑自己作为个人和集体的领导方式，即他们的行为、角色以及时间利用方式。让创新和增长成为公司的新信仰，是伊梅尔特的重要任务之一。

为了支持伊梅尔特提出的“通过扩大现有业务及创办新业务驱动公司增长”的战略方针，克劳顿维尔学院于2006年9月正式推出了LIG(领导力、创新、增长)行动学习项目，这是一种典型的高管论坛模式。

伊梅尔特在公司2007年年报中指出，这一项目的目标就是将增长嵌入公司的DNA。这一目标旨在敦促领导公司业务的团队致力于思考和探索内生性增长——时刻寻求机会，创造鼓舞人心的战略愿景，并促使其部下投身于内生性增长的事业。

简而言之，如果说在杰克·韦尔奇的时代，6Sigma被GE奉为成功的真谛，那么，LIG的目的就是将创新和增长奉为GE在新时期发展的真谛。

LIG行动学习项目每期都会安排部分事业部参加，参加对象为各事业部的高管层，紧紧围绕事业部的业务重点寻找创新策略，驱动新的增长。LIG项目过程包含三个阶段。

7.5.1 事前准备：更新战略，测评现状

参加LIG项目的事业部团队在前往克劳顿维尔之前，在专家的帮助下进行创新型组织测评，如图7-9所示。更新未来三年战略，制订增长计划；接受360度业绩测评，分析团队增长价值；评估团队营造创新环境的成败。

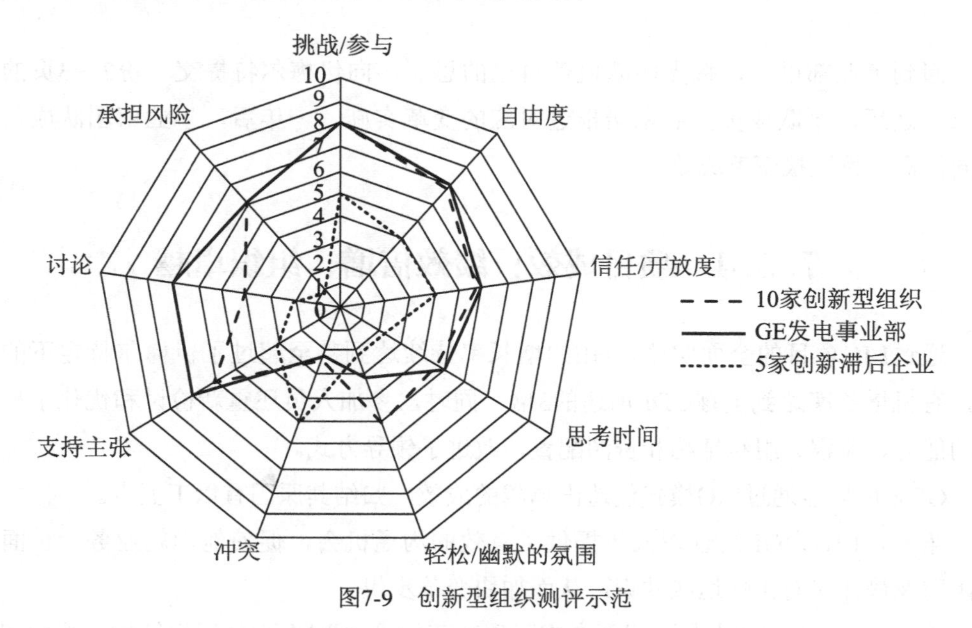

图7-9 创新型组织测评示范

7.5.2 集中研讨：研讨战略，补充知识

在克劳顿维尔，学员参加为期四天的学习和研讨，如表7-1所示，学习内容包括外部专家授课、内部高层经理人授课、内部案例分享，期间大约会用20小时进行分组研讨，探讨所学内容对所属事业部增长战略的启发。第四天的最后阶段，每个团队向伊梅尔特汇报研讨成果，包括增长愿景、组织文化和能力变革方案，并与伊梅尔特进行交流互动。

表7-1 LIG集中研讨会日程示范

第一天	第二天	第三天	第四天
● 思路拓展活动 ● 增长价值360度评估 ● 内部案例分享： 1. GE运输事业部转型 2. GE石油和天然气事业部的客户细分计划 3. GE金融服务公司的销售管理和薪酬管理系统	● 战略、能力文化讲座 ● 客户细分： 1. 沃顿商学院 2. 大卫·雷波斯坦	● 分享对讲座的体会 ● 讨论这些经验对自己的业务开展及领导方式所带来的启发 ● 研讨增长愿景及需要发生的改变	形式：全体大会 六支团队中，每支团队用20分钟向伊梅尔特做陈述： 1. 增长愿景 2. 组织文化和能力变革 3. 管理团队与CEO交流

7.5.3 跟进行动：建立承诺，实施变革

回到事业部以后，每支团队梳理自己的思想，向伊梅尔特提交一份2～3页的承诺书。之后，团队成员按照承诺推进对应的变革实施。一年后，事业部团队成员再次向伊梅尔特汇报变革成效。

7.5.4 项目成效：绩效倍增，组织卓越

通过LIG项目的全面实施，GE的增长率持续达到甚至超过了伊梅尔特定下的目标，有机增长率达到全球GDP增速的3倍。同时，参加人员还重新检讨和优化了事业部的能力、流程、组织结构和资源配置，改进了领导方式。

GE之所以能通过LIG模式创造出卓越的成效，归结其原因有以下五点。

第一，LIG为GE的管理人员提供了有效的沟通机会，促使他们就业务增长面临的阻碍及最佳应对策略达成共识，从而加快变革步伐。

第二，参加LIG的人员不但要考虑阻碍变革的“硬”障碍(如组织结构、能力和资源等)，还要考虑“软”障碍(领导者的个人和集体的行为方式、时间利用方式等)。

第三，大家明确讨论了如何破解管理工作中一个长期存在的挑战——如何平衡短期目标和长期目标，即如何在管理当前绩效的同时创造未来。

第四，LIG不但通过培训提供新观念，帮助大家从全新的视角审视自己的行为和业务，而且创造了一套关于变革的通用词汇，并让这些词汇融入公司的部门内部以及部门之间的日常交流，让变革进入文化。

第五，不同于学术练习，LIG是在其设置的架构下，各小组须提出实现变革的初步行动方案，并负责将其付诸实施。

7.6 本章总结：行动学习——领导力发展有效手段

无论是标准的领导力发展项目还是高管论坛，有效的领导力发展方式只能是真实的人在真实的情境下解决真实的问题并取得真实的结果。

CCL(创新领导力中心)把领导者发展定义为：设定目标，创建合作，在共同工作的团队中建立承诺。而行动学习通过解决组织真实的重大难题，将个人能力发展成为组织能力，所以行动学习发展的不仅是个人领导力，更是组织领导力。

行动学习过程中所面临的问题越复杂，领导能力的发展机会也就越多，每一项待发展的领导力技能都可以在行动学习过程中得以实践和提升。这也是为什么世界500强企业普遍将行动学习作为领导力开发的核心手段。

7.7 学习反思：智慧火花，精彩再现

3点收获：本章让我印象最深的三点

____

____

____

____

2个感悟：此时此刻，我的感受和启发

1项行动：我决定用到工作中的一点

第3部分　升华篇

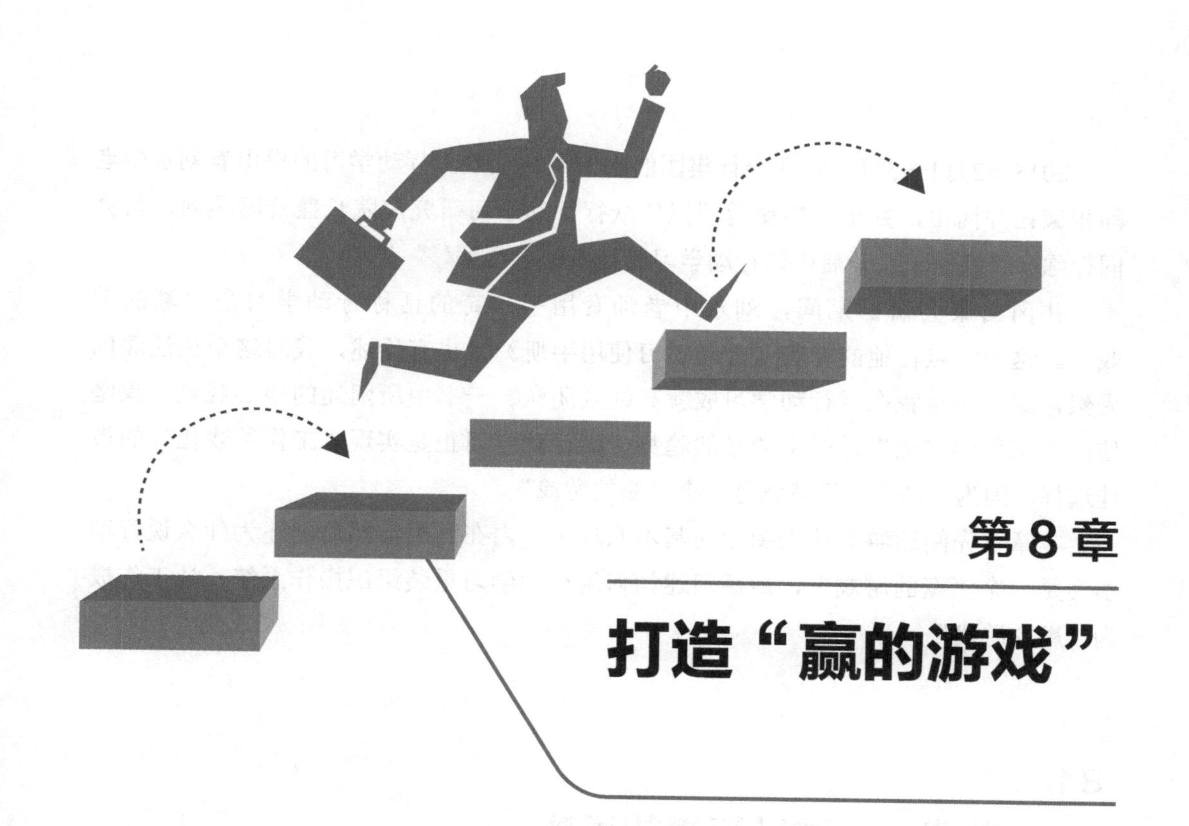

第 8 章

打造“赢的游戏”

2018年2月1—3日，我和众行集团的创始人、绩效派行动学习的提出者刘永中老师相聚在井冈山，并正式接受邀请担任众行行动学习研究院院长兼首席顾问。与会同行称：“这是一次开启中国行动学习新篇章的‘会师’。”

井冈山聚会研讨期间，刘永中老师套用韦尔奇的话称行动学习是“赢的游戏”。这一观点在他的专著《行动学习使用手册》中也有论述，我对这个说法深以为然，这也正是我在《行动学习成就高绩效团队》一书中所阐述的核心观点。我坚信：“工作游戏化”是未来的必然趋势，而行动学习正是实现“工作游戏化”的最佳选择，因为行动学习天然就是一个“赢的游戏”。

本章首先阐述游戏让人痴迷的基本原理——内在回报，然后阐述为什么说行动学习是一个“赢的游戏”，最后阐述如何用行动学习重装组织操作系统，让工作成为“赢的游戏”。

8.1 游戏——难以拒绝的诱惑

放眼我们身边，游戏玩家比比皆是。他们成群结队地放弃现实迁徙向虚拟世界，这里抽出几个小时，那里拿出整个周末，有时候甚至把每一天的闲暇时光都投入游戏中。

他们可能是在校的学生，“吃饭、睡觉、打王者”已经成为他们生活的全部，为此不惜荒废学业。

他们可能是朝九晚五的上班族，回到家后便把工作中没有得到充分利用的聪明才智全部拿出来，投入虚拟空间和在线游戏中。

他们可能是已经退休的老人，麻将桌才是唤醒他们生机的地方，虽然连续几个小时的“作战”其收获可能都不够一包烟钱。

游戏，俨然已成为所有人都难以拒绝的诱惑。

8.1.1 30亿小时：全球玩家每周总耗时

据统计，全球玩家每周花在游戏上的时间已经达到30亿小时。先不要为这个数据感到震惊，我们再看一组更为具体的统计数据：

- 69%的户主玩电脑和视频游戏；
- 97%的青少年玩电脑和视频游戏；
- 40%的游戏玩家是女性；
- 25%的游戏玩家在50岁以上；
- 游戏玩家的平均年龄是35岁，而玩游戏的经验已有12年；
- 大多数玩家希望以后继续玩游戏。

这是娱乐软件协会(Entertainment Software Association)编制的年度玩家研究报告中提供的一组数据，也是游戏领域最权威的一组数据。从这组数据可以看出，游戏玩家是如此普遍，远远超出了我们的直觉认知。而这仅仅是对电脑和视频游戏的统计，如果再加上棋牌、球类竞技等现实世界中的游戏，说我们生活的世界完全被游戏包围也毫不为过。

8.1.2 内在回报：玩家痴迷游戏的原因

当你目瞪口呆地望着上面那组数据，可能不由得会问：游戏为什么会让人如此痴迷？如果你对一个游戏玩家提出上面的问题，他也许会反问你：

- 我要到哪里才能像游戏里那样完全活出自我、时时刻刻保持专注和投入？
- 我要到哪里才能获得游戏里的能力感、英勇无敌的目标感和团结一心的集体归属感？
- 我要到哪里才能体会游戏里那种有了成就之后的振奋和激动？
- 我要到哪里才能获得游戏里个人成功或团队获胜后心跳加速的快感？

诚然，玩家们在现实中或许会偶尔体会到这样的愉悦，但在玩自己喜欢的游戏时，他们几乎时时刻刻都能体会到。他们虽然为游戏付出了时间，付出了金钱，可是游戏也给了他们在现实中无法获得的回报——内在回报。

8.2 内在回报——人类行动的底层动力

美国学者肯·托马斯研究发现，当一种活动能让人在内心深处产生目的感、能力感、进展感和自主感时，人就会在这种活动中获得极大的满足感，并让他痴迷于这种活动带给他的愉悦体验，进入自我驱动状态，对这种活动全情投入。因为这种状况下驱动人行动的完全是活动本身带给人的内心愉悦感受，这种愉悦感受被称为“内在回报”。

8.2.1 目的感：认可目标的意义

目的感是指活动有明确的目标并且富有意义。人的任何行动都需要一个有意义的目的。尼采说，一个人知道自己为什么而活就可以忍受一切。诸多事实表明，人类天生就是一种追逐目标的动物，只有在追逐目标的旅程中，我们才可以对自己进行最清醒的定位。约瑟夫·坎贝尔在其《千面英雄》一书中指出，所有的文明都有其独特的英雄神话，这些神话故事千差万别，但有一点是一致的，就是支撑英雄人物前进的动力一定是一个他认可的有价值的目标。犹太心理学家弗兰克尔在他的《活出生命的意义》一书中也讲道，让他活着走出奥斯维辛集中营的是不断地想象未来的美好生活，正是这种想象给了他“目的感”，让他活了下来。

临床研究表明，人在没有目标的时候会变得痛苦不堪，人一旦失去目标，身体的健康状况就会发生各种恶化。这一观点最初在战俘营的战俘们身上得到验证，其后又在环境良好的敬老院里得到进一步的验证。哲学家加缪在《西西弗斯的神话故事》中生动传神地描绘了丧失目的感的痛苦。西西弗斯是希腊神话中的一个国王，他冒犯了天帝宙斯，于是宙斯惩罚他只做一件事：每天把巨大的石头推到陡峭的山顶，然后眼睁睁地看着它飞速地滚落下去，然后再推上来，如此周而复始，循环往复，永无止境。这则神话说明，没有目标的生活是痛苦且没有意义的。对照一下你自己以及身边同事的工作状态，有多少人正在每天重复着西西弗斯的故事？想想这是多么可怕的一件事。

8.2.2　能力感：体验忘我的快感

能力感是指全力以赴方可应对挑战时被激发出来的感受。

人的大脑喜欢被挑战，喜欢通过不断地自我挑战探索更为广泛的未知领域，以认识这个世界。无意义的重复会让大脑感到懈怠、厌倦、无聊与乏味。从每个小孩身上就可以非常直观地观察到这一点，任何带有新挑战的玩具都会激发孩子的好奇心，并吸引他全神贯注地投入其中，而随着时间的推移，当新鲜感逐渐丧失，变成无味的重复后，玩具就会被抛弃一边。

喜欢被挑战是人的天性，虽然进入成年后会逐渐压抑和隐藏这一天性，但是这一天性永远存在于人的大脑之中。你只需回想一下，当你和一个实力相当的人下棋的时候是什么感受？那种棋逢对手的激烈交锋会让你浑然忘我，你全部的脑力专注于对棋局的苦思冥想中，你已经感知不到时间的流逝。这种感受就是能力感，它带给人的是一种忘我的快感。

8.2.3　进展感：看到胜利的曙光

进展感是指可以随时清楚地知道目标达成得如何。

1950年，沸洛伦丝·查德威克因成为第一个成功横渡英吉利海峡的女性而闻名于世。两年后，她从卡德林那岛出发游向加利福尼亚海滩，想再创一项前无古人的纪录。

那天，海面浓雾弥漫，海水冰冷刺骨。在游了漫长的16个小时后，她的嘴唇已冻得发紫，全身筋疲力尽而且一阵阵战栗。她抬头眺望远方，只见眼前雾霭茫茫，仿佛陆地离她还十分遥远。“现在还看不到海岸，看来这次无法游完全程了。”她这样想着，身体立刻就瘫软下来，甚至连再划一下水的力气都没有了。

“把我拖上去吧！”她对陪着她的小艇上的人说。

“咬咬牙，再坚持一下，只剩下一英里远了。”艇上的人鼓励她。

“别骗我。如果只剩下一英里，我就应该能看到海岸了。把我拖上去，快，把我拖上去！”

于是，瑟瑟发抖的查德威克被拖上了小艇。

小艇开足马力向前驶去。就在她裹紧毛毯喝了一杯热汤的工夫，褐色的海岸线就从浓雾中显现出来，她隐隐约约地看到海滩上迎接她准备欢呼的人群。到此时她才知道，艇上的人并没有骗她，她距成功确确实实只有一英里！她仰天长叹，懊悔自己没能咬咬牙再坚持一下。

后来，她告诉记者说，假如当时她能看到陆地，她就一定能坚持游到终点。

进展感源自看到胜利的曙光，因为在达成目标的旅程中，每个人都渴望随时知道目标达成得如何，我们是不是正走在达成目标的正确轨道上。

8.2.4 自主感：选择行动的自由

自主感是指在明确的规则范围内，可以自主选择自己的行动。

一项对美国职场人员的调查显示，有69%的员工曾由于被过细管理而考虑换工作，其中36%的人付诸了行动。每个人都渴望自主，不希望被人事事指手画脚。正如《基业长青》的作者詹姆斯·柯林斯所言："篱笆围住的是胆小鬼，请给彼此适度的空间。"当我们为一个有意义的目标付诸努力时，我们都会渴望自己拥有一定的自主权，这种自主权意味着我们可以使用自己的智力，采取最佳的行动路线图，最有效地利用自己的时间，这种自主感会让我们在目标达成时感受到强烈的成就感。

8.3 游戏的秘密——四个关键特征创造内在回报

深究游戏让人痴迷的背后原理，你会发现所有的游戏都具有四个决定性特征：目标明确、升级规则、即时反馈、自愿参与，而这四个特征正好一一对应产生内驱力的四种感受。

8.3.1 目标明确激发目的感

每一个游戏都有一个非常明确的目标，比如超级玛丽的目标是救公主，三国街机的目标是救貂蝉，这个明确的目标吸引了玩家的注意力，不断调整他们的参与度，激发了玩家的目的感。

8.3.2 升级规则激发能力感

升级规则为玩家如何实现目标做出限制，它们消除或限制了达成目标最明显的方式，推动玩家去探索此前未知的可能空间。升级规则可以释放玩家的创造力，培养玩家的策略性思维，从而激发玩家的能力感。

8.3.3 即时反馈激发进展感

每个游戏都有一个即时反馈系统，通过点数、级别、得分、进度条等形式，随时告诉玩家距离实现目标还有多远。即时反馈系统通过最基本、最简单的形式让玩家认识到一个客观结果：“等……的时候，目标就达成了。”对玩家而言，即时反馈是一种承诺，即目标绝对是可以达到的。它给了人们继续玩下去的动力，激发了玩家的进展感。

8.3.4 自愿参与激发自主感

自愿参与要求所有玩游戏的人都了解并愿意接受目标、规则和反馈。了解是建立多人游戏的共同基础，玩家拥有自主选择参与或离去的自由可以保证玩家把游戏中蓄意设计的高压挑战任务视为安全且愉快的活动，激发了玩家的自主感。

正因为游戏具有这四个决定性特征，所以游戏可以如此吸引人。据统计，全世界的游戏玩家花在“魔兽世界”上的时间加起来已经超过了593万年，这是什么概念？593万年前，人类刚刚学会了直立行走，玩家在“魔兽世界”上花费的时间基本等于人类进化的时间；“魔兽世界”的粉丝齐心协力在魔兽世界百科网站写下了25万篇说明文章，造就了仅次于维基百科的第二大在线百科全书。这真是释放群体智慧的奇迹！

抛开对游戏的偏见，我们应该反思如何用游戏思维来设计我们的工作，以充分释放群体智慧，创造出卓越的绩效？

我的答案是：行动学习。因为行动学习天然就是“赢的游戏”。

8.4 行动学习是“赢的游戏”

为什么说行动学习是“赢的游戏”？因为无论哪一类型的行动学习，其实施过程都暗合游戏的四个显著特征，可以充分满足人的内在回报需求，让参与者为了“赢”而全情投入其中。

8.4.1 共设目标激发目的感

不同于传统管理的自上而下设定目标，行动学习的团队目标是大家共同设定的，每个人都清楚目标背后的假设，每个人都清楚达成目标的意义，每个人都是目标的主人而非被动接受者。清晰的、被承诺的目标激发了每位参与者的目的感，并产生强大的张力，鼓舞团队成员围绕共同目标努力去“赢”。

8.4.2 挑战任务激发能力感

和游戏的挑战性任务一样，行动学习过程中最不缺乏的就是挑战性任务，总的行动学习课题是一个大的挑战性任务，而这个大的挑战性任务又通过每一阶段的行动学习计划分解为不同阶段的挑战性任务，这就像游戏中的不断打怪升级一样，能够充分激发人的能力感。

8.4.3 持续复盘激发进展感

复盘是行动学习项目推进的重要手段，通过持续性复盘，团队成员对目标的达成情况非常清楚，也很清楚哪些行动是有效的，促进了目标的达成，哪些行动是无效的，需要做出调整和改进。这就如同游戏过程中的及时反馈机制一样，能够激发人的进展感。

8.4.4 平等自愿激发自主感

行动学习中没有传统管理自上而下的指令，每一个人都是平等的自愿参与者，行动学习的目标是学员主动承诺的，行动学习过程中的任务是学员主动担当的，行动学习小组的规则也是学员自主设定的。行动学习的这一特征和游戏的自愿参与特征完全一致，能够充分激发人的自主感。

所以，游戏虽不是行动学习，而行动学习却天然是游戏，它能够创造内在回报，从而充分激发人的内驱力，让所有参与者为了“赢”而全情投入。

而反观传统管理模式，却普遍存在四大障碍，让绩效的达成过程与“赢的游戏”相距甚远。

8.5 GAME模型——释放群体智慧，达成绩效目标

GAME模型以内在回报理论为基础，充分结合了游戏和竞技运动的特征，并归纳为四个环环相扣的步骤，把团队绩效目标的达成过程打造为一个竞赛的过程，如图8-1所示。

图8-1 GAME模型

GAME模型是我结合行动学习战略落地项目思考并构建的，是不断实践与迭代的成果，用行动学习为组织重装操作系统，让工作成为“赢的游戏”。

8.5.1 Goal：共设目标

绩效达成始于绩效目标，如果没有绩效目标也就无所谓绩效达成，这是人人皆知的道理，但想要做好却并不容易。回想一下已经过去的一年，你曾经设定过多少个目标，最终又有多少得以实现呢？组织也是如此，年年都会制定战略，而最终却很难落地。

纵观大量绩效目标不清晰的组织，分析其目标不清晰的原因，不外乎有三个：第一，目标无共识；第二，目标不聚焦；第三，目标未转化为行动。这也给出了三个设定目标的指导原则。

1. 共识原则

在工业时代，团队管理者通常会扮演父母的角色——他们要知道什么是最好

的，要做出许多具体的决定，要负责监督执行法规等。管理者和下属之间存在一条巨大的鸿沟，管理者在做许多决定的时候也往往是独断专行的。

而如今，情况则完全不同了，知识工作者不仅要知道目标是什么，还要知道为什么要设定这个目标，即目标背后承载的意义。所以，只有充分凝聚对目标的共识，才能让团队目标成为共同目标，进而激发团队成员的目的感。

当团队管理者和员工一起设定一个共同目标之后，员工就会发挥自己的主动性和判断力，因为共同目标的设定意味着团队每一个成员的承诺。同时，这一共同目标就会扮演“超级纵轴线”的角色将全体成员有效地团结在一起，发挥合作优势。各个团队成员都能围绕共同的目标处理问题，更好地实现共同目标。与此同时，这一目标也会改变团队成员之间的关系，让管理者和团队成员之间的关系越来越趋向于合作与平等。

2. 聚焦原则

一个人想要的越多，便越难完成，这个简单的道理适用于任何个人和组织，然而很多雄心勃勃的组织领导者却容易将这样一个浅显的原则忽略。于是很多组织每年制定一大堆的KPI指标然后分解下去，最终结果是，这些指标被记住都很难，更别提被有效地达成。

聚焦是自然法则。分散的阳光不能点燃任何东西，但一旦用放大镜将其聚焦，短短几秒就可以将纸片点燃。这个道理同样适用于人类，一旦人们集中精力于一个愿景或者一个挑战，就很少有完不成的事。

聚焦原则告诉领导者，必须让你的团队把精力集中于1～2个最重要的目标之上，而不是把力量分散于5个、10个，甚至20个目标之上。只有集中精力于1～2个目标，才有望实现卓越的达成，而力量的分散带来的一定是全面的平庸。

经我促动的组织在制定目标时一般喜欢用一个词——“一针捅破天”，是指在制定目标时一定要从无数的目标中识别出1～2个最重要的、最能推动战略落地的目标，集中团队的最大精力去达成它，进而推动战略落地。

3. 杠杆原则

如果把衡量战略落地的目标比作一块巨石，我们除了要明确这块石头，还要明确撬起石头的那根杠杆。

所以，进行目标设定时，需要设定两个层级的目标：第一层级用来衡量战略结果有没有达成，我们称之为结果型目标；第二层级是驱动结果型目标达成的行动领域及其衡量，我们称之为驱动型目标。

为了便于理解这两个层级的目标，我们以减肥为例来介绍。减肥的结果型目标就是计划减少多少斤，而减肥的驱动型目标则是每天摄入的热量值和每天通过运动消耗的热量值。只有管好这两个驱动型目标，才有望达成结果型目标。

一个有效的驱动型目标具有两个显著特征：

第一，可预见，即通过对驱动型目标的管理可以有效地预见结果的达成。

第二，可影响，即团队成员可以通过有效的行动影响这些目标值的达成。

杠杆原则是GAME模型设定目标的一个独特之处，不少团队领导者往往只盯着结果型目标，并经常很潇洒地向下属宣布："给我结果，别告诉我过程。"殊不知，这本身就是导致执行不力的最大原因。结果型目标给出了衡量成败的标准，而驱动型目标则给出了行动的方向，给了领导者管理过程的有效抓手。

结果型目标和驱动型目标是一个相对概念，组织的驱动型目标可以成为部门的结果型目标，而部门的驱动型目标又可以作为执行团队的结果型目标，最终形成一个简洁明了、层层驱动的目标树，将组织目标的达成落脚于基层的GAME团队，如图8-2所示。

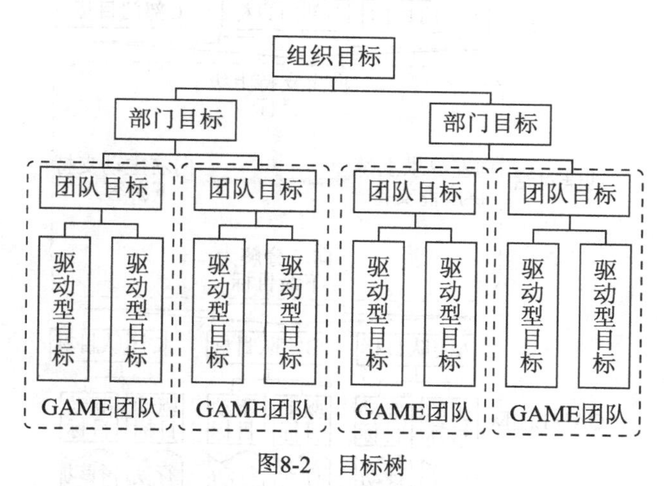

图8-2　目标树

8.5.2 Accountability：自愿担当

担当不同于职责，岗位职责只是界定了初步的分工界面，而担当才能促成大家为共同目标负责，才能创造出有效的协同。

担当的独特之处是让每个团队成员围绕共同目标达成的需要，自主承诺要采取的行动。获得大家对团队共同目标的真心拥护远比官僚式的发号施令更能获得大家发自内心的承诺。实践表明，只要领导者界定明确的边界，人们就很容易围绕团队共同目标找到自己喜欢的位置。领导者不要去指定团队成员的具体行动，只针对行动能否支持目标的达成进行质疑式提问，从而激励员工主动承诺达成目标的挑战性行动，激发其能力感。确定达成目标的行动领域之后，由团队成员自主制订行动计划，从而激发团队成员的自主感。

领导者要始终切记，战略是无法被执行的，可执行的只有行动计划。组织战略必须要落地为行动计划，才有望实现战略落地。无数组织在分解战略时只分解战略的指标，而没有针对行动进行协同对话，最终组织战略被团队分工割裂为碎片，无法还原为整体。所以担当的过程既是一个上下左右协同对话的过程，也是一个将目标落实为行动计划的过程。

担当的过程和共设目标的过程一般交互进行，通过四维对话将组织目标、部门目标向下分解为团队目标，然后各GAME团队根据自己的团队目标制订驱动型目标和行动计划，如图8-3所示。

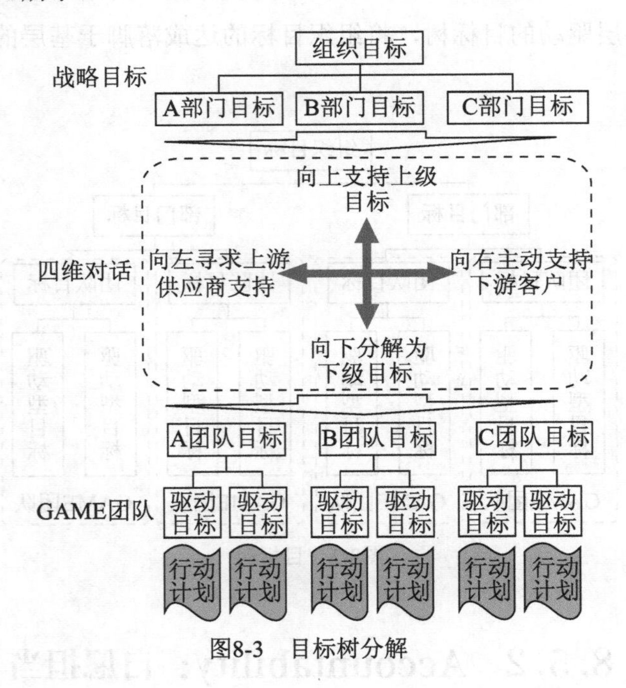

图8-3 目标树分解

8.5.3 Marking：记分激励

为什么各种类型的竞技运动会那么吸引人？为什么各种类型的游戏会让那么多人沉迷其中？核心就在于：记分！

一旦开始记分，人们的表现就会大不相同。如果说得更准确一些，那就是：人们为自己争取分数的时候，他们的表现就会大不相同。

记分是激情的源泉。只有当人们知道自己的分数，或者说是知道自己的输和赢时，才会有更大的激情投入其中，并发挥出最佳状态。

当团队设定了结果型目标和驱动型目标，并且通过自主担当的模式将目标落实到具体的行动和人员，接下来就让团队成员为自己设计一个简单、公开、具有竞争性的记分牌吧，它可以调动团队成员全情投入比赛中。

这个记分牌不同于复杂的财务分析表，它就像是竞技场上的电子显示屏，简单到不需要过多说明，所有团队成员一眼看过去就知道他们目前是领先还是落后，是赢还是输。这一点非常重要，因为如果团队成员不能随时知道自己究竟是赢还是输的时候，往往不可能发挥出最高水平，甚至会逐渐降低其表现水平。

以下是常用的一些记分牌格式。

1. 现场记分牌

现场记分牌适合张贴于生产或服务现场，可以用一些不同颜色或形状的符号来表示当前的进展情况。比如，用红、绿、黄灯，笑脸、哭脸等表达进展是否顺利等，现场记分牌如图8-4所示。

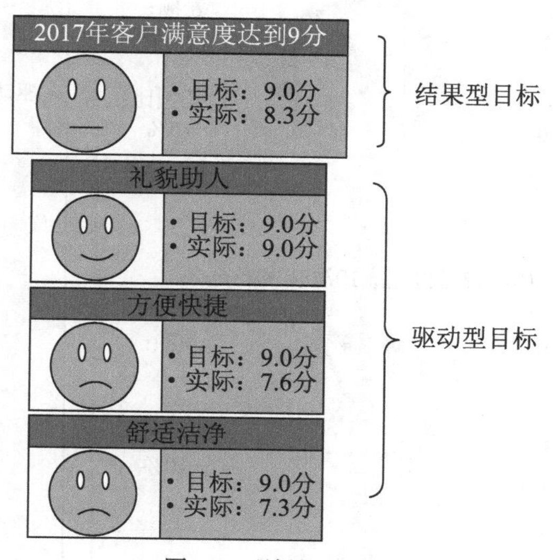

图8-4　现场记分牌

2. 仪表盘记分盘

仪表盘就像汽车工作台上的各类仪表一样，可以用来展示和时限有关的指标，如周期时间、处理速度、回复时间等，如图8-5所示。

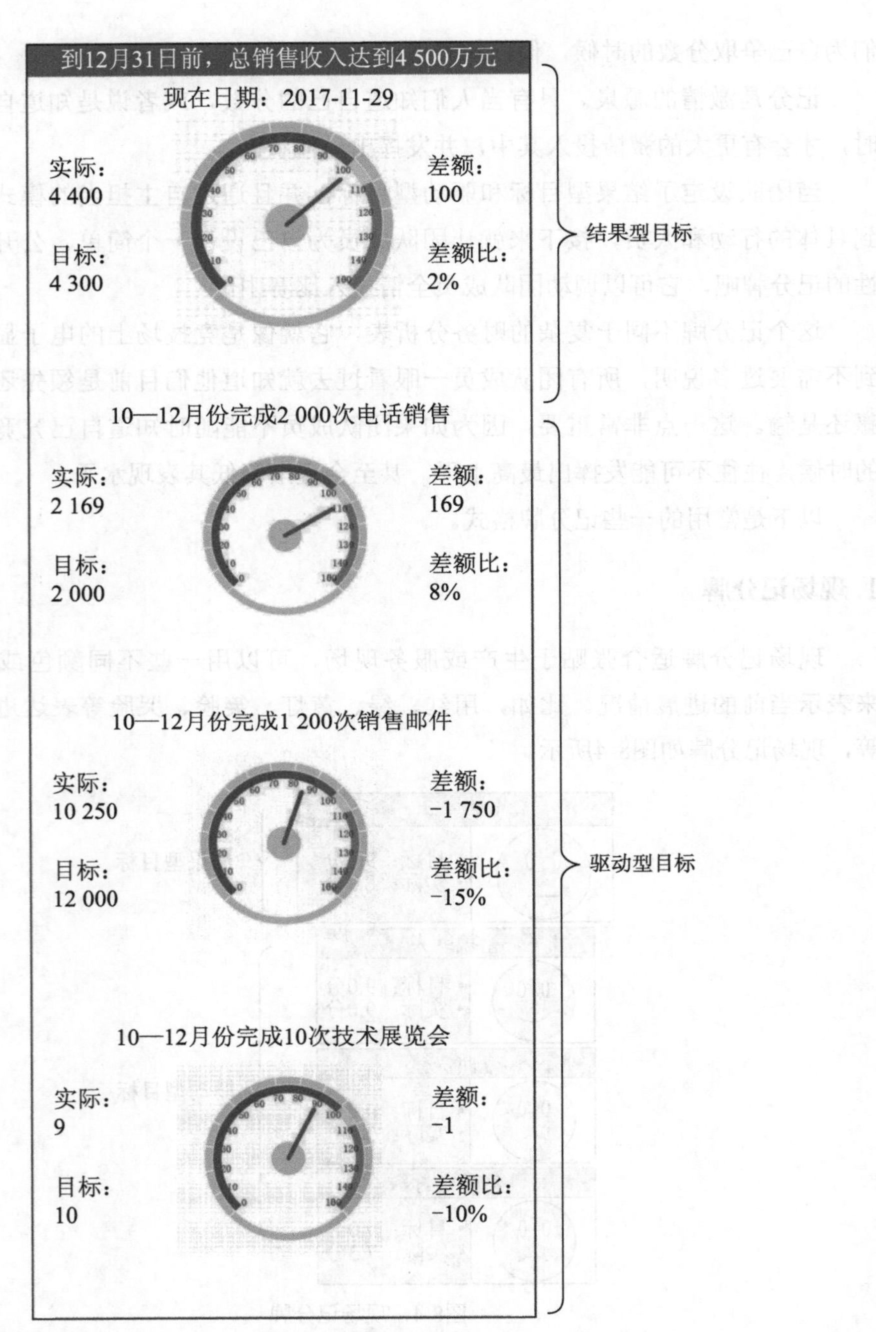

图8-5　仪表盘记分牌

还可以采用趋势线、柱状图等各种类型的图表制作记分牌。无论选择何种记分牌，要确保其具有以下五个特征：

- 简单。

- 随处可见。
- 同时包含结果型目标和驱动型目标。
- 一眼看清输赢。
- 便于更新。

8.5.4 Empowerment：赋能行动

赋能是推进目标达成的过程，前面三个步骤搭建了比赛的框架，但是如果没有这一步骤，团队成员不会投身于比赛之中。这一步是落实担当和责任的过程，确保团队每一个人都在兑现自己的承诺；这一步也是激励士气，让每一个人自主投入的过程。

赋能环节同时创造了三个方面的成果。

1. 兑现承诺，增进协作

赋能并不是撒手不管，而是通过建立明确的责任机制，放手让员工去自主行动，然后通过一个定期的Must-win war会议，围绕记分牌的分值，让团队每一个人汇报并兑现上一周期的承诺，分享过程中的成功案例和失败案例，促进彼此间的学习交流，然后围绕改写记分牌的分数再建立新的承诺。

2. 及时纠偏，动态调整

GAME的Must-win war会议和传统的会议模式不同，由于团队每周都会有新的目标，这就确保了可以针对新的挑战和机遇及时制定应对性策略，让工作计划随着业务环境的变化不断变化，保证团队成员避免受到日常杂事的影响，紧紧盯住最重要的目标进行奋斗。

3. 提升能量，激励士气

帕特里克·兰西奥尼在《痛苦工作的三个特征》一书中形象地描述了导致个人在工作中士气低落的三个原因。

(1) 默默无闻：他们觉得领导似乎不知道他们的存在和价值，也不关心他们在做什么事情。

(2) 无关紧要：他们看不出自己的工作有何独特之处，哪里值得特别投入。

(3) 缺少标准：他们无法衡量或评定自己到底做出了多少贡献。

这是三个显著缺少能量的特征。如何提升能量？我构建了一个激励模型：

Energy=Marking×Cheer×Celebrate

能量=记分×喝彩×庆祝

这个模型就可以解决员工士气低落的问题：通过记分让每一个人都知道自己的工作正在创造的价值以及自己做出的贡献(针对“缺少标准”)；通过喝彩让大家知道领导者随时都在关注着他们的价值(针对“默默无闻”)；通过庆祝胜利，让团队每个成员都知道自己从事的工作是多么有意义，多么与众不同，而自己正是一个伟大团队的一分子，正在为一个共同的重要目标的达成做出贡献(针对“无关紧要”)。

赋能贯穿整个GAME活动过程，是让团队始终充满动力的能量源泉。

8.6 GAME之旅——让GAME成为组织的操作系统

游戏让人快乐，GAME模式同样会让人们全情地投入工作中并收获快乐。但是，管理者也要认识到，在组织推动GAME的初期往往并不会一帆风顺，这是因为组织中的群体已经适应了传统管理模式下的被动接受指令，一旦用GAME打破这一模式，反而会引起人们内心的不安。虽然大家总在抱怨传统管理模式，但大量的组织群体已经对这个模式建立起了强大的心理依赖。正如吉登斯所言，人们采取行动创造这个持久结构，而这个结构又约束人们未来的行动。

所以，GAME的推动过程是一个改变旧习惯、塑造新习惯的过程，遵循人的习惯改变的固有规律，采用恰当的方法，会更有助于在组织中推行GAME。笔者总结了五个有助于成功的步骤，可以帮助组织很好地推行GAME，让GAME成为组织的操作系统。

8.6.1 启动：群策群力，凝聚共识

在GAME的启动环节，一般采用两天的时间召开GAME研讨会，确定GAME的前三个步骤：目标、担当、记分，并对赋能的内容进行介绍。

两天的研讨会主要研讨两部分内容：一部分是GAME任务线；另一部分是通过一

些团队活动建立团队信任关系。

GAME研讨会一定要充分凝聚参与者的共识，只有当成果源自全体参与者的共识时，才能建立起真正的发自内心的承诺。

表8-1是两天的GAME研讨会的日程设计。

表8-1　GAME研讨会日程

	第一天	第二天
上午	● 导入 ● 高绩效团队模型 ● 团队破冰 ● GAME的原理 ● 研讨工具：头脑风暴 ● 选题并澄清	● 团队有效性反馈 ● 基础引导技术 ● Accountability：担当 ● 行动计划研讨 ● 汇报及确认
下午	● Goal：目标——结果型目标 ● 汇报及确认 ● 研讨工具：团体列名 ● Goal：目标——驱动型目标 ● 汇报及确认	● Marking：记分 ● 汇报及确认 ● Empowerment：赋能 ● 小组演练及点评 ● 回顾总结 ● 关闭

8.6.2　推动：大力推进，强化模式

GAME研讨会之后，整个团队进入起跑状态，就像宇宙飞船需要强大的能量才能脱离地球引力的吸引一样，这个阶段需要领导者的高度投入和大力推动。所以作为团队领导者，不论是主持一个普通的动员会议，还是召集团队所有成员召开Must-win war会议，始终要牢记一点，你在领导团队成员向着最重要的战略目标进军。

实施GAME的过程绝不会一帆风顺，团队成员中出现支持者、中立者和抵制者是非常正常的现象。以下六点是成功推动GAME实施的关键：

- 至少每周召开一次Must-win war会议，并亲自主持强化；
- 充分认识到团队在该阶段需要聚焦和能量，特别是来自领导者强有力推动下的能量；
- 保持聚焦，并全面落实GAME的四个步骤及其核心原则；
- 识别支持者并树立典型，将中立者发展为支持者，消除抵制者的抵制；
- 及时发现正面事例，并传播成功故事；
- 庆祝每一个小小成功。

8.6.3 调整：阶段反思，持续提升

这是初见成效的一个阶段，也是最容易出现反弹的一个阶段。

这一阶段有可能出现的成效是，经过一段时间的推动，团队成员开始适应新的工作流程和行为习惯，最重要的战略目标的完成情况开始体现在数值上，随着GAME的深化推进，抵制者的抵制心态开始逐渐消失，团队成员积极的热情会不断地增长，团队成员开始学会以高水平的工作表现对彼此负责。

需要注意的是，人们适应新的工作模式需要一个强化的过程，任何的放松警惕都有可能让活动反弹回原点。所以领导者要紧紧围绕战略目标的达成，在推动过程中不放松，否则当日常杂事席卷而来时，原有的工作状态很可能故态复萌，所以领导者要坚持不懈，避免GAME的推动出现反弹。

坚持以下五点，有助于这一阶段的成功：

- 首先聚焦于按照GAME的模式开展工作，其次才是关注结果；
- 在每次的Must-win war会议上强调承诺的做出，并在下次会议时兑现承诺；
- 对团队成员的担当做出适当的调整；
- 与中立者保持更多的对话，促进其向支持者转化；
- 直面抵触者的问题，真诚回应质疑，澄清假设，减少其思想障碍。

8.6.4 优化：坚持推进，树立标杆

在这个阶段，整个团队的思维模式已经开始转移到GAME的工作方式上，作为领导者，可以帮助他们更加主动地投入工作，可以通过评选模范团队并进行奖励，以带动其他团队自发地去寻找优化工作的方法，提升他们的工作成果。

如果领导者能始终如一地坚持GAME模式，团队成员就会开始自发地对他们的工作模式做出优化和改进，变革的成果开始不断地显现出来。掌握以下四点，会让推进工作更加游刃有余：

- 对模范团队及个人进行适时的褒奖；
- 鼓励团队成员相互支持，清除路障，并及时进行喝彩和庆祝；
- 鼓励创新，及时发现更好的行动案例，并促进学习分享；
- 发现进步大的中立者，并及时予以褒奖。

8.6.5 固化：育成习惯，融入文化

当GAME已经成为团队成员的行为习惯时，不仅可以看到战略目标的达成，更会看到整个团队的工作被彻底提升到一个新的高度。因为GAME不仅是要达成某个明确的目标，更是在创造业绩导向、协同一致的团队文化。

一旦新的、良好的文化在日复一日的工作中变得根深蒂固，团队就可以自主地建立新目标，并同样按照GAME的模式出色地完成。做好以下几点，将非常有利于将GAME融入组织的文化血液之中：

- 当旧的战略目标已经达成，迅速转向新的战略目标；
- 积累推行GAME过程中的成功案例，为新员工提供文化培训；
- 将GAME的文化和行为融入晋升选拔程序；
- 领导者以身作则，不断地宣导GAME理念；
- 利用可视化的模式传播过程中的精彩故事。

8.7 本章总结：行动学习——重装组织操作系统

用行动学习达成团队绩效目标的过程，其实也是通过行动学习为团队重装一套驱动组织绩效发展的操作系统的过程，把组织实现目标的过程打造成一个“赢的游戏”的过程。

在团队中推行行动学习并不容易，甚至需要艰苦的努力才行。管理者千万不要认为行动学习之所以强大是因为它简单易懂，事实上，成功运用行动学习的团队都经历了相当长的时间和付出了相当多的努力。因为行动学习和我们已经习惯的组织运作模式并不相符，甚至是相悖的，所以这也意味着在团队推行行动学习的过程是一个和人的固有习惯作斗争的过程，而与人的固有习惯作斗争从来就不是一件易事。

当然，行动学习一旦在团队中推行并得以长期坚持，其收益是巨大的，并不仅仅是达成了一两个团队的绩效目标，而是通过此过程构建良好的组织管理方式，相当于为组织重装了一套操作系统，会让团队变得非常高效，并充分收获工作中的快乐，不断地从胜利走向胜利。

8.8 学习反思：智慧火花，精彩再现

3点收获：本章让我印象最深的三点

2个感悟：此时此刻，我的感受和启发

1项行动：我决定用到工作中的一点

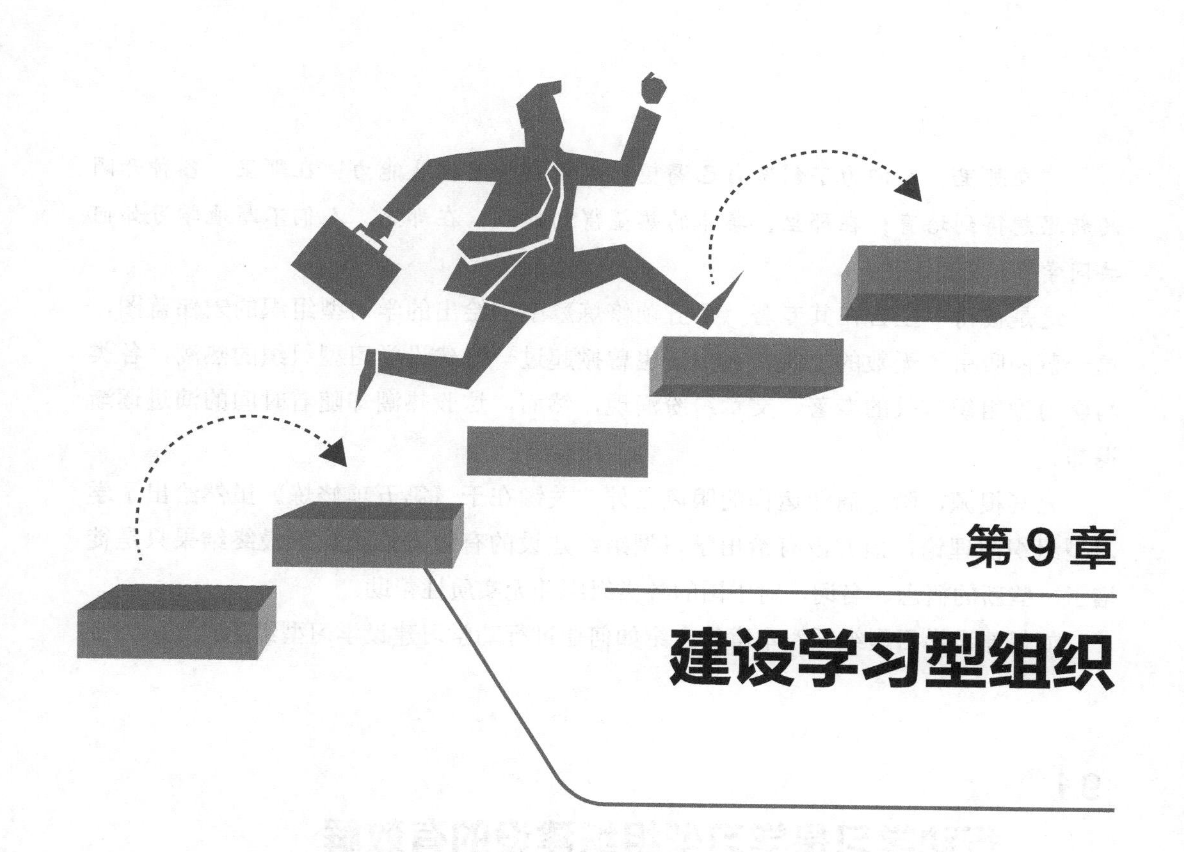

第9章

建设学习型组织

“在那里，人们为了创造自己渴望的成绩而持续拓展能力；在那里，各种开阔的新思想得到培育；在那里，集体的热望得到释放；在那里，人们不断地学习如何共同学习。”

这是彼得·圣吉在其专著《第五项修炼》中描绘出的学习型组织的宏伟蓝图，这一蓝图吸引了无数的组织，在中国也曾掀起过一股建设学习型组织的热潮，各类与学习型组织有关的专著、文章纷纷涌现，然而，这股热潮却随着时间的演进逐渐退却。

究其根源，除了商业运作的跟风之外，关键在于《第五项修炼》虽然给出了学习型组织的理论，但并没有给出学习型组织建设的有效方法论，其最终结果只是徒增了一些新的概念、名词，对中国的各类组织并无实质性帮助。

如何建设学习型组织？本章将介绍如何通过行动学习建设学习型组织。

9.1 行动学习是学习型组织建设的有效解

今天，绝大多数组织已认识到学习型组织确实是组织发展的终极归宿，而行动学习可以为学习型组织建设提供有效的解决方案，因为行动学习高度契合学习型组织建设的五项修炼。

9.1.1 学习型组织建设的五项修炼

《第五项修炼》为学习型组织建设指出了五项有效的修炼：自我超越、改善心智模式、建立共同愿景、团队学习和系统思考，如图9-1所示。下面我们对这五项修炼逐一简述。

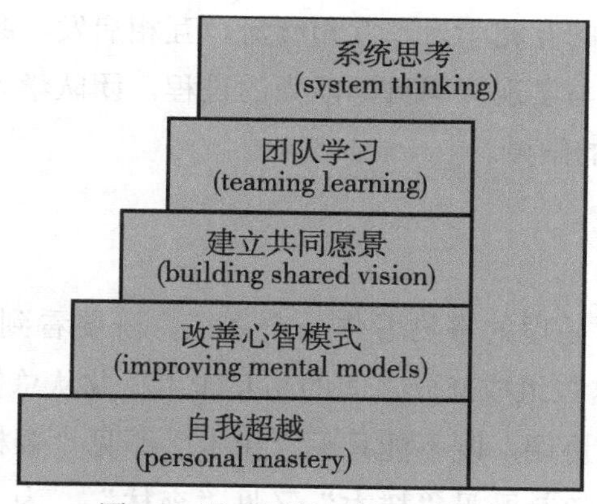

图9-1　学习型组织的五项修炼

1. 自我超越

自我超越是指一个人总是能认清自己真正的愿望，为了实现愿望而集中精力，培养必要的耐心，并能客观地观察现实，这是建立学习型组织的精神基础。一个能够自我超越的人，一生都在追求卓越的境界，自我超越的价值在于学习和创造。

2. 改善心智模式

心智模式植根于我们心中，影响我们了解世界的方式，以及采取行动的假设、成见、图像、印象，是我们对于周围世界如何运作的既有认知。我们通常不易察觉自己的心智模式，以及它对行为的影响。心智模式其实是一种思维定式，我们这里所说的思维定式是指我们认识事物的方法和习惯。如果我们的心智模式与认知事物发展的情况相符，则能有效地指导行动；反之，如果我们的心智模式与认知事物发展的情况不相符，就会使自己好的构想无法实现。所以，我们要保留心智模式的有效部分，改善无效部分，才能取得好的成果，组织学习的核心就在于心智模式的改善。

3. 建立共同愿景

共同愿景可以凝聚公司全体员工的意志力，当发自每个人内心的愿景建立起来时，人们就会力行卓越、用心学习、积极上进。这不是因为有人叫他们这样做，而是他们想这么做。共同愿景统一了大家的努力方向，整合了个人追求和组织目标。

4.团队学习

团队学习是指一个单位的集体性学习，它是学习型组织进行学习的基本组成单位，便于单位成员之间的互相学习、互相交流、互相启发、共同进步。团队学习是发展团体成员整体搭配与实现共同目标能力的过程。团队学习对组织与个体来说是双赢的选择，也是双赢的结果。

5. 系统思考

系统思考是指把所处理的事物看作一个系统，既要看到其中的组成部分(元素或子系统)，也要看到这些组成部分之间的相互作用，并从总体的角度把系统中的元素或子系统加以处理和协调，既不能只见“树木”不见“森林”，也不能只见“森林”不见“树木”，应该是既见“树木”又见“森林”。为了真正有效地解决包括企业管理在内的各类实际问题，应做到既有分析，又有综合；既有分解，又有协调。

彼得·圣吉通过五项修炼为学习型组织构建了坚实的理论基石，所以从这一概念的提出开始就影响了大量的组织，然而《第五项修炼》虽然给出了令人信服的理论框架，却并没有给出有效的方法论，这也让不少试图打造学习型组织的个人和组织都仅仅停留在概念层面，而行动学习的兴起为各类组织带来了一线曙光。

9.1.2 行动学习高度契合五项修炼

行动学习认为，在一个快速发展的不确定时代，组织面临的诸多挑战，其本质都是组织和人的学习与发展问题。企业的一切经营活动本质上都是学习活动，学习即是工作，工作即是学习，面对组织中复杂的现实问题，最有效的学习是团队基于行动的集体质疑和反思。这和学习型组织建设的五项修炼完全一致。

(1) 行动学习让组织实现三个层面的系统思考。行动学习将绩效提升和组织发展整合为一个有机的系统，实现了任务和学习的系统思考；行动学习将战略制定和战略执行整合为同一个学习过程，实现了决策和执行的系统思考；行动学习通过质疑与反思和行动验证，实现了认知和行动的系统思考。

(2) 行动学习是实现组织全员自我超越的最佳手段。行动学习的本质是激发参与者的内生智慧，让所有参与者实现自我超越。

(3) 行动学习的核心是改善心智模式。行动学习以解决组织难题为载体，通过质疑与反思促成心智模式的持久转变。

(4) 建立共同愿景是行动学习的起点。所有行动学习项目都开始于共同愿景的构建，让组织愿景成为承载个人梦想的平台。

(5) 行动学习是真正意义上的团队学习。行动学习是真正意义上的团队学习模式，让团队在达成组织绩效目标的过程中实现个人及组织的学习与发展。

所以，行动学习和学习型组织虽不是诞生于同一套理论框架，但却天然一致，行动学习高度契合第五项修炼，是建设学习型组织的最佳路径，是学习型组织建设的有效解。

9.2 学习型组织建设行动学习解决方案

用行动学习构建学习型组织建设方案，是以整个组织作为学习发展对象，将组织发展的过程整合为一个集体学习、集体修炼、共同成长的过程，统合了战略落地、高管论坛、绩效提升、领导力发展、工作场所行动学习等各类行动学习项目，从系统的视角构建学习型组织，如图9-2所示。

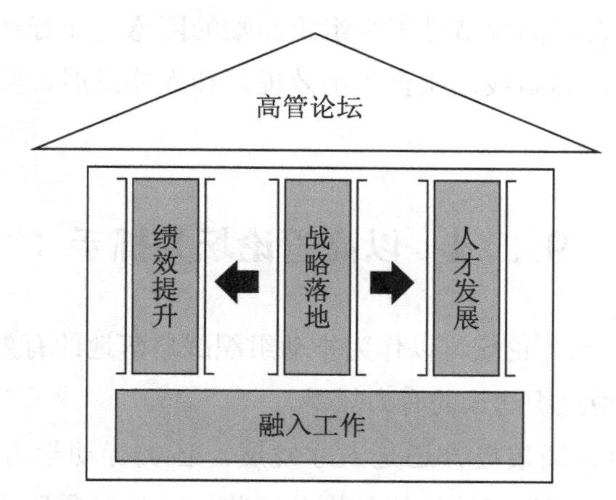

图9-2　学习型组织建设行动学习解决方案

9.2.1　以战略落地为主线

战略落地导向的行动学习将文化转型、愿景启动、战略分析、战略制定、运营规划、战略执行作为一个集体对话、持续反思、共同学习成长的过程，上下一体，实现战略动态调整并推动执行。

正如系统思考贯穿于五项修炼一样，战略落地导向的行动学习将整个组织的战略作为组织的学习活动，是学习型组织建设的主线。

9.2.2 以绩效提升为明线

组织的一切有效活动都应是为了产生持续的绩效，所以绩效提升是一切组织活动的焦点。传统学习手段之所以无效就在于没有紧扣这一焦点开展，所以无法得到组织中个体和团队的重视。

绩效提升导向的行动学习将绩效提升过程整合为一个集体参与，不断突破技术性障碍、制度性障碍和心智模式障碍的学习成长过程，以绩效提升为明线，让绩效提升和人的学习成长同步发生。

9.2.3 以人才发展为暗线

行动学习以解决问题为载体，在解决问题这条明线的牵引下，综合运用多种人才发展手段，以用促学，学以致用，学用相长，在解决组织问题的过程中发展人才，以人才发展促进组织发展。

绩效提升和人才发展的脱节是不少组织面临的困惑，而行动学习以绩效提升作为明线，以人才发展作为暗线，统合了绩效提升和人才发展，实现了绩效和能力的双轮驱动。

9.2.4 以高管论坛为抓手

正如第7章所述，高管论坛可以作为推动组织战略落地的有效抓手，同样，高管论坛也可以成为学习型组织建设的有力抓手。

无论是战略落地、绩效提升还是人才发展，各类行动学习项目的推动都需要组织高管的大力推动，而高管论坛正是推动这些行动学习项目落地的有效抓手。同时，在通过高管论坛发展高管的领导力的同时，也可以为其他各类行动学习项目的推动起到榜样作用。

9.2.5 以融入工作为落点

将行动学习工作场所化，让行动学习成为组织所有成员的工作方法是组织推行行动学习的最终落脚点。通过启动工作场所化行动学习，将行动学习融入组织成员的日常工作。当行动学习成为组织成员的工作习惯时，我们就可以说，这个组织已成为真正意义上的学习型组织。

从本质上来讲，行动学习促使人们在“做中学”(learning by doing)，且绝大多数情况下是从本职工作中学习，因此它树立了工作和学习同时发生的典范。行动学习倡导持续学习的文化，在自由分享、相互支持和反馈、挑战内心假设的工作情境中，鼓励尝试和允许犯错误。团队成员一起花时间针对有计划的行动进行反思，找出学到了什么。不管这种学习是源于成功还是源于失败，是源于技术还是源于流程，学习毫无悬念地发生了。行动学习项目可能发端于某个领域或部门并渐进推广至整个组织，成为整个组织变革和学习的催化剂。由于行动学习项目既以组织需要的创新战略和杰出学习为起点，又以创新和学习为归宿，所以行动学习在打造学习型组织的进程中越发显得卓有成效。

9.3 案例：华润集团学习型组织建设

华润集团是国内运用行动学习法比较成功的企业，用行动学习推动集团的变革，从一个外贸型的企业转变为实业化的大型集团，行动学习在整个变革过程中发挥了很重要的作用。

具体而言，行动学习为华润集团带来了三个方面的成效：在绩效提升方面，华润集团借力行动学习实现了两个“再造”，实现资产规模和盈利能力的两个翻番；在人才发展方面，华润集团通过行动学习大规模培养干部，大大提升了团队精神和协作能力，培养了一支相对有竞争力的职业化团队；在组织发展方面，华润集团借力行动学习，实现了从贸易公司到实业公司的转变，形成了团队导向和业绩导向的企业文化。

原华润集团董事长陈新华说，行动学习是真正具有华润特色的组织发展方式，是华润核心竞争力的重要组成部分。

华润集团从2003年开始导入行动学习，通过在全集团范围内推广绩效提升、领导力发展、高管论坛和战略落地各类行动学习项目，将行动学习融入公司经理人的工作习惯，是运用行动学习建设学习型组织的典范。

9.3.1 以高管论坛项目推进和引领学习型组织的建设

从2001年5月开始，在其后的7年时间里，华润集团先后开展了9期集团高层的培训，其中，2003—2007年的7期引入了行动学习，采用了高管论坛模式，很好地推进和引领了华润集团向学习型组织转型。

1. 通过高管论坛清晰了集团战略

通过高管论坛，华润集团和利润中心的战略逐渐清晰，明确了战略管理的架构和分工，战略管理水平逐步提高；实现了由机会推动到战略推动的转变；确立了“集团多元化、利润中心专业化”的发展方向；制定了华润集团的使命和价值观，并在组织结构、资源配置等方面进行了相应的变革；清晰了利润中心层面的战略；通过引进平衡计分卡等管理工具，找到了战略落地的方式。

2. 通过高管论坛推进了管理进步

结合公司战略的推进，高管论坛先后围绕政府关系管理、伙伴关系管理、集团和利润中心的权责分工、财务管理、企业形象、经理人的评价标准、全面现金流管理体系、风险管理、人力资源管理等主题进行了研讨，带动了集团管理制度的完善和管理体系的逐步成熟。

3. 通过高管论坛促进了团队建设

高管论坛研讨时，倡导畅所欲言，“没上没下、没大没小”，知无不言、言无不尽，这种开放、轻松的氛围打破了上下级、不同业务、不同部门之间的界限，促进了更多的交流和分享；事后在行动计划的执行过程中，大家又反复地讨论、合作、行动、总结，在促成工作目标达成的同时，团队成员得到更多相互了解的机会，促进了团队的融合。

4. 通过高管论坛推进了人才发展

高管论坛让不同的业务、不同的层级、不同的部门，都可以得到很多实践的机会，促进个人的成长。高管论坛更像是一座“发生炉”，经过高管论坛的催化作用，使经理人得到了快速的发展和成长。高管论坛的整体设计思路是以成人学习理论为基础，针对成人学习的特点，使经理人通过反思和总结，将实践经验进行概括、提炼和升华，然后又指导下一次的工作实践。

5. 通过高管论坛引领了学习型组织的建设

华润集团陈新华董事长在集团的第七期高管论坛结束时说："没有增长性的战略不是好战略，没有增长性的团队不是一个好团队，没有增长能力和业绩的一把手不是称职的一把手。提高执行力和领导力，归根结底是提高学习能力的问题，一是从实践中学习，二是在反思中学习。"

华润高管论坛采用行动学习的设计框架，从实际问题和经验的反思出发，结合理论学习，反思如何解决问题，这个反思框架被经理人应用于组织的各个层面，形成了基于反思的学习型文化，找到了建设学习型组织的有效方式。

9.3.2　以绩效提升项目提升经理人的质疑与反思精神

尽管高管论坛对华润集团的发展起到了举足轻重的作用，但外界对此所知不多，大家熟悉的是华润集团绩效提升导向的行动学习。华润集团绩效提升导向的行动学习多从负面绩效问题入手，质疑与反思造成绩效问题的深层原因，找出解决方案，制订行动计划，然后实施计划、总结评估效果，在实现绩效提升的基础上培养了经理人的质疑与反思精神。

绩效提升导向的行动学习于2003年从北京华润置业开始推行，成功后于2004年在第六期高层培训会上分享，2005年召开第一期行动学习经验分享会，行动学习由单点突破进入多点探索阶段。在2006年第二期行动学习经验分享会上，行动学习的效果得到广泛的认同，行动学习进入全面推广阶段。在2007年第三期行动学习经验分享会上，行动学习向纵深方向发展。

绩效提升导向的行动学习为华润带来了直接的经济效益(在华润，超过1 000万元收益的行动学习项目是非常常见的)，更重要的是能够大规模地培养人才和进行团队建设。按照华润集团2008年的统计，华润内部累计的、有明确记录的绩效导向的项目组大约有500个，按照每个小组8个人测算，累计有4 000人次参加了行动学习。这是一个非常了不起的成就，对华润自上而下的组织文化的形成和学习型组织建设，起到了巨大的推动作用。

9.3.3　以领导力发展项目塑造经理人的学习基因

2009年，华润集团以领导力发展导向的行动学习模式制订了华润集团高级人才发展计划，由于该计划涉及的学员大多数出生于20世纪60年代，因此简称"60

班”。60班为华润集团的发展打开了一扇窗，开启了一道门，增长了知识、拓宽了视野、提升了思维、升华了修养，塑造了经理人的学习基因。

60班是一个针对华润集团高级人才的培养计划，旨在探索一套适合华润的人才培养方法、打造一个可供高层团队互动交流的平台、培养一批华润集团未来的领导者，并以点带面影响和带动华润人才的培养和发展，推动整个华润领导团队的转型以及再造新华润的战略目标的实现。

在项目设计方面，60班借助专业咨询公司的资源和经验，系统规划了18个月的学习之旅，分为“赢得市场领先”“创造组织优势”“引领价值导向”三个主题模块，每个模块3～4个月，每月集中时间3～4天。课程有效整合了实战案例模拟体验课程、主题任务、教练辅导、管理实践、跨企业交流等多种培养手段，强调素质的提升和视野的拓展。整个项目以行动学习作为主线，要求经理人通过对理论知识和内外部案例的学习，参与华润现实问题的探讨和解决，经历在未来岗位中可能面临的各种挑战，从而实现个人和团队的领导力提升。

60班开启了华润集团高级管理人员系统培训的第一步，在60班的基础上，华润集团又开展了业务单元的70班，行动学习仍然是重要的发展手段。在融合60班和70班的核心理念的基础上，华润集团培训中心开发了基于行动学习的个体领导力发展项目和基于行动学习的组织领导力发展项目，并在9个利润中心展开中层领导力发展项目。

领导力发展导向的行动学习是华润行动学习的升级。在领导力发展导向的行动学习中，不仅关注业绩的提升，更关注领导者心智模式和行为模式的转变。

9.3.4 以战略落地项目提升组织应对未来挑战的能力

华润集团导入战略落地行动学习开始于高管论坛的第六期，该次高管论坛的培训与学习的目标为：一是开发战略、管理、领导评估模型；二是提高战略策划与执行的领导艺术；三是提高筛选平衡计分卡关键指标的能力。

华润集团要求各利润中心通过行动学习在战略制定和执行过程中找差距，不关注成绩；要求一级利润中心从战略制定和战略执行两个方面找差距。

在各一级利润中心找差距的行动学习过程中，集团帮助它们寻找适合各自发展需要的总体战略。集团在分析中发现，部分一级利润中心的战略不清晰，主要是因为它们衡量战略的标准不清楚，不知道什么是适合自身发展需要的战略。

集团在帮助一级利润中心梳理战略思路的过程中，明确要求一级利润中心至少从两个层面入手：一是总体发展战略，主要是指进入的行业、地域和进入的方法。

例如，搞零售，这是行业，在什么地方搞零售，这是地域，这两方面都属于总体战略。二是竞争战略，包括成本领先战略、差异化战略、聚焦战略，还有营销、人力资源、品牌、渠道、产品等分战略。

华润集团高度重视战略的可增长性，在通过行动学习统一认识的基础上，集团对各一级利润中心提出三项长期任务：一是建立能保证增长的总体发展战略；二是建立能保证业绩的市场竞争战略；三是建立能提高战略执行力的平衡计分卡。

对于第一、二项任务，华润的一级利润中心的负责人通过行动学习，都有较高的认识。行业战略和地域战略选择正确，不一定能保证增长，还要有正确的竞争战略才行。

对于第三项任务，则是通过行动学习建立能提高战略执行力的平衡计分卡，2006年起，华润将行动学习的重点放在了这个方面。在清晰战略的基础上，设计财务、客户、流程、学习与成长管理的各类指标，这些指标是企业经营中的难点和关键点，也成为考核的标准和依据。

对以上三项任务，华润集团高层要求同时推进：“它们不是递进关系，不是先有哪个才会有另一个，而是一个整体。因此一定要齐头并进，并且随时补充修改，因为具体指标会不断变化。”

经过在集团层面对战略落地导向的行动学习的大力推进，充分提升了华润集团应对未来挑战的能力。

9.4 行动学习建设学习型组织的四个阶段

虽然行动学习为学习型组织建设提供了有效的方法论，但我们也要认识到，让人们改变过去的工作习惯走出舒适区并不容易。所以，用行动学习建设学习型组织需要由浅入深循序推进。从过去积累的经验来看，利用2～3年的时间，按照四个阶段推进学习型组织建设更容易获得成功。

9.4.1 运营优化：以绩效提升激活组织

华润集团推行行动学习是从高管论坛开始，这种自上而下的推动模式当然是最理想的选择，但是绝大多数组织并不具备这种条件。要点燃一捆湿柴，首先要找到一个易燃的引火之物，将其点燃，进而才有望点燃整捆湿柴。绩效提升作为组织关注的焦点，无疑是最好的引火之物。

所以，在组织引入行动学习的初期，我们一般建议首先引入绩效提升导向的行动学习，通过开展绩效提升导向的行动学习项目，对组织的运营模式进行优化，提升绩效，进而激活组织，迈出通往学习型组织的第一步。

9.4.2 战略优化：以战略落地深化学习

经过1～2次绩效提升导向的行动学习，组织成员见证了行动学习对组织绩效提升的效果，也体验到了绩效提升和学习发展的双螺旋上升过程，行动学习过程中的方法、工具、行为模式开始逐渐向工作场所延伸，部分湿柴开始变干，干柴开始被点燃，这时可以进入学习型组织建设的第二阶段——战略优化，通过引入战略落地导向的行动学习，将行动学习推广到组织的更大范围。

这一阶段，组织可以以战略落地作为主线，以绩效提升导向的行动学习突破战略落地过程中的关键难题，以工作场所化的行动学习作为各部门推进战略落地的手段，辅以知识和技能的学习作为战略落地的支持。

9.4.3 全面发展：以高管论坛引领推进

经过第二阶段战略落地导向的行动学习项目的开展，行动学习模式开始遍布组织的每个角落，新的工作方式正在形成，火焰开始从点燃转向自燃，但我们也要认识到，传统习惯是一股非常强大的力量，新燃烧起的火焰仍然很脆弱，稍有不慎就会熄灭。为了使学习型组织建设的火焰能够越燃越烈，组织高管的模范作用和常抓不懈就变得尤为重要。

第三阶段，我们建议通过开展高管论坛，在持续深化战略落地这条主线的同时紧盯绩效提升这条明线，进而实现学习型组织的引领推进。

9.4.4 成为常态：以制度体系固化模式

组织变革的核心是持续性，而常态化才是组织变革的终点。行动学习如果不能进入组织的制度体系，则容易随着高层领导的更迭而半途而废。所以当组织开始应用行动学习推进战略落地时，就可以开始着手对行动学习进行制度化，通过制度体系固化行动学习模式。

9.5 本章总结：行动学习——学习型组织建设的有效解

彼得·圣吉指出，要成为学习型组织，组织需要具备将日常工作和学习合二为一的能力以及持续反思和学习的文化。而行动学习认为学习和行动是可以相互转化的，每个人都可以从每一次行动中获得学习，但只有能够带来行动改进的学习才是真正的学习。由于既具有行动导向又聚焦于学习，行动学习为学习型组织提供了完美的模型和实践的舞台。每个行动学习团队就是一个微型学习型组织，学习型组织的所有五项修炼在行动学习小组团队中构成了一个相互协作的统一整体。

理论和实践都证明，当将各种行动学习类型统合应用于组织，将行动学习作为组织的工作手段时，组织成员就会向终生学习者演进，组织就会向学习型组织演进。

所以，行动学习是学习型组织建设的有效解，能够快速和成功地打造出学习型组织。

9.6 学习反思：智慧火花，精彩再现

3点收获：本章让我印象最深的三点

____

____

____

____

2个感悟：此时此刻，我的感受和启发

1项行动：我决定用到工作中的一点

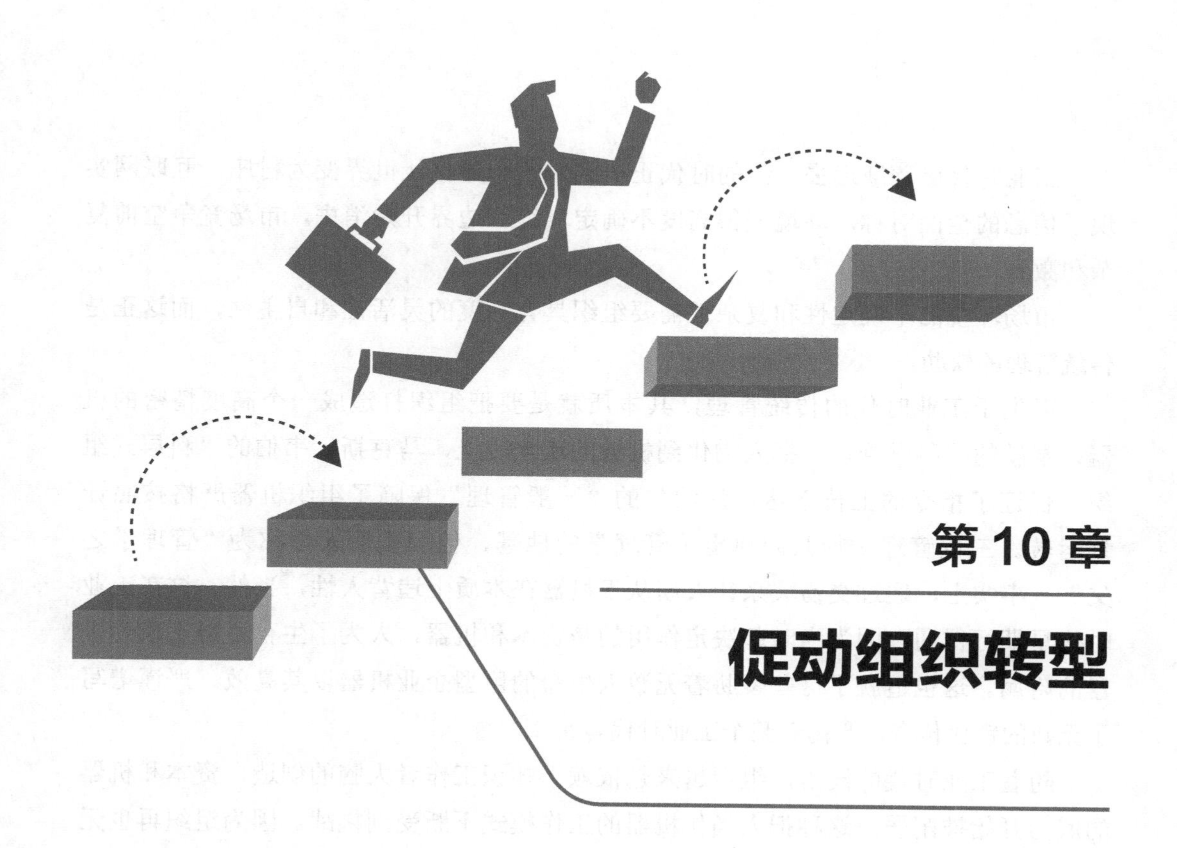

第 10 章

促动组织转型

工业时代已逐渐远去，新的时代正在到来，全球化让世界变为村庄，互联网实现了信息的全面对称。环境变得高度不确定，行业边界开始消失，市场竞争空前复杂和激烈。

市场环境的不确定性和复杂性需要组织具有高度的灵活性和自主性，而这正是传统管理的软肋。

诞生于工业时代的传统管理，其本质就是要把组织打造成一个高度精密的机器，泰勒的“科学管理”把人物化到机械的流水线上，马克斯·韦伯的“科层式组织”保证了指令的上传下达，法约尔的“一般管理”保障了组织机器严格按照计划运转。三位管理大师共同奠定了管理学的地基，他们被后人尊称为“管理学之父”。事实上，通过交易关系让人屈从于机器在本质上违背人性，当然，这在工业时代早期行得通，因为当时起决定作用的是资本和机器，人为了生存不得不成为机器的附属。这也造就了这些裹胁着无数人生命的巨型企业机器以其高效、严谨谱写了无数的铁血传奇，激荡着整个工业时代。

随着工业时代的没落，组织越来越依赖于知识工作者大脑的创造，资本和机器的威力开始被削弱，这种把人当作机器的工作模式不断受到挑战。因为组织再也无法像约束流水线工人的双手一样约束知识工作者的大脑，组织与工作者之间更像是合作者，工作者要知道决策背后的原因，而不只是被告知如何去做，他们要求参与决策，而不是被动执行。

当经典管理学理论受到挑战时，又涌现出巴纳德、德鲁克等管理学大师为其不断地添砖加瓦，但这并不会改变其本质，我们随便翻开一本人力资源管理的书，映入你眼帘的一定是部门、岗位、职责、能力标准，仍然是通过精确地界定个体功能把人打造成组织机器上的精确部件，仍未脱离经典管理学之藩篱。

今天，资本和机器已经退到了次要位置，知识工作者的大脑就是其生产工具，互联网的兴起成倍地降低了沟通成本、交易成本和履约成本，让知识变现变得越来越容易，一个微信公众号就可能带来丰厚的广告收益，帮人答疑解惑就有望获得价值不菲的打赏，任务平台上接个活儿就可能得到传统工作两三个月的收入，四五个微信头像拉在一起一个项目团队马上走起，这放在过去完全是不可思议。即便某个人今天仍然屈尊在你的公司，你也只能通过考勤打卡等方式看住他的人，而无法束缚住他的大脑。你永远也无法知道，这个正吹着你公司的冷气，用着你公司的电脑，吃着你公司的免费午餐，正在皱眉苦思的家伙，究竟是在为公司的技术难题纠结，还是因为搞不定刚接来的私活心烦。

我的一个小伙伴曾跟我分享他的故事，他正在搞一个科技公司，而全公司只有三个人，他和一位产品经理、一位技术经理，业务做得还很红火。我问他，你没有员工，谁给你们干活？他笑着说，我们确实没有员工，但那些拿着别的企业工资的技术人员都是我们的合作伙伴，随时需要，随时呼叫，随时到位，而且效率绝对高，配合度绝对高，半个月可以出三个月的活儿，而在他们自己的公司里一天能完成的活儿也要拖满三天。这真是对传统管理的最大讽刺，这也意味着我们正进入一个全新的时代——合作时代。

10.1 组织发展的两大趋势

知识工作者创造价值可以不必依附于组织，而组织必须依附于知识工作者的创造力而存在。对于知识工作者，你只能选择合作，此外别无他法。这种变化即将对传统造成致命的颠覆，产生两个不可逆转的趋势。

10.1.1 趋势一：雇用式关系远去，分布式协作到来

事实上，以“交易”关系将一大群人聚集到一栋栋钢筋混凝土的建筑里，这是工业时代，人在强大的资本力量面前为了生存的无奈妥协。人天性喜欢自由，喜欢拥有自己的空间，更愿意分布式协作。这一特点可以回溯到一万年前，当人类掌握了种植、畜牧技术，可以不必依赖集体的抱团取暖就能生存时，部落紧密合作模式就让位于分布式的农耕协作，而这完全是符合人性的自然演进结果。

今天，知识工作者成为主体，他们拥有核心的生产工具，而互联网正在成为他

们知识变现的途径，传统的雇用关系开始不能对他们造成约束，所以今天合伙人、员工持股、项目投资持股等多种基于合作的模式越来越普及。这也宣告传统的雇用关系正一去不复，基于平等关系的分布式协作模式正汹涌而来；以雇用关系建立起来的人身依附正在消失，基于共同价值创造的新模式正在诞生；以交易关系建立的组织权力秩序范式正在被打破，而基于“平等、共享、协作、开放”的新范式正在形成。这是不可逆转的大趋势，也是技术和人性共同驱动的结果。

10.1.2 趋势二：金字塔组织谢幕，平台型组织登场

工业时代，强大的生产力体现在机器上，人只是作为弥补机器不智能的“缺陷”而存在，资本只需雇用人的双手即可，所以金字塔结构最有利于发挥企业机器的威力。而随着机器的智能化，过去不得不依靠人来弥补的“缺陷”正被知识工作者敲出的一行行代码解决，体力劳动者迅速减少，知识工作者成为主体。管理对象的转换，曾经有效的金字塔式的组织今天成为一个高度耗散精力的结构，无数人的精力消耗在组织的权力、政治、壁垒、程序中，而不是发挥到价值创造上。随着技术进步带来的供给丰富，个性化需求已成趋势，这种金字塔结构的价值传递链条冗长，人围绕“上级”和“流程”而非“用户”的价值创造模式，已无法满足消费者所需的快速响应和极致到位，金字塔结构的组织正成为价值创造的阻力，而非助力。

组织存在的唯一理由就是通过其内部交易降低社会化交易成本。今天，互联网使个体之间的交易成本大幅降低，组织的成本内耗已经成为重大问题，当组织内部成本等于甚至高于外部直接交易成本时，组织也就失去了存在的意义。而随着互联网以及未来的万物互联、智能化制造技术的演进，社会化交易成本将越来越低，最终将低于组织内部交易成本，到那时，传统意义上的组织就会寿终正寝，这是不可逆转的趋势。

虽然我们说传统组织消失是大势所趋，但作为企业一定不会坐等消失，这就如同我们一生下来就确定最终会死亡，但我们不会因此“混吃等死”，哪怕死是不可避免的结局，也要拥有一个精彩的过程，企业也是如此。

传统组织延缓消失的唯一演进方向就是调整其结构使之“变小”，因为只有小才能更加灵活，降低内部交易成本，而这种“变小”的过程，也是让传统组织消失的人性化演进过程，这是传统组织的唯一选择。最有效的变小模式就是将现在的金字塔结构演进为平台型组织，如图10-1所示。

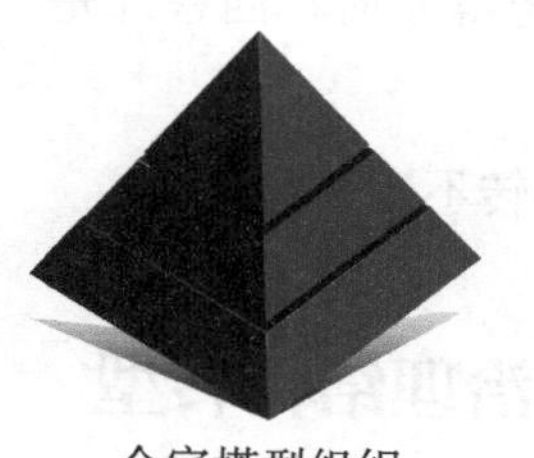

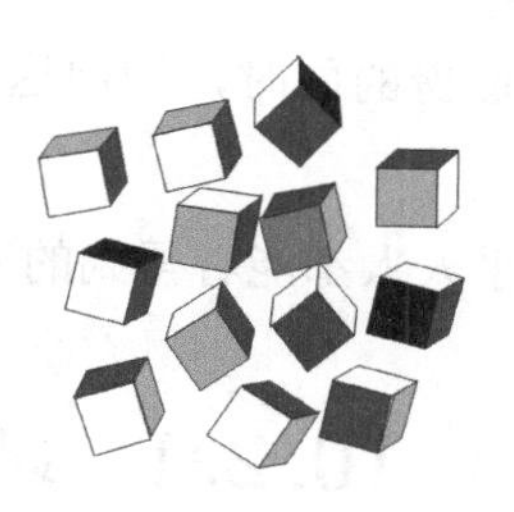

金字塔型组织　　平台型组织

图10-1　转型趋势

今天，海尔正通过“自主事业体”的模式将自己打造成一个“平台+小微企业”的模式，美的、苏宁等具有代表性的传统组织也正在向着这个方向演进，“变小”是唯一让自己变得更灵活，更能激活个体的方式。未来金字塔型组织演进为“平台+小微”，再演进为“平台+个人”，平台最终退化为基础设施，整个社会演进为“个人+个人”的产消者合作模式，届时，传统组织也就彻底完成其历史使命，宣告消失。

当组织正走在消亡的路上，以组织为基础构建起来的经典管理学会怎么样呢？皮之不存毛将焉附，这是很显然的道理。

组织转型已迫在眉睫，却也举步维艰。

10.2 组织转型的误区与对策

“金字塔结构下的组织，高层权威感知不到市场的温度，即使感知到了，企业也如同一艘巨轮，尾大不掉，规模经济的优势无法转化为现实的成果，所以，在这个时代，强势的CEO首先就成为企业最大的短板……”

“企业要想活下去只能从金字塔转向平台型组织，平台型组织就是平台化、扁平化、无边界、去中心化、去权威化、自组织……”

千万不要以为这是某们大师在布道，这是一位民营企业老板和我讲的。

这位十几年前靠五十万元起家，现在坐拥二十多亿身家的老板，是我在2014年年底认识的，当时令我印象极其深刻的是，他竟然连微信都不用，其保守程度可见一斑。哪知一年不见，各种网络热词如数家珍，滔滔不绝，最让我震惊的是上面那一段不亚于任何一位互联网专家的高论。

在我表示惊讶的同时，询问这位老兄转型转得如何？回答却是一声长叹，结果可想而知。

为什么几乎人人都能看得到的未来，却偏偏转不过去？

10.2.1 误区：改变治理结构转型

道理很简单，当转型战略确定之后，组织转型会涉及三个层面：治理结构、经营活动和心智模式，如图10-2所示。其中，治理结构包括制度、流程、体系、架构等刚性约束因素，心智模式包括组织的价值观、核心理念、深层假设等软性约束因素，两者共同主宰组织经营活动。

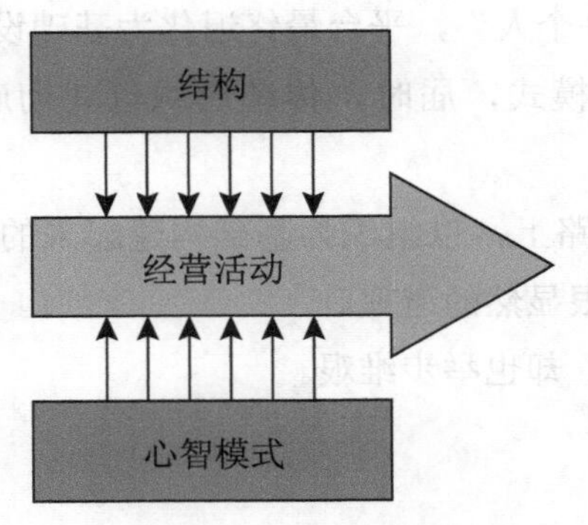

图10-2 转型制约因素

通过这个模型，再结合你平时了解到的组织转型，你一定已经看到了答案。绝大多数组织转型都是从结构开始进行转型，组织从金字塔型调整为平台型就会变成无边界、去中心化、去权威化的自组织了吗？很显然，不可能。

从金字塔型组织的“旧世界”跨入组织渴望的平台型组织的“新世界”会遭遇厚厚的一堵墙——适应性障碍，如图10-3所示。这也是我们经常见到的，当组织进行大变革，对结构进行调整后，会在比较长的一段时间内陷入混乱，直到人们的心智模式慢慢地适应了新的结构才会重新变得顺畅，而这个过程往往异常缓慢，其本质上是忽略或不懂心智模式转变在转型中的重要性，直接对组织进行结构调整所导致的。

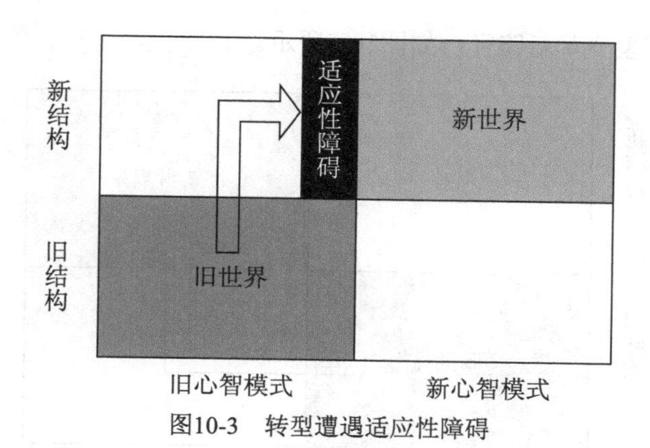

图10-3 转型遭遇适应性障碍

事实上，转型之难不在于不知道正确的方向，而在于知道了正确的方向仍然无法到达。因为转型表面上来看是战略和结构的转变，而实质上却是其背后人的行为的转变，而支配人行为的是人的心智模式，凡不触及心智模式的转型最终会成为一次将巨石推向山顶的无用练习，一段时间之后又会反弹回原点，甚至变得更糟。

如果让我们历数金字塔型组织的缺陷，可以滔滔不绝地说上一天，但真要打破的时候，平台型组织就来了吗？我可以负责任地告诉你，结果一定会变得更糟。你会发现，小微企业主们并没有因为成为CEO而欢呼雀跃，反而因为失去了上级的指示而惶恐不安；小微企业并没有因为变成内部客户关系就转为用户思维，反而因为失去了流程衔接而混乱不堪；服务平台并没有因为转变了职能就变成以服务为导向，反而因为失去了管控体系而手足无措。这就是直接对结构进行调整所导致的三大适应性障碍：从依赖领导到自担责任障碍、从流程思维到经营思维障碍、从专业导向到客户导向障碍。

正如吉登斯所言，人们采取行动创造这个持久结构，而这个结构又约束人们未来的行动。当组织中的群体已经长期适应了金字塔型结构，一旦向平台型结构转型，就会遇到适应性障碍，因为我们已经对那个“糟糕透顶”的金字塔型结构建立起了强大的心理依赖。

适应性障碍会让组织的转型举步维艰，使企业只能对转型浅尝辄止，最终望“转”兴叹。

10.2.2 对策：转变心智模式转型

转型需要找到新的路径，这应该是一条完全不同的路径。有没有可能先从心智模式入手？是否可以在心智模式已经有了充分的适应之后再进行结构转型？

当然可以，转型变革新路径，如图10-4所示。

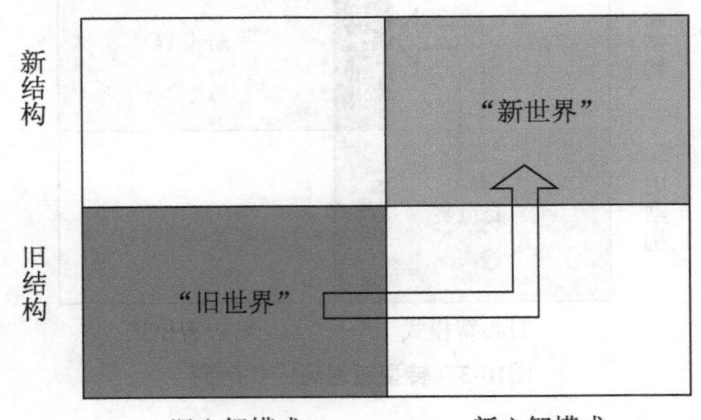

图10-4　转型变革新路径

如果我们能让处于"旧世界"的心智模式先转变到未来的"新世界"，然后再顺应转变调整结构又会如何？这才是组织转型的正解。

但是问题又来了，不调整结构，怎么有机会转变心智模式？岂不是比直接调整结构更不靠谱？

当然有办法，你一定已经猜到了答案：行动学习。

行动学习小组天然就是"无边界、去中心化、去权威化"的自组织，而且最重要的是行动学习可以在任何组织形态下运转，当行动学习成为组织的主要工作方法，组织可以不再依托传统体系时，转型为平台型组织不就是水到渠成吗？其实，我们只需在转型的过程中增加一个过渡形态，先做好心智模式上的转变，消除适应性障碍即可。当转型时机尚未成熟时，组织可以在这个金字塔结构大背景下确保运转，而随着适应性障碍的逐步消除，组织转向平台型组织就是一种顺势而为，如图10-5所示。

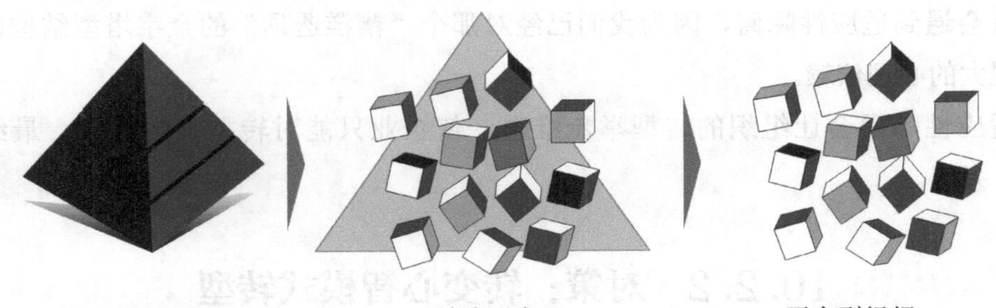

图10-5　借力行动学习转型变革

就像化学反应需要催化剂一样，组织转型也需要催化剂，催化人的心智模式转变，而行动学习将组织转型的过程视为一个集体学习修炼、转变心智模式的成长过程，完全是一种“春雨润物细无声”式的转型，将组织转型风险降到最低。

10.3 行动学习对组织转型的价值

区别于以“管控”为核心的传统管理，行动学习是激发群体智慧，创建有效合作的有效范式，是组织变革的催化剂，注定其成为主导合作时代的最新范式。行动学习对组织转型有三个重大价值。

10.3.1 价值一：基于难题解决创建有效合作

传统管理建立在正式组织的基础上，必须依赖正式组织的存在而存在，组织刚性越强，传统管理的威力就会越大，而今天组织的刚性正在消失，所以传统管理开始失效。

行动学习建立在解决难题的基础上，无论是正式组织、虚拟组织，还是长期组织、临时组织，只要遇到复杂难题都可以实施行动学习。传统组织会消失，而解决难题却永远不会消失，而且随着时代的演进，问题会越变越复杂，在差异化个体中创建有效的合作解决复杂难题正是行动学习的优势。

10.3.2 价值二：激发所有参与者的内生智慧

传统管理通过严格的分工、精细的流程、详尽的制度等外力约束创建合作、解决问题，当遭遇不确定时代的复杂难题时，组织治理带来的本位、壁垒、孤岛、政治、利益让冲突无处不在，合作处处受限。

行动学习以集体对解决难题的承诺为基础，将解决难题和学习成长偶合为一对双螺旋关系，通过质疑与反思澄清假设，通过测试与实验验证假设，让问题的解决与学习同步发生，既发挥个体差异化的优势，又通过对心智模式的反思带来集体的学习成长，以此解决个体差异带来的冲突，激发了所有参与者的内生智慧，让解决难题的过程变得更加高效。

10.3.3 价值三：释放所有参与者的内驱动力

传统管理构建的是外力约束下的他组织，在这种组织形态下，领导永远是组织的核心人物，我们只能寄望于领导既英明果断又民主谦逊，既高瞻远瞩又明察秋毫，但是我们知道这样的人物典范永远是少之又少，更多的是在利益关系裹胁下，违心奉承或自我标榜出来的人物而已。即便有这样的领导也难以靠一个人的智慧独自应对今天的不确定性，组织只能依靠激发群体智慧应对不确定性，而基于交易关系，靠外力构建的不平等的他组织很难获得所有人心灵最深处的承诺，金字塔型结构下的内耗更是永远无法充分发挥所有人的智慧。

而行动学习基于对解决难题的共同承诺，是志愿者自发组成的自组织，这里没有绝对的权威，是真正意义上的平等合作，没有人物典范，也可以说每一个人都不可或缺。我们可以真诚地问自己的内心，你究竟是愿意成为一个典范人物的附属，还是自己成为一个典范人物？答案不言而喻，即便是那些选择成为典范人物附属的，也是想通过追随典范人物，让自己也成为典范人物而已。在行动学习范式下，所有人都可以自主地为难题的解决贡献价值，每一个人都可以从解决难题的过程中获得最大的心理满足，所有参与者的内驱动力自然得到释放。

10.4 本章总结：行动学习——组织转型催化剂

在传统管理举步维艰的今天，众多世界500强企业纷纷引进行动学习，在我看来，好戏才刚刚开始。随着组织逐渐泛化，行动学习终将成为在虚拟组织中帮助人们创建合作的主流范式。

无论正式的组织是否存在，人类有一个核心的生存原则绝不会变：通过合作让价值创造更有效。

这是人类的生存需求，也是人类的社会属性需求，无论是紧密合作，还是分布式合作，都是在这一原则的指导之下完成。工业时代以来，我们依靠传统管理学构建出庞大的组织机器，正是因为通过组织机器合作创造价值更有效。今天，这个组织机器已经成为阻碍，即将被打破，而行动学习作为全新的组织发展范式正迅速崛起。

今天，行动学习作为组织解决重要、复杂问题的有效方法在中国迅速崛起，在笔者服务过的几十家企业中已有不少将其作为一种主要的工作方法，以推进组织应对不确定环境下的挑战，带动组织的转型变革，行动学习正成为组织转型变革的催化剂，一种基于行动学习的组织发展范式正在形成，并逐渐取代组织原有的管理运营系统。

10.5 学习反思：智慧火花，精彩再现

3点收获：本章让我印象最深的三点

____

____

____

____

2个感悟：此时此刻，我的感受和启发

____

____

____

____

1项行动：我决定用到工作中的一点

____

____

____

____

第4部分　修炼篇

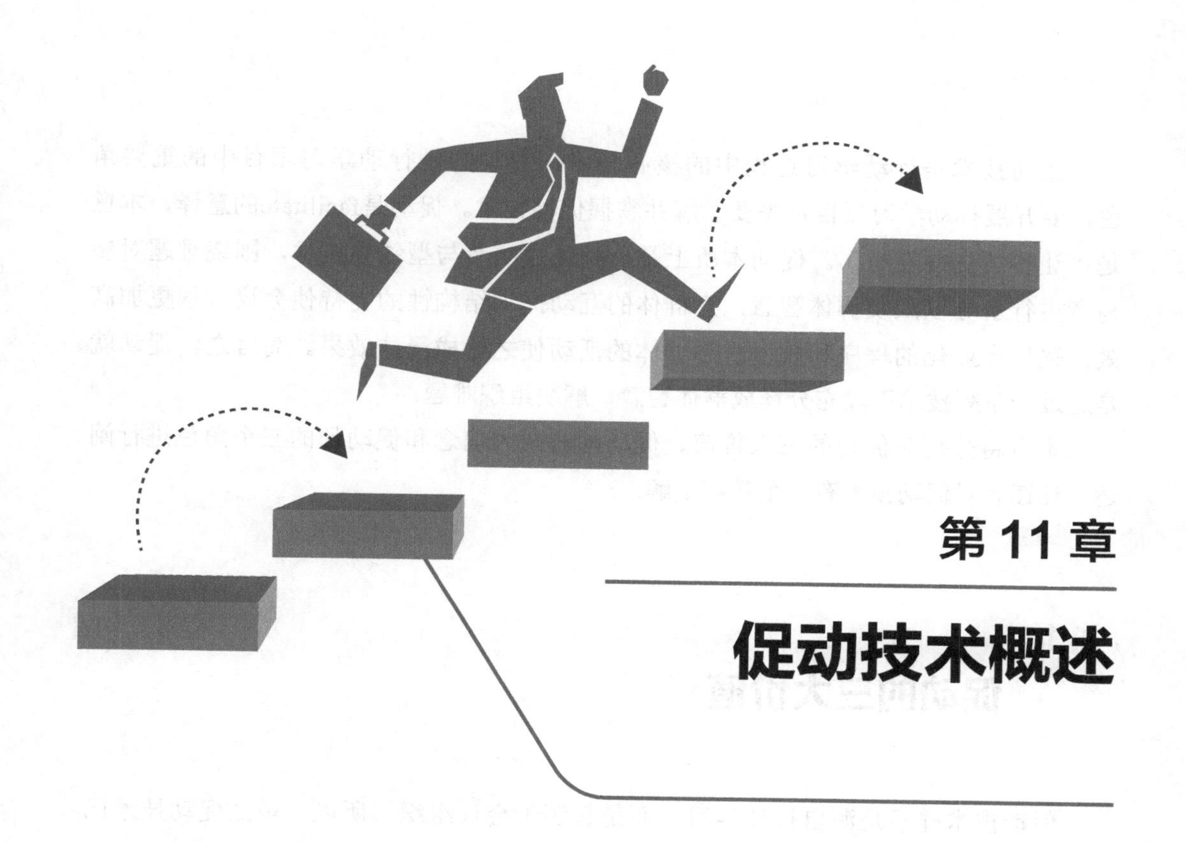

第 11 章

促动技术概述

促动技术是行动学习过程中的核心技术，促动师是行动学习项目中的重要角色，要开展行动学习项目首先要了解并掌握促动技术。促动是facilitate的意译，本意是“让事情变得容易”。促动本质上是一种先进的参与型领导技术，围绕难题对参与者进行引导以激发群体智慧，为群体的互动提供结构性的支持使会议过程更加高效，采用专业化的程序和技术引导群体的活动使之达成最佳效果。简言之，促动就是通过一系列技术手段充分释放群体智慧，解决组织难题。

本章将分别对促动的三大价值、促动师的四大信念和促动师的三个角色进行阐述，让读者对促动技术有一个基本了解。

11.1 促动的三大价值

促动技术并不是源自行动学习，而是起源于会议组织。所以，虽然促动技术已成为行动学习的核心技术，但其应用范围却并不局限于行动学习，既可应用于各种沟通会议，也可应用于日常管理，无论在何种场景下使用，都可以创造出其独特的价值。

11.1.1 促动使团队会议更高效

在不确定时代，任何个体的智慧都无法应对环境的复杂多变，通过会议凝聚群体共识已成为组织的不二之选。会议室已经逐渐成为企业高管的主战场，企业战略、市场策略、运营对策都是会议的结果。无疑，会议能力已是现代管理者的必备技能，然而，大多数管理者其实并不具备组织高效会议的能力。

如何让十几个人、几十个人在会议中达成共识并自发行动？

如何让会议不被喋喋不休的人主宰？

如何让会议不陷入众人对某个问题的长时间“辩论”？

如何让会议告别会而不议，议而不决，决而不行？

促动会让你摆脱上述问题的困扰，让你的团队会议变得更加高效。

11.1.2　促动使团队管理更轻松

现代管理之父彼得·德鲁克在《卓有成效的管理者》一书中指出，拥有可支配的时间是卓有成效的管理者的首要任务，而可支配时间的首要敌人就是下属占用的时间。

把促动融入日常管理，能激发员工自主承担责任，不必再对其追踪或监督，这样就解放了管理者，使其可以履行以前没有时间做的更重要职责。

11.1.3　促动使员工成长更迅速

培养员工并不仅指一年一两次培训课，事实上，管理者的管理方式就会起到培养或者阻碍他们的作用，指令型管理收获的是员工的言听计从，没有自主思考，简单听令于管理者，当然不会有成长；而促动型管理收获的则是员工的主动思考，积极创新尝试，在完成任务的同时促进了员工的成长。而且，促动过程鼓励参与者提出创造性的建议，而不用担心会遭到嘲笑或过早地被驳回，一个人的创造性想法常常会激发更多的创造性想法，创造了团队学习机会，让团队成员共同在工作挑战中获得成长，让成长更加迅速。

所以，促动是在高效完成任务的快车道上的学习，不用花费听课的时间就可以随时随地提升工作能力。同时，促动可以激发员工的兴趣，其成长的持久性也会更高。

11.2 促动师的四大信念

促动师是指在行动学习项目或会议中应用促动技术，凝聚参与者共识，促进参与者学习发展的专业人员。促动有许多专业技术，但决定这些技术是否有效的核心是促动师所秉持的信念系统——促动师的四大信念。

11.2.1 相信每个人都拥有独有的优势和天赋

澳大利亚人尼克·胡哲一出生就没有四肢，他痛恨上天对自己的不公，想要自杀，但是发现因为没有四肢，想要自杀都很难。在悲观失望中，他思考：上帝关上一扇门的同时，一定也为你开了一扇窗。那么，上帝为自己开的那一扇窗到底是什么？最终他认识到，正因为自己天生没有四肢，如果做励志演讲，会比任何人都更具有说服力。最终，胡哲成为最知名的励志演讲大师之一。

每个人都是独一无二的个体，造物主在创造每一个个体时都赋予了其独特的优势和天赋。

相信每个人都有无限的潜能，相信每个人都拥有独有的优势和天赋，这应是促动师的第一个信念。

11.2.2 相信每个人都会为自己做出最好的选择

每个人的世界都有自己内在的逻辑，在这个逻辑里自己永远是“对”的，不需要被旁人纠正和修补，而旁人无论多么高明，多么智慧，都无法代替当事人去思考和行动。这就是为何在绝大多数情况之下，建议是很难被采纳的。

顾问、培训都是给出预设的“正确答案”，而促动没有预设答案，通过激发参与者的智慧从而围绕问题寻求各种可能性，最终自主做出选择。也许，这些选择在外人看来并不高明，并不智慧，但这是获得当事人内心承诺的选择，是他当下做出的最好选择，即使是“错误”的，也会因获得内心承诺而在行动中迭代修正，最终得到“正确”的结果。

况且，所谓的高明、智慧不过是从他人视角来看，而对当事人却未必如此。这正如，老鹰从天上看着在地上辛苦追逐猎物的土狼会疑惑，为何不飞到高空下扑捕获猎物？殊不知，对于老鹰来说理所当然的经验主义，套用到土狼身上却是不切实际的想当然。

试想一下，如果你知道你的答案其实并不一定适合他，你还会急于给对方建议吗？你还会滔滔不绝地分享你过去的成功经验吗？

相信每个人都会为自己做出最好的选择，这应是促动师的第二个信念。

11.2.3 相信每个人都会为自己的选择做出改变

人的改变核心在于心智模式的改变，个人对事物的认知决定了个人对解决问题的期望，而实际行动带来实际结果，如果期望和实际结果一致则会强化原有的认知，如果不一致则会带来认知的改变，学习就是这样发生的。所以，即便当事人选择的行动最终被验证是失败的，这也是其成长所必需的学习机会，是其获得成功所必须经历的一部分，正如跌倒是孩子蹒跚学步的必然经历一样。

相信每个人都会为自己的选择做出改变，这应是促动师的第三个信念。

11.2.4 相信人被理解和支持时就会迅速成长

当带着理解和支持进行促动时，一些重要的事情就会发生，当事人会听到自己内在的声音："我有能力，我完全能依靠自己解决这件事！"与其说这是促动的力量，不如说这是信任的力量！这种体验将有助于人们形成一个良好的习惯，即如何自己做决策及如何成为自我领导者。并且，这种习惯将在不断地验证中得以强化，当事人会变得越来越自信，其能力也在行动验证中得到迅速成长。

相信人被理解和支持时就会迅速成长，这应是促动师的第四个信念。

11.3 促动师的三个角色

促动师是掌握并实施促动技术的专业人员，是行动学习过程中一个非常独特的角色，负责行动学习项目的设计和实施，具体而言，促动师同时扮演三个角色：派对主人、流程专家和团队教练，如图11-1所示。

图11-1　促动师的三个角色

11.3.1 派对主人：热情好客的东道主

派对主人是指促动师在现场实施行动学习项目时，要像一位举办派对的主人一样，营造大家愿意热情参与，人人愿意积极贡献创意、相互支持信任的氛围，按照预设会议日程并结合学员研讨的实际情况动态推进会议，确保既定成果的产生，并在会议过程中提升行动学习小组研讨、行动、反思、学习和自我促动的效能，提升小组成员在问题呈现、倾听、提问、反思等方面的效果，让行动学习研讨会能够达成发自内心的共识并获得切实的成效。

11.3.2 流程专家：项目流程的设计师

流程专家是指促动师要负责对行动学习项目流程进行针对性设计。每一个组织的情况都不相同，面对的问题也不相同，流程专家要评价组织实施行动学习项目的准备度，并和组织高层沟通，获得支持和承诺，明确发起人对课题的期望，然后根据组织的准备度和课题方向设计行动学习流程，协助确定小组成员，预设行动学习过程中可能出现的问题并制定预案，在行动学习结束时评估项目得失并持续对项目流程进行改进。

11.3.3 团队教练：团队成长的“助产士”

每个企业都有其特定的规则、制度、流程、体系和文化，还有约定俗成的“潜规则”，以上这些共同形成了组织特有的范式。范式的形成可以保障组织有效地应对日常运营，但是当遇到复杂难题时，这个范式往往就失效了，因为复杂难题正是源自组织原有的范式。与流程专家专注于解决问题不同，团队教练更关注的是在项目过程中出现的学习机会，通过质疑式提问，引发学员的反思，促成个人及团队的范式转变，进而带来组织范式的转变。团队教练不给答案，只是通过提问来启发思考，小组成员的学习成长就像是产妇生产的过程，团队教练协助小组成员产生行动学习成果，所以这个角色又被称作“助产士”。

后面我们将用三章的内容详细阐述促动师的三个角色需要掌握的促动技术要点，这里就不再赘述。

11.4 本章总结：促动——内驱力激发之道

促动的核心是自下而上充分释放群体智慧，这也引发一个管理学思辨：组织究竟应该自上而下发号指令，还是自下而上释放群体智慧？如果是工业时代，绝大多数组织奉行的无疑是前者，而今天这个时代已完全不同，我们正处在一个高度不确定的时代。

工业时代，环境是稳定的，市场是单一线性的，战略是确定的，所以组织管理更多的是控制；不确定时代，环境高度不稳定，市场是跨界网状的，战略是变动的，组织必须释放人的主动性。

工业时代，少数“聪明人”制定战略，其他“机器人”只需按照指令去执行；不确定时代，每位知识工作者都是一朵“智慧云”，他们的集体智慧远高于管理者。

工业时代，生存和安全是人的主导需求，所以“胡萝卜”和“大棒”成为激发人工作动力的主要手段；不确定时代，自我实现已成为主导需求，工作带来的满足感和成就感才是工作的动力源泉，所以释放群体智慧成为管理者的唯一选择。

不确定时代是一个需要释放群体智慧的时代，因为复杂多变的市场环境需要充分发挥所有个体的智慧；不确定时代也是一个个体已经自我解放的时代，新生代天生属于这个复杂多变的时代，他们是这个时代的原住民，他们不愿意呆板地接受指令，更希望自己成为任务的主人。

不确定时代是一个需要召唤个体全面参与的时代，没有参与就没有理解，没有理解就没有应变，没有应变就无法适应，无法适应就无法生存；不确定时代又是一个个体主动要求全面参与的时代，参与凝聚共识，共识建立承诺，承诺带动投入，投入创造绩效。

这是对不确定时代的领导者的挑战，我们必须放弃已有的管理工具，学习释放群体智慧的方法，让所有团队成员主动担当；这也是不确定时代的领导者的机遇，群体智慧是一切动力的源泉，被释放的群体智慧必将创造出更大的独特贡献。

通过促动，为团队成员赋能，充分发挥团队成员的自主性，自下而上释放群体智慧，让团队成员主动开展支持目标达成的行动，是当代组织的必然选择。

11.5 学习反思：智慧火花，精彩再现

3点收获：本章让我印象最深的三点

2个感悟：此时此刻，我的感受和启发

1项行动：我决定用到工作中的一点

第12章 派对主人

想象一下，如果你邀请一大群朋友参加你组织的派对，你的期望会是什么？

你一定期望所有的朋友都能感到轻松和愉快，派对安排的流程张弛有度，大家都愿意投入派对的各种活动中，所有的朋友对你这个东道主的安排都非常认可。

派对主人是促动师的第一个角色，也是促动师首先要去修炼的一个重要角色。要想成为一位受欢迎的派对主人，促动师需要重点关注五个要点，称为STEPS法则(见图12-1)，这是以五个要点的英文首字母来命名的。

图12-1　STEPS法则

12.1 Space：氛围轻松的空间

合适的场所和良好的空间氛围是行动学习研讨会的重要因素。氛围轻松的空间会让每个人感到放松，进而愿意投入会议中。一个氛围轻松的研讨空间应考虑以下四个方面。

12.1.1 场地选择：避免干扰

行动学习的议题通常是一些重大的战略议题，而且会议一般会持续1～3天的时间，需要参与者避免日常工作的干扰，全情投入研讨中，通常建议选择远离工作场所的场地，如宾馆或度假村。

12.1.2 座位安排：轻松有序

不同的座位安排传递给学员的感觉是不一样的。沿会议桌摆放椅子意味着非常正式的讨论和决策；按岛屿分成小组，每个小组围着各自的桌子而坐，意味着以小组为核心的研讨和交流；不放置桌子，用椅子围成一个圆圈，表明这是一个开放式的会议。而行动学习研讨在绝大多数情况下采用岛屿式的座位安排，营造出以小组研讨为主的轻松有序的氛围。

12.1.3 空间装饰：突出主题

会议室的装饰会影响参与者的情绪和注意力。进行行动学习研讨时，可以有效地利用墙上的空间，例如，将与行动学习相关的日程、规则、体现关键要素的海报和标记符号贴在墙上，在营造良好的场域氛围的同时突出会议主题。

12.1.4 场地环境：干净整洁

凌乱或混乱的会场会使参与者感到自己和面前的任务并不重要，而一个干净、整洁的环境会调动人们的情绪，激发更大的动力去完成任务。这就要求会场内不要有零散的纸片和不干净的杂物，移走影响人注意力的物品以及不必要的家具和装饰。

12.2 Time：张弛适当的议程

时间是影响人们提出想法、产生会议结果的关键因素，经验丰富的促动师能够提前设置合理的议程，并在会议过程中灵活把控讨论的节奏。

12.2.1 议程安排：明确清晰

松散的议程安排会让参与者散漫混乱，紧张的议程安排又会让参与者过度疲惫，所以议程的安排应张弛适当并明确清晰。连续的理性研讨容易让参与者感到枯燥和乏味，而连续的感性活动又容易让参与者感到虚泛和不切实际，所以议程的设计要注意感性和理性的平衡，交替调动参与者的右脑和左脑。

行动学习促动师一般会将议程张贴到醒目的位置，在会议导入阶段对议程进行介绍，并在一些里程碑环节对议程做回顾，以确保参与者随时了解议程的推进情况。

12.2.2 议程推进：动态灵活

即便是议程设置得非常紧凑，促动师也要认识到会议现场的不可预见性，所以在议程设计时要有一定的弹性，在依照议程推进会议的同时，针对会议参与者的实际情况，适时做出一些动态的调整。

12.3 Eventfulness：丰富多彩的活动

参与者会被团体的情绪所感染从而做出反应，所以促动师要有意识地在会议过程中安排一些调动情绪的活动。

12.3.1 用幽默活跃气氛

促动师可以通过幽默的表达方式或视频等来呈现会议过程中的某些讲授环节，这对活跃气氛有很大帮助。当然，并不是所有的促动师都有幽默的天赋，那么提前的准备也就变得必不可少。

12.3.2 用游戏提升能量

促动师需要提前准备一些小的团队游戏，在团队成员开始表现出疲惫、厌倦的征兆时，及时通过一些游戏提升团队的能量。

12.3.3 用音乐营造氛围

促动师可以在研讨环节播放一些轻松、舒缓的背景音乐，让参与者放松心情投入研讨，同时轻松、舒缓的背景音乐也可以有效地降低会议现场的嘈杂度。

12.3.4 用奖惩强化纪律

会议纪律的约束必不可少，而过多地强调纪律则会影响人们的参与热情。促动师可以通过记分激励或娱乐性惩罚的方式激发参与者的集体荣誉感，形成互相监督的机制，在不影响参与热情的情况下建立必要的纪律约束。

12.3.5 用竞赛提升参与

竞赛会让人投入其中并乐此不疲，所以，促动师可以通过竞赛的方式调动与会人员参与的积极性。

12.3.6 用庆祝凝聚团队

庆祝胜利可以有效地增强集体主义精神，促动师可以预设或发动参与者自己设计一些庆祝胜利的方式，在会议产生关键的里程碑成果时采用，可以很好地起到凝聚团队的作用。

12.4 Product：可见可感的成果

有效的会议会产生有意义的、理想的、切实的成果，这个成果一般包括两个方面：理性成果和感性成果。

12.4.1 理性成果：切实的交付物

理性成果是指通过促动，在会议结束时形成的可交付的结果，这些成果可能包括：

- 陈述会议决议的书面报告；
- 记录团体的数据、分析、反思和结论的报告或文件；
- 记录团体讨论、共识过程和行动计划的报告或文件；
- 团体的观点和共识的图表或图片。

理性成果是会议所有参与者的共识，表示每位参与者对这些成果建立了承诺，能够接受执行决定所产生的后果。

12.4.2 感性成果：预期的体验感

感性成果是指学员在热情、承诺、信心、团队融合、沟通协作、相互信任及学习成长方面收获的成果。

感性成果虽不能像理性成果一样量化可见，但却可以感受到，也是非常重要的会议成果。

促动师要在会议开始前预设会议的感性成果，推敲会议的不同环节要达到的感性目的是什么，并在会议过程中针对感性成果的实际达成情况适时进行议程调整，在会议结束时总结、反思感性成果是否达成。

12.5 Style：亲和可信的风格

营造小组成员内部和谐、安全、相互支持的气氛是促动师的工作之一，对会议的成功起关键作用。

12.5.1 营造尊重的氛围

促动师应营造每个人都被尊重、每个人的发言都被珍视的气氛，对所有人及所有发言都给予感谢。促动师做记录时，要引用小组成员的语言原文，可以最大限度地体现对小组成员的尊重。

12.5.2 激发热情的语言

要激发参与者的参与热情，促动师首先自己要表现出热情。语言是最能激发参与者热情的工具，促动师开放和热情的语言会有效地提升参与者的参与度。

12.5.3 采用安全的方式

如果研讨涉及一些较为敏感的环节和信息，可采用匿名方式收集敏感信息，并对敏感信息进行保密，如有需要，可签订保密协议。

12.5.4 关注每位参与者

促动师应及时发现小组成员情感、情绪的细微变化，以采取针对性的举措。如果发现小组成员比较疲劳，要安排休息或者游戏；如果发现小组成员对某个环节比较抵触，要征求小组成员的意见和建议并做出改进；如果发现小组成员比较沉闷，可以增加一些小幽默调动气氛。

12.5.5 创造融洽的沟通

促动师要鼓励小组内部的沟通，促进相互开放和接纳。研讨时应针对问题，不能针对人，避免人身攻击，要求小组成员对事不对人。控制可能的冲突，如果出现冲突，应积极、主动地解决，而不能刻意回避冲突。

12.5.6 不随意评价观点

促动师不要随意评价他人的观点，应通过发问的方式，让参与者自己澄清观点，发现观点中的错误。

12.6 本章总结：促动——以激发参与动力为起点

激发参与者的热情和动力是促动师的首要职责，所以派对主人看似没有太多技术含量，却是促动师首先要修炼的第一个角色，因为如果不能激发参与者的参与动力，也就谈不上问题的解决和学习发展。

只有当促动师让所有参与者都充满创造活力，让团体成员能够充分放飞想象力，愿意释放其智慧为集体贡献价值时，才有望形成切实的方案、可行的计划和发自内心的承诺。

所以，促动以激发参与动力为起点，做好派对主人是促动师的永恒主题。

12.7 学习反思：智慧火花，精彩再现

3点收获：本章让我印象最深的三点

____

____

____

2个感悟：此时此刻，我的感受和启发

____

____

____

____

*1*项行动：我决定用到工作中的一点

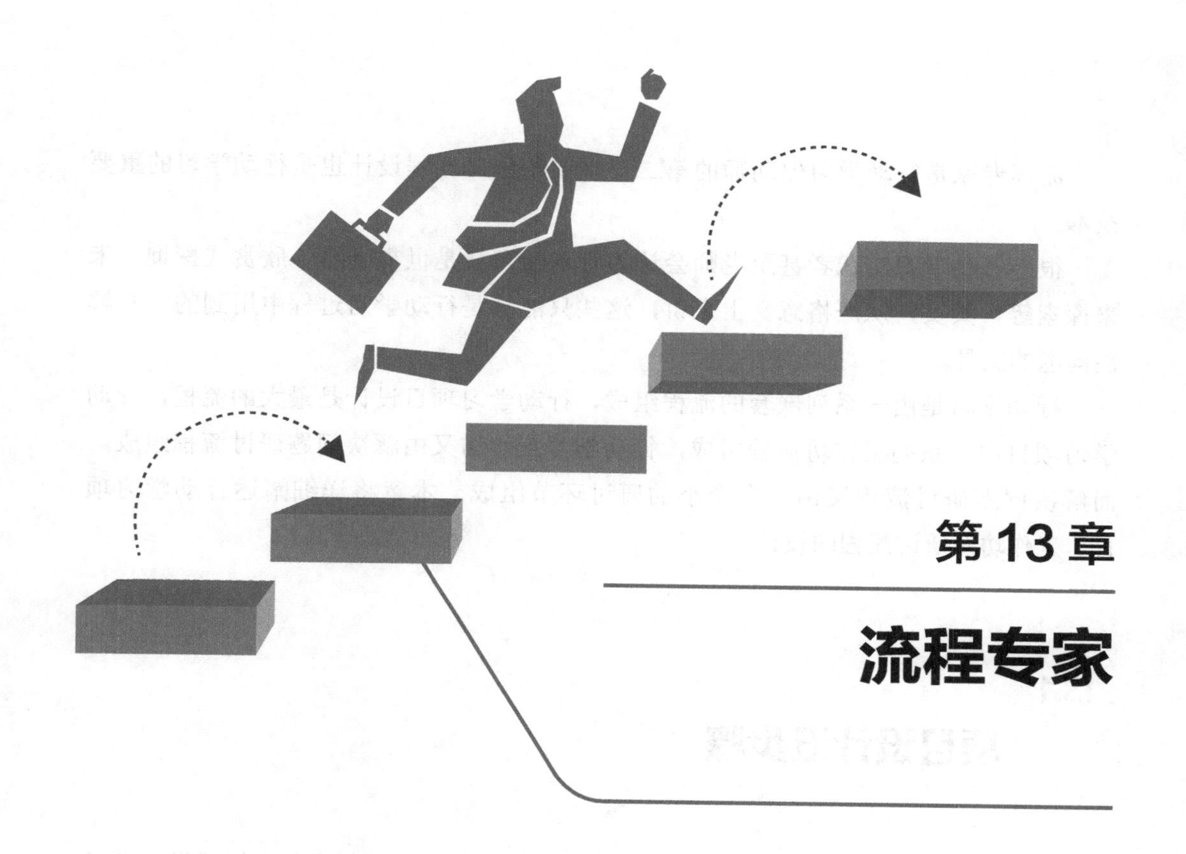

第13章

流程专家

流程专家是行动学习促动师的第二个重要角色，流程设计也是行动学习的重要技术。

很多行动学习实践者甚至老师会认为行动学习就是世界咖啡、欣赏式探询、未来探索等，其实，从严格意义上来讲，这些只能算是行动学习过程中用到的一些解决问题的工具。

行动学习是由一系列嵌套的流程组成，行动学习项目设计是最大的流程，行动学习项目由一系列工作坊流程组成，行动学习工作坊又由解决问题研讨流程组成，而解决问题研讨流程又由一个个小的研讨环节组成。本章将详细阐述行动学习项目、工作坊及研讨流程的设计。

13.1 项目设计五步骤

不同机构开展的行动学习项目有很大的差异，但万变不离其宗，行动学习项目基本上都包含发起、启动、跟进、培训、总结五大步骤。

13.1.1 发起：选定项目，预做准备

项目发起阶段的主要工作包括前期调研、深度会谈、成立行动学习委员会。其关键点是与高管(项目发起人)的深度会谈，通过深度会谈明确组织的关键目标和实现此目标的关键难题，并根据此难题确定此次行动学习项目的课题、目标、参与者(人数、具体人员)、地域、团队组成形式、相应的配套奖惩机制等。

13.1.2 启动：开启航程，凝聚共识

项目启动阶段一般安排2～3天时间，其目的是通过一套科学与艺术结合、感性与理性兼具的会议流程唤起团队的积极情绪和内生智慧，达成高度共识和承诺，形成可执行、可操作的行动学习计划并推动实施。

13.1.3 跟进：跟踪辅导，复盘推进

项目一般每个月集中一次，每次1～2天，包括对行动计划进行复盘，跟进检查进度，推进项目并通过质疑和反思促进学员成长，输入解决问题流程工具，帮助学员深化理解行动学习流程工具并应用于解决问题的过程。

13.1.4 培训：导入知识，强化学习

培训通常穿插安排在项目过程中，以补充项目过程中学员解决问题所缺失的相关知识，支持项目的推进。

不同类型的行动学习项目在项目设计上差异很大，这一点在本书的第2部分中已给出更为全面的阐述。

13.1.5 总结：回顾反思，固化模式

在项目总结阶段，利用1～2天的时间对项目成果进行验收，对项目全流程进行反思，对学习与发展进行总结反思，并将行动学习中学到的工具、方法及表现出来的行为迁移到日常工作场所。

13.2 工作坊设计六部曲

行动学习工作坊既可以独立开展，也可以作为行动学习项目的组成部分，下面我们以一个独立开展的行动学习工作坊为例，阐述行动学习工作坊设计的六个步骤。

13.2.1 预备：确认需求，预做准备

行动学习项目的准备工作要在工作坊开始前1个月启动，一般包括六项内容：选题及确认行动学习目标、人员选择及分组、准备研讨会材料、制定会议议程、研讨会情景分析及预案、会议通知及资料发放，如表13-1所示。

表13-1 工作坊的准备工作

工作内容	具体工作	负责人	时间
选题及确认行动学习目标	● 会议讨论 ● 现场调研 ● 经营现状分析	发起人、促动师、召集人讨论决定	一般在研讨会前1个月
人员选择及分组	● 人员评估 ● 走访候选人 ● 确认候选名单	促动师和召集人	一般在研讨会前半个月左右
准备研讨会材料	● 准备理论、方法、工具 ● 编写案例 ● 编制成果报告 ● 与专家进行沟通	促动师、专家、小组成员	一般在研讨会前半个月左右
制定会议议程	● 会议目标 ● 会议日程 ● 研讨逻辑	促动师、召集人	会议前半个月左右
研讨会情景分析及预案	● 情景分析 ● 预案准备	促动师、召集人	议程确定后
会议通知及资料发放	● 发送会议议程 ● 发送需要小组成员提前阅读的资料	召集人	会议前10天左右

13.2.2 导入：激发动力，开启旅程

导入是指启动研讨会，由促动师或行动学习的召集人(有时候是发起人)提出研讨的任务及欲达成的目标，并阐明研讨的逻辑及对研讨流程或小组成员的具体要求，如表13-2所示。

表13-2 开场导入安排

时间	具体内容	注意事项
5～20分钟	● 对上次研讨内容的回顾 ● 本次研讨会的问题及目标 ● 本次研讨会的逻辑设计 ● 本次研讨会的时间安排 ● 本次研讨会的要求 ● 促动师简短介绍自己的背景	● 建立平等沟通的关系 ● 气氛的设定与所研讨的题目要保持一致 ● 导入过程要简短、明确

13.2.3 研讨：群策群力，转变范式

研讨阶段是研讨会的核心部分，小组成员在促动师的帮助下，发挥群体智慧，澄清问题，分析原因，提出可能的解决方案，如表13-3所示。

表13-3 研讨环节安排

时间	具体内容	注意事项
约占研讨会80%左右的时间	● 讲授研讨工具、流程 ● 促动小组成员质疑与反思 ● 促动研讨的进程 ● 概括、提炼、总结	● 促动师避免提出自己的观点 ● 不对小组成员施加压力 ● 不过分拘泥于程序 ● 及时干预 ● 适时总结

13.2.4 反思：反馈行为，提升效能

促动师促动学员对研讨过程和内容进行回顾，加深小组成员对研讨逻辑和研讨成果的认识，加深学员对团队行为的认知，引发小组成员反思，如表13-4所示。

表13-4 反思环节安排

时间	具体内容	注意事项
10～30分钟	● 学员反思学习感受 ● 总结研讨成果 ● 团队有效性反馈	● 要能容忍模糊的存在 ● 不回避对失败和不足的总结

13.2.5 关闭：回顾总结，落实责任

在关闭阶段，促动师与小组成员制订下一步行动计划，对下一步行动提出具体要求，如表13-5所示。

表13-5 关闭环节安排

时间	具体内容	注意事项
5～15分钟	● 必要时可再次概括主题，再次确定下一步行动计划 ● 提出今后尚待研讨的题目和方向 ● 向参与者表示感谢	● 要提出明确的行动推进要求

13.2.6 跟进：跟踪计划，推进行动

研讨会结束后，如果不进行跟进，研讨会上形成的决议和建立的承诺很容易放水，所以持续的跟进对研讨会成果的落地至关重要，如图13-1所示。

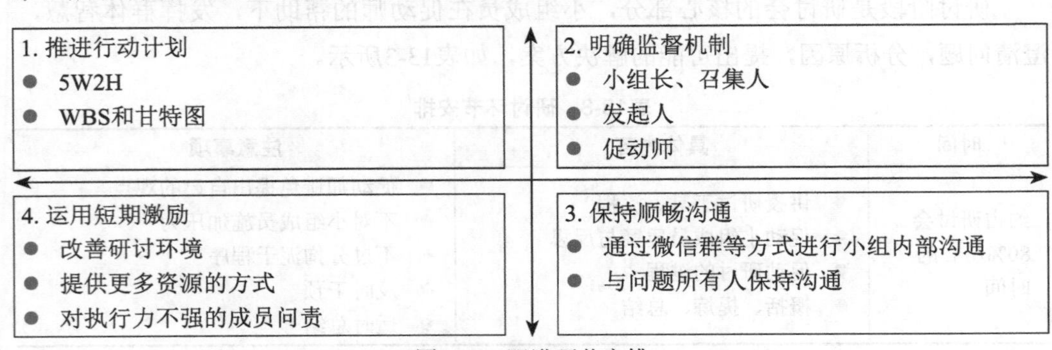

图13-1 跟进环节安排

13.3 案例：东风汽车研发和企划深度融合工作坊

2016年5月中旬，合作伙伴武汉弈博管理咨询有限公司提出了一个需求：东风汽车集团期望用一个三天的工作坊，促进产品研发部门和商品企划部门在产品战略制定过程中的融合，提升产品研发人员对市场需求的把握能力，提升产品研发质量。

东风汽车集团期望我和一位研发专家配合，我承担促动师的职责，研发专家承担专业知识输入的职责，一起开展这次工作坊。

从2016年5月中旬接到需求开始准备，期间进行了数次电话、微信、邮件沟通，最终在6月20—22日正式实施了研讨会，获得了预期成效。

13.3.1 确认需求：打破职能壁垒，促进深度融合

接到需求后，我和本次活动的负责人(东风汽车集团方)先后进行了三次电话沟通，确认了六个方面的内容，充分澄清了客户的需求，为项目开展做了充足的准备。

1. 确认需求提出的背景

和许多大型集团企业一样，东风汽车集团的部门之间也存在深厚的“职能壁垒”，例如，商品企划部门和研发部门之间在制定与实施产品战略时各自为政，产品研发人员的研发工作多以产品技术为中心，而不是以用户需求为中心，导致商品企划部门获取的市场需求很难有效地转化为研发部门的产品设计，部门沟通存在隔阂。

2. 确认参加人员的情况

参加人员为来自日产合资车系、神龙车系、欧韩合资车系及公司技术中心的商品企划和技术研发的中高层管理者，人员数量为30～40人，本科以上学历的工科男士为主，年龄大多在40岁左右。

3. 确认期望达到的成效

期望以“打破研发部门与商品企划部门之间的业务隔阂，缩短需求转化为产品的时间，提升产品研发人员对市场需求的把握能力，提升产品研发质量”为研讨方向，分析存在的具体问题及原因，提出针对性的解决方案，并制定可落地的行动计划。

4. 确认对研讨会组织形式的要求

研讨会采用双师模式，我负责会议流程的促动，来自华为的研发管理专家提供研讨过程中的专业知识支持。活动总时长为三天，第一天为案例分享，专家负责对案例做出专业点评，我作为促动师负责会议主持和知识转化促动；第二、三天为研讨会，我负责会议促动，专家负责方案点评和知识输入。

5. 确认可能存在的挑战

最大的可能挑战是“组织防卫”，学员来自两个不同的部门，过去相互之间存在抱怨，而本次研讨的问题又是两个部门围绕产品战略的融合问题，这很有可能导

致在分析问题和原因时因防卫而不愿客观呈现出问题，或对问题的分析流于形式，不能找到真正的原因。

6. 确认可以提供的支持

针对可能存在的挑战，举办方邀请在管理者中有广泛影响的人才发展处处长承担工作坊的发起人，并在研讨会开始时进行动员讲话，从组织视角强调解决这一问题的重要性，同时鼓励大家坦诚面对存在的问题，寻求解决方案，在研讨会结束时进行关闭发言，要求各组在会后落实行动计划。

13.3.2 项目设计：围绕课题分组，紧扣需求设计

针对本次研讨会的需求和目标，我对本次研讨会进行了针对性设计，并经过与客户的反复沟通确认，最终完成了工作坊的设计。

1. 按照业务板块分组，确保人员和课题的针对性

为了确保研讨能够围绕真实存在的问题展开，我建议将学员按照产业板块分为四个小组。

第一组：日产合资车系的研发和企划管理者。

第二组：公司技术研发中心研发管理者和总部企划管理者。

第三组：神龙车系的研发和企划管理者。

第四组：欧韩车系的研发和企划管理者。

2. 针对客户需求设计会议日程

针对会议需求，经过与客户反复确认，我对研讨会进行了统筹设计，最终确定了三天研讨会的日程。具体内容如表13-6所示。

表13-6 东风汽车工作坊日程

时间	主要内容
第一天	● 导入 ● 日产研发和企划融合案例分享 ● 华为产品研发案例分享 ● 内部研发和企划融合案例分享 ● 专家点评 ● 转化吸收：ORID

(续表)

时间	主要内容
第二天	● 行动学习基础理论讲解 ● 研讨规则和活动挂图书写规则 ● 促动技能学习：中立、倾听、提问 ● 解决问题六步法第一～三步
第三天	● 团队有效性反馈 ● 解决问题六步法第四～六步 ● 小组汇报分享，大组质疑点评：六顶思考帽 ● 学习反思 ● 关闭

3. 针对性选择促动工具

本次研讨的核心问题为“如何促进产品和企划的深度融合”，属于“找偏差”类型的课题，我采用“解决问题六步法”作为贯穿整个研讨会的核心流程工具，如图13-2所示。

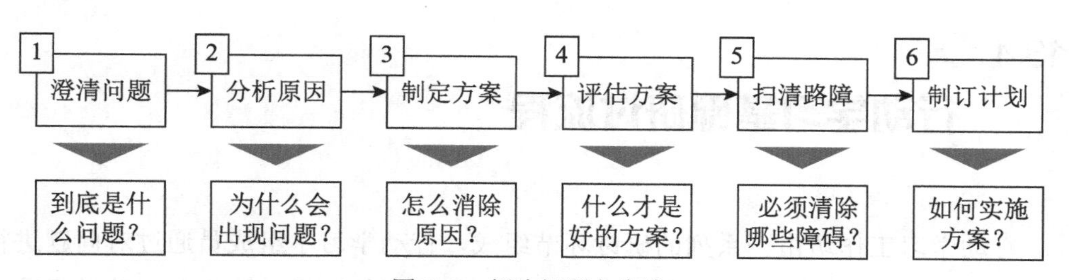

图13-2 解决问题六步法

在解决问题六步法流程工具中融合了头脑风暴、团体列名、鱼骨图分析、方案二维决策、力场分析、行动计划表等促动工具。

除了解决问题工具，又把ORID作为第一天案例分享后的知识转化研讨工具，把“团队有效性反馈”作为提升团队效能、克服组织防卫的方法，把“六顶思考帽”作为大组点评、跨组学习分享的工具。

13.3.3 会议流程：促动课题研讨，适时补充知识

促动师和研发管理专家搭档共同推进项目是本次工作坊的一个特色。在每一个研讨环节前，我会先做该环节研讨内容的讲解和示范，然后由各小组的一位学员作为小组促动师推进本小组的研讨，我通过巡视对各小组的促动师提供支持。研发管理专家根据大家在研讨过程中暴露出来的知识短板适时予以补充。知识补充极大地

提升了大家的研讨质量，而针对难题的促动也提升了知识的转化效果。

13.3.4 会议成果：突破既定目标，建立行动承诺

来自四个产品板块的小组均取得了可以落地的成果，日产合资车系小组在原本不错的企划基础上又借鉴了许多创新举措，当最终确认可以“完美超越”达成目标时，整个小组都非常兴奋；以公司技术中心为主体的小组在方案只能“基本达成”目标时，又深入剖析了阻碍方案落地的障碍，增加了大量创新举措，最终使方案可以“完美超越”目标；神龙车系小组立足于将一个问题摸穿摸透；欧韩车系小组聚焦于对未来需求预测过程中的企划和研发的深度融合。四个小组都制定了细致的举措和切实可行的行动计划，最重要的是这些行动计划是由产品研发部门和商品企划部门一起制定、共同承诺的。

13.4 行动学习基础研讨流程

行动学习工作坊由一系列的研讨环节组成，行动学习小组成员通过对问题进行研讨，群策群力澄清议题、设定目标，探寻达成目标的路径，这正是行动学习通过质疑与反思，释放群体智慧解决难题的核心流程，每一个研讨环节的核心逻辑都是按照一个橄榄球模型展开，如图13-3所示，共包含五个基础步骤。接下来，我们就这五个步骤逐一进行介绍。

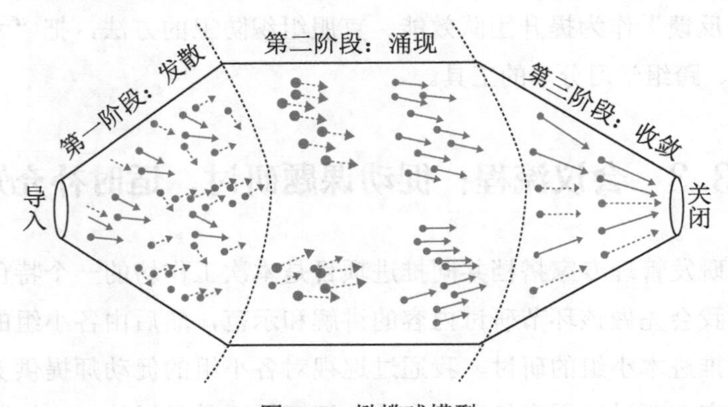

图13-3　橄榄球模型

13.4.1 导入：开启脑力激荡之旅

导入是每个研讨环节的开始阶段，共包含五部分内容，可以归纳为5T导入法。

- Topic(议题)：对会议的议题予以澄清。
- Target(目标)：明确议题的目标。
- Task(任务)：明确任务及流程。
- Tool(工具)：说明研讨规则及工具。
- Time(时间)：分配每一环节的时间。

5T导入法适用于任何研讨会，当然，不同时间长度的研讨会所占用的时间会有差异，如果是一次为期1天以上的工作坊，导入时间一般为30～60分钟，如果是一个10分钟的研讨环节，导入时间应控制在1分钟以内。

13.4.2 发散：释放群体智慧火花

传统会议之所以无效，最大的问题在于会议参与者的思维没有充分打开，观点不够丰富，所以研讨会的第一步就是尽可能地激发参与者思维，获得丰富的观点。

促动参与者发散思维的方法有很多，其中最基础的是四条研讨规则。这四条研讨规则似乎只是常识，但常识往往并不简单，想要做好并不容易，下面我们逐条澄清。

1. 每个人都要发言，但每次只能有一个人发言

回忆一下你所在组织过去开会的场景，是否经常有少数人说，多数人听的情况。哪些人说得多？一般不外乎领导、专家这些权威人士，其他人主要是听，而且频频点头、认真记录，偶尔附和一下领导的意见，实际上早已神游物外。

当然，不表达并不代表没有观点，只是长期在金字塔型结构下形成的防卫已经成为组织习惯，即便领导主动征询意见，发言之前也会斟酌再三。

这种惯性很容易迁移到GAME会议中，这时就需要促动师借助这一条规则促动，当促动师发现有人一直不发言时，就可以通过强调“每个人都要发言”主动征求意见，以确保每个人都有机会发言。

会议有时也会出现另一种情况，大家一下子放开了，七嘴八舌，表面上很热闹，事实上很低效。遇到这种情况，促动师就可以用第一条规则的后半句“每次只能有一个人发言”对会议予以干预，确保会议高效。

第一条研讨规则可以确保大家参与进来，为会议贡献观点、贡献智慧，那么怎样才能让众人的智慧得到有效的激发呢？这就需要第二条研讨规则。

2. 追求数量，追求创意

为什么“追求创意”之前首先要“追求数量”？读者可以想象一下，当你开始对一个问题进行研讨时，脑子里首先出现的是熟悉的普通观点，还是有创意的新观点？

凭常识也能判断，首先想到的一定是一些熟悉的普通观点。而针对复杂难题，显而易见的解往往是无效的。如果这些普通观点能破解难题，这个难题早就不复存在了。

所以首先要追求数量，穷尽普通观点后，促动师通过“还有呢？”继续提问，逼迫大家思考新的观点，促动大家将他人的观点视作激发创意的激发物和引发自身反思的机会，提出新的有创意的观点。

而有创意的观点往往会显得另类，甚至荒谬，如果不加以保护，就特别容易被扼杀在摇篮中，于是就有了第三条规则。

3. 不质疑，不批评，不打断

创新观点之所以称为创新，一定是一些不合乎常规的观点，甚至看上去很荒谬，而创新和荒谬就像一对孪生兄弟，在诞生之初往往无法区分。所以一些貌似荒谬的观点就特别容易得到负面评价，一旦得到负面评价，发言者的情绪就会受到影响，有可能不再发表观点。

所以第三条规则专为保护创意观点而设，促动师要严格执行这条规则，当有人违背时要及时干预，并且中立、如实地记录所有观点，即便是荒谬的。

是不是什么情况下也不能打断呢？也不尽然。当促动师发现发言者已经离题，或者必须要对表述的内容进行解释澄清否则会影响会议的正常进行时，可以礼貌地打断发言者，请其解释澄清，比如发言者使用了很新的概念、表达有歧义、陈述冗长、逻辑混乱，导致其他小组成员不能理解所表述的内容时。

在促动师的干预下，参与者一般能在表面上遵守第三条规则，却不一定是发自内心，这时就需要第四条研讨规则。

4. 视不同意见为学习机会

正如盲人摸象的故事所阐述的一样，角度不同，摸到的大象就会不同。在组织本位之下，每个人都是“盲人”，认识到的组织这头“大象”也不一样，高层有高层的视角，基层有基层的视角，职能有职能的视角，业务有业务的视角。屁股决定脑袋，以本位思维看问题，其实看到的都只是一个局部而已。

就某些问题而言，高层的认知不见得就一定比基层高明，比如客户对产品的感受一定是基层一线最清楚，业务方面的问题一定是业务单元的人更了解。我在实施行动学习项目时，强调的小组成员的多元化也正基于此，多元化小组产生多元视角，多元视角让我们有望看到更加完整的真相。当然，能否真正看到真相就取决于是不是发自内心的遵守这一条规则。

四条研讨规则是发散的基础，针对一些特定的问题研讨，还可以引入更多的发散工具，比如后文提到的创新工具等。

13.4.3 涌现：形成多套创新方案

发散之后进入方案涌现阶段，涌现是发散和收敛不断交替的环节。在涌现环节，促动师促动小组成员通过提问对观点逐条澄清，确保大家对观点的理解没有歧义，可以合并相同或相近的观点，但不做概括总结，在现有观点的基础上进行整合创新，如观点数量较多时可以将观点归类，生成成套的方案。

如果第一阶段足够发散，许多创新方案将在这一阶段自动涌现出来。促动师可以通过四种方式进行促动，促成更有价值的创新方案的涌现。

1. 叠罗汉

把看起来彼此独立、不相关的观点叠加在一起生成更为具体、落地的创新方案。

2015年的一次工作坊上，有一个小组讨论的课题是“如何提升公司玉石工艺品的营销业绩”。经过发散，大家形成了很多零散的观点：

- 深挖细分市场；
- 增加新的款式和功能；
- 结合互联网思维扩大销售；
- 扩大经销商范围；
- 扩充营销队伍；
- 与银行合作理财项目；
- 借助知名文化品牌发行玉石纪念币；

……

进入涌现阶段，观点很多但相对零散，我作为促动师开始提问："如果把观点2、3叠加在一起能创造出什么新观点？"

起初，大家觉得这两个观点似乎风马牛不相及，很难叠加在一起。

经过一段时间的沉默，有人看到同组学员手腕上的小米手环受到启发："制作玉石数据手环，既结合了互联网思维，又增加了新款式和功能。"他非常兴奋地说，"现在市面上的手环都是像小米这样的互联网企业制作的，仅具有一定的功能性而毫无装饰性。"

另一个组员受到了他的启发补充说："再叠加第一条，我们先制作专门针对年轻职业女性这个细分市场的玉石手环，这个细分市场的客户对手环的装饰性诉求最高。"

所有人的思维瞬间打开了，不同观点进行叠加，涌现出了许多更有价值的新观点。

2. 移花接木

当几个观点的优劣势互相对立时，可以通过对其优势进行整合，规避观点的劣势，创造出更有价值的新方案。

在一家企业大学开展工作坊，有一个小组研讨与课程开发相关的课题，其中有两个观点属于各有利弊：

- 引进商学院课程；
- 自主研发课程。

引进商学院课程的优势是可以解决目前的学院课程不系统的问题，但是其劣势是商学院的课程偏理论，不能较好地与实际结合，落地性不足；自主研发课程的优势是可以紧密结合实际，但系统性不足。

最后，通过移花接木形成了两条新观点：

- 借用商学院课程的理论框架，开发内部案例，形成既系统又落地的课程体系；
- 引入行动学习解决实际问题，借助商学院课程进行知识学习，既保证了课程体系的系统性又保证了落地性。

3. 架桥法

有时看起来完全对立的观点，事实上在整体的利益诉求上是一致的，架桥法就是以观点的共同利益诉求为"桥梁"，把相反观点连接到一起产生全新的第三方案。

2014年，我促动某集团的降本增效项目前的预备会，当时有两个观点是完全对立的：

- 通过降低人工成本总额实施增效，因为人工成本是当前最大的成本；
- 通过增加人工成本激励工人更加投入实施增效，因为效率不高正是源自工人未受到激励。

两个观点看起来完全对立，从传统的思路来思考似乎只能取其一，其实剖开观点的表层，会发现这两个观点有一个一致的核心利益诉求：增效！

最后，促动大家以增效为“桥梁”，将两个观点整合为一个新的观点：将增效作为项目的核心诉求，将增加的企业效益与员工分享，以提升员工的收入。

我对此总结为：三个人干五个人的活拿四个人的钱。

4. 唱反调

万事万物从来就不是二元对立的，一个观点行得通，貌似与其完全对立的观点也可能会行得通，所以针对某些观点故意反其道而行之有时会产生更为创新的观点。

在一次行动学习项目的收官阶段的成果固化研讨会上，有一个观点是：每年由公司自上而下提出复杂的重大难题，指定相关部门解决，并纳入年终考核实施重大奖励。

某位学员用唱反调的方法将这个观点翻转为一个新观点：每年发动员工找出公司运转中存在的各类小难题，挂到网上，然后由员工自主认领，自发组成小组进行解决，对成功解决问题的小组每年总结会上奖励一箱啤酒。

两个方案貌似完全相反，其后都推动落地，而后者的效果更为显著。

涌现过程是对发散出来的观点进行升华的过程，经过这个阶段，大量零散的、看似不合理的观点，最终被整合为可以推动落地的创新观点。

13.4.4　收敛：凝聚共识形成决策

收敛阶段是一个聚焦决策、凝聚共识的过程，无数的观点中，最终哪些作为共识成果，需要参与者做出决策。针对一些简单的研讨环节，可以采用直接共识法或投票决策法；而针对一些复杂的研讨环节，则可以采用一些更为结构化的决策工具。常用的结构化决策工具有两种。

1. 要素权重评分法

对复杂、重大的事项进行决策时，可以采用要素权重评分法。小组成员共同讨论决策涉及的要素，为每个要素设定权重，建立决策矩阵，独立评分，然后针对分歧较大的评分进行澄清，凝聚共识。

2. 二维矩阵决策法

对相对简单的事项进行决策时，可以选择两个核心要素，构建二维评估矩阵进行决策。

无论哪一种决策方式，共识的达成最为重要，通过反复的质疑与澄清凝聚共识，而不是简单粗暴地强调少数服从多数或服从权威，因为少数服从多数会扼杀创新方案，服从权威则会扼杀学员再次参与决策的积极性。

13.4.5 关闭：回顾总结持续改进

如果把导入比作会议的开门，那么关闭就是关门。关闭环节共包括三项内容，称为3R关闭法。

- Review(回顾)：对研讨会过程进行回顾。
- Rephrase(确认)：对会议期间形成的共识及行动予以确认。
- Reflection(反馈)：对会议及流程促动予以反馈以便改进提升。

关闭是促进行动、对会议改进提升的重要环节，不能遗漏，即便是10分钟的研讨会，也要留出1分钟的时间予以关闭。

行动学习研讨流程的五个步骤是一个标准的设计模式，但针对不同研讨环节的不同议题以及不同目的，其研讨流程的具体设计会有差异，可以借助不同的研讨工具进行。当然，设计各类行动学习研讨工具的基础原理仍然是前面的五个步骤。

13.5 行动学习常用研讨工具

借助一些常用的研讨工具，可以让行动学习的研讨过程更加有效，下面列举了五种最常用的研讨工具，供促动师在组织行动学习研讨会时选择使用。

13.5.1 头脑风暴法：自由发散，激荡脑力

头脑风暴法是由美国的奥斯本于1939年首次提出，1953年正式发表的一种激发创新性思维的方法。在群体研讨中，由于群体成员心理相互作用的影响，易屈从于权威或大多数人意见，形成所谓的群体思维。群体思维削弱了群体的批判精神和创造力，损害了决策的质量。为了保证群体决策的创造性，提高决策质量，管理上发展了一系列改善群体决策的方法，头脑风暴法是较为典型的一个。头脑风暴法可归纳为四个步骤。

第一步，促动师导入：

- 陈述并澄清议题；
- 规定时间并安排计时员；
- 安排记录人员；
- 说明规则；
- 鼓励所有人思考。

第二步，小组成员自由发言：

- 成员自由发言；
- 鼓励在别人观点的基础上创造；
- 记录所有意见，即便是荒谬的；
- 使用规则维持秩序；
- 使用“还有呢”引导大家思考，直到穷尽所有人的所有观点。

第三步，小组讨论：

- 解释澄清某些观点；
- 合并同类观点，但不是做概括总结；
- 激发新观点。

第四步，小组决策：

- 形成最终决策；
- 回顾研讨过程；
- 重申决策结果；
- 明确下一步行动；
- 感谢大家参与。

13.5.2 团体列名法：打破权威，平等参与

在使用头脑风暴法的过程中，容易出现大嗓门效应。所谓大嗓门效应，就是小组研讨被少数人控制，大多数人丧失了发言的机会。通常的“大嗓门”包括领导、专家、个性外向成员、有负面情绪的成员等。一旦出现大嗓门效应，观点就趋于收敛，团队整体承诺度会降低。

团体列名法是一种更加结构化的集体研讨方法，为了避免个别人控制会议，让所有小组成员在规定的时间内独立思考并记录下自己的观点，然后依次轮流发言，直到穷尽所有的观点；最后再进行一次小型的头脑风暴，既避免了大嗓门效应，又促进相互之间的创意激发。团体列名法共包括五个步骤。

第一步，促动师导入：

- 陈述并澄清议题；
- 规定时间并安排计时员；
- 安排记录人员；
- 说明规则；
- 鼓励所有人思考。

第二步，小组成员轮流发言：

- 规定独立准备时间及每个人需要提供的最少观点数量；
- 小组成员思考并记录自己的观点；
- 从任何一个人开始依次发言；
- 一次只讲一条，别人讲过的就略过去；
- 没有观点就可以越过，穷尽所有人的观点；
- 所有发言写在活动挂图或活动卡片上。

第三步，小组成员自由发言：

- 成员自由发言；
- 鼓励在别人观点的基础上创造；
- 记录所有意见，即便是荒谬的；
- 使用规则维持秩序；
- 使用“还有呢”引导大家思考，直到穷尽所有人的所有观点。

第四步，小组讨论：

- 解释澄清某些观点；
- 合并同类观点，但不是做概括总结；

- 激发新观点。

第五步，小组决策：

- 形成最终决策；
- 回顾研讨过程；
- 重申决策结果；
- 明确下一步行动；
- 感谢大家参与。

13.5.3 团队共创法：群策群力，凝聚共识

团队共创法是由文化事业学会(Institute of Cultural Affairs， ICA)于1960—1970年创始，在研究过程中融合头脑风暴法、团体列名法，加上用图形直观呈现的团队创新方法，目前该方法已传播到全世界三十余个国家。

团队共创法既可以在简单的主题上运用，也可以在复杂的主题上运用。简单的如某专案团队需要脑力激荡思考下周必须完成的任务有哪些，复杂的可用于公司改造的策略规划流程中。团队共创法是有效形成团队共识的方法，团队可通过此方法对任何主题达成共识。团队共创法可以归纳为八个步骤。

步骤一，促动师导入：

- 陈述并澄清议题；
- 澄清目的及目标；
- 说明日程并安排计时员；
- 安排记录人员记录；
- 制定或声明研讨会规则；
- 鼓励所有人思考。

步骤二，轮流发言：

- 规定独立准备时间及每个人需要提供的观点数量；
- 小组成员思考并记录自己的观点；
- 按顺序依次发言；
- 将发言记录在卡纸上，并随机张贴在墙上；
- 一次只讲一条，别人讲过的就略过去；
- 没有意见就可以越过；
- 穷尽所有人的意见。

步骤三，观点归类，即在墙上张贴6～8个符号代表可能的观点类别，读出每一张卡纸上的观点，并询问应该归类在哪一个符号下：

- 通常前三张卡不归类；
- 归类出现分歧则要求各方说明理由，并尽可能达成共识，无法达成则尊重原创意见；
- 所有观点上墙，对分类进行微调。

步骤四，类别命名：

- 在标题卡纸上画框以区分普通卡；
- 引导小组成员对类别命名；
- 将名称写在标题卡上并覆盖在符号上。

步骤五，补充完善：

- 个人自由发言；
- 首先思考是否忽略了重要的类别；
- 思考每个类别下是否有新观点；
- 将所有的新观点写在卡纸上并张贴在相应的位置上。

步骤六，建构模型：

- 用一个图描述本次研讨成果之间的内在逻辑；
- 基于模型的启发，完善研讨成果；
- 思考这个模型与理论的联系。

步骤七，形成决策：

- 决定评估观点的标准；
- 依据标准做出评估；
- 做出最终的决策；
- 制订行动计划。

步骤八，总结提升：

- 个人自我反思及其他小组成员的反馈；
- 整体反思(规则遵守、方法运用、参与程度、沟通有效性、反思有效性等)；
- 下一步改进思路；
- 感谢大家参与。

13.5.4 智慧雪球法：滚动雪球，叠加智慧

头脑风暴法在发散阶段规定不许质疑，让小组成员自由地提出设想，但有的人对于当众说出见解犹豫不决，有的人不善于口述，有的人见别人已发表与自己的设想相同的意见就不发言了，而智慧雪球法可弥补这种缺点。智慧雪球法是整合了头脑风暴法和团队共创法的团队创新方法，更便于激发团体智慧、创新观点，并充分凝聚共识。智慧雪球法共包括十个步骤。

步骤一，促动师导入：

- Topic(澄清议题)；
- Target(澄清研讨目标)；
- Task(明确任务及过程)；
- Tool(说明工具，规则)；
- Time(分配每个环节的时间并安排计时员)。

步骤二，发散——初始观点：

- 分配首轮独立思考时间及要求每人书写观点的数量；
- 个人独立准备，写在研讨纸上，表达力求准确清晰，字迹工整；
- 书写期间保持安静，不准交流；
- 时间到，每人将观点交给自己右边的伙伴。

步骤三，发散——滚动雪球：

- 接到上一位伙伴的研讨成果，仔细阅读已有观点，期间不允许交流和发问；
- 在已有观点的启发下，写出与上一轮同等数量的新观点，该观点不能与研讨纸上及自己已书写的观点重复；
- 若不认同研讨纸中已有观点，则可反思自己背后秉持的假设并思考其是否有效；
- 可用叠罗汉、移花接木、架桥法、唱反调法等技巧来整合产生新观点；
- 时间到，按顺时针将研讨成果传递给下一位；
- 此阶段一般进行3～5轮。

步骤四，梳理观点：

- 相邻的2～3个人为一组，分享各自手中的研讨成果；
- 整合出独立的观点并写在卡纸上，每张卡纸写一个观点。

步骤五，观点归类：

- 在墙上张贴6～8个符号代表可能的观点类别；

- 读出每一张卡纸上的观点，并询问应该归类在哪一个符号下；
- 通常前三张卡不归类；
- 归类出现分歧则要求各方说明理由，并尽可能达成共识，无法达成则尊重原创意见；
- 所有观点上墙，对分类进行微调。

步骤六，类别命名：

- 在标题卡纸上画框以区分普通卡；
- 引导小组成员对类别命名；
- 将名称写在标题卡上并覆盖在符号上。

步骤七，补充完善：

- 个人自由发言；
- 首先思考我们是否忽略了重要的类别；
- 思考每个类别下我们是否有新观点；
- 将所有的新观点写在卡纸上并张贴在相应的位置上。

步骤八，建构模型：

- 用一个图描述本次研讨成果之间的内在逻辑；
- 基于模型的启发，完善研讨成果；
- 思考这个模型与理论的联系。

步骤九，形成决策：

- 决定评估观点的标准；
- 依据标准做出评估；
- 做出最终的决策；
- 制订行动计划。

步骤十，总结提升：

- 个人自我反思及其他小组成员的反馈；
- 整体反思(规则遵守、方法运用、参与程度、沟通有效性、反思有效性等)；
- 下一步改进思路；
- 感谢大家参与。

13.5.5 六顶思考帽：水平思考，同频深入

六顶思考帽是英国学者爱德华·德·博诺(Edward de Bono)博士开发的一种思维

训练模式，或者说是一个全面思考问题的模型。它提供了“水平思维”的方式，避免将时间浪费在互相争执上。六顶思考帽强调的是“能够成为什么”，而非“本身是什么”，是寻求一条向前发展的路，而不是争论谁对谁错。运用六顶思考帽会使混乱的思考变得更清晰，使团体中无意义的争论变成集思广益的创造，使每个人变得富有创造性。

- 白帽子：白色象征纯洁，白帽思维代表客观的事实和数字。
- 红帽子：红色暗示喜欢、厌倦、愤怒等情感特征，红帽思维代表直觉和预感。
- 黄帽子：黄色代表阳光和乐观，黄帽思维代表正面、积极。
- 黑帽子：黑色代表阴沉、负面。黑帽思维代表事物的负面影响和风险。
- 绿帽子：绿色代表生机，绿帽思维代表创造力和新的想法。
- 蓝帽子：蓝色代表冷静。蓝帽思维代表思维过程的控制与组织。

13.6 本章总结：促动——以解决难题为焦点

国内个别学院派的行动学习研究者对工具的使用持质疑态度，认为工具的导入会局限小组成员的思考，会违背行动学习的本意。其实这是因为这些专家少有在企业中实施项目的经历，只是坐而论道的缘故。诚然，如果读者查阅国外的一些行动学习书籍，基本上看不到上面列出的工具，当然，这并不代表在行动学习过程中不需要使用相关工具，只不过因为国外的企业管理基础比较好，小组成员可以自主选择工具，所以行动学习促动师就不必再为小组成员导入这些工具。而绝大多数中国企业的管理基础薄弱，学员对各种解决问题的工具知之甚少或只知皮毛，如果没有工具的导入，根本就没法开展有效的研讨，所以需要增加工具的导入，而导入工具的过程相当于行动学习的结构化知识的输入过程，并未违背行动学习的本意。

所以，促动应以学员解决问题的实际需求为中心，以学员的学习成长需求为中心，将焦点聚焦到难题的解决，而不是僵化的教条。

13.7 学习反思：智慧火花，精彩再现

3点收获：本章让我印象最深的三点

2个感悟：此时此刻，我的感受和启发

1项行动：我决定用到工作中的一点

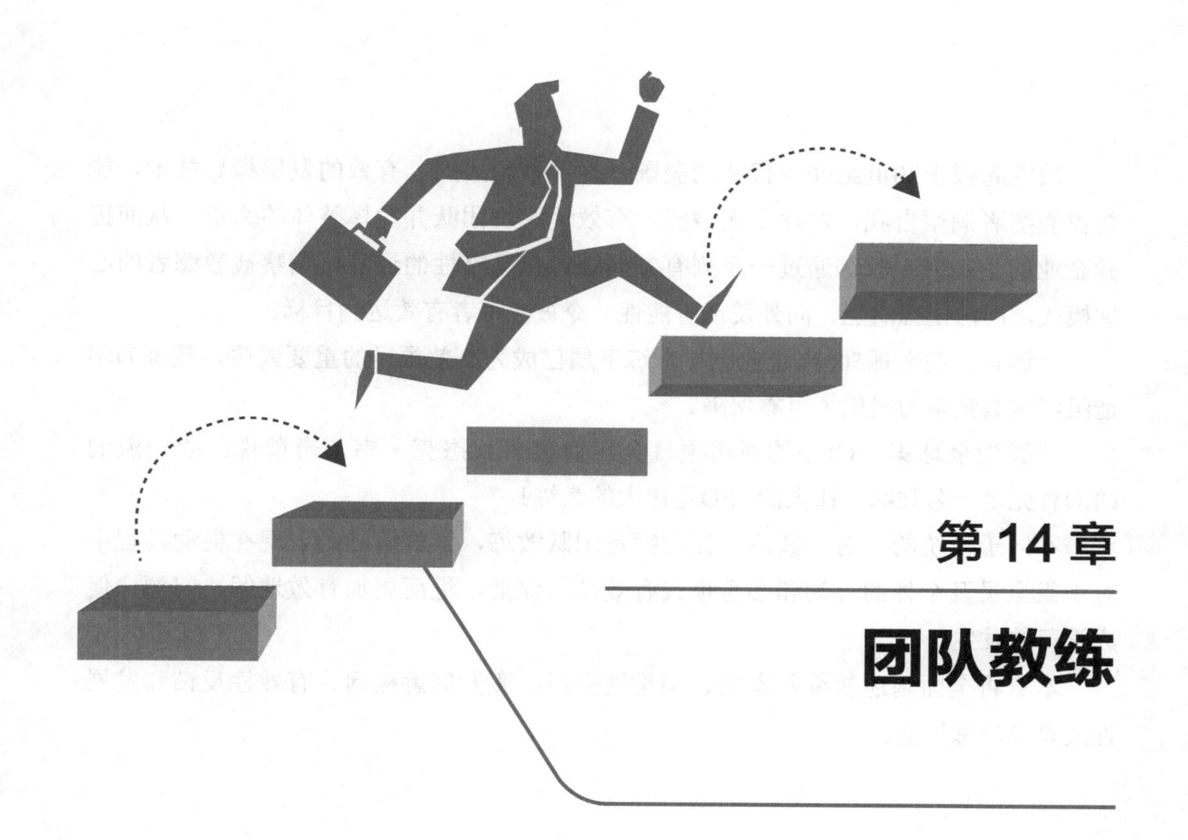

第14章

团队教练

教练起源于20世纪90年代初的美国，是一种新兴的、有效的发展指导技术，能使被教练者洞察自我，发挥个人潜能，有效地激发团队并发挥整体的力量，从而提升企业的生产力。教练通过一系列有方向性、有策略性的过程，洞察被教练者的心智模式，向内挖掘潜能、向外发现可能性，令被教练者有效达到目标。

据调查，在全球500强企业中，教练下属已成为高效领导的重要素质，教练为塑造组织核心竞争力提供了可靠保障。

被誉为全球第一CEO的通用电气公司前董事长杰克·韦尔奇曾说："一流的CEO首先是一名教练，伟大的CEO是伟大的教练！"

不同于传统的一对一教练，促动师是团队教练，其教练行为表现在促动过程中对小组全员及个体的行为和心智模式有效性的促动，进而更加有效地解决问题，促成学习的发生。

本章将全面阐述教练基本功、洞见性提问、激发创意提问、有效性反馈和发展性反思等教练技能。

14.1 五项教练基本功

五项教练基本功是指促动师作为团队教练需要掌握的五项最基础的技能，如图14-1所示，虽然是最基础的技能，但也需持之以恒地修炼才有望真正掌握。

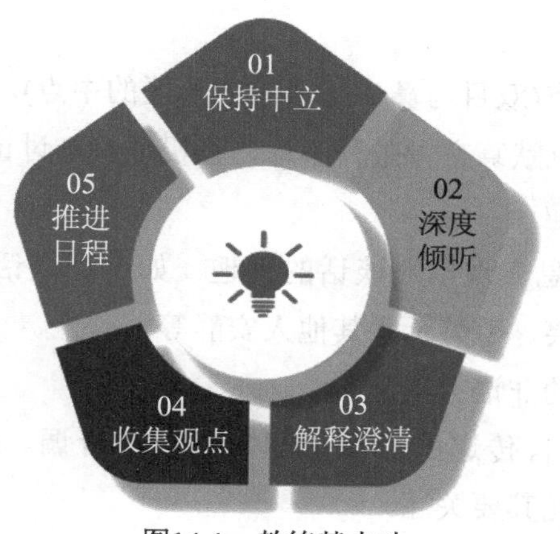

图14-1 教练基本功

14.1.1 保持中立：专注过程，不涉内容

促动师专注于研讨过程，对研讨内容保持中立，不介入具体的研讨内容中。尽管促动师可以针对内容进行提问或者提出建议，但促动师永远都不能把自己的观点强加给小组，也不能代替小组进行决策。

策略一：提建议

如果促动师观察到小组遗漏了某些信息，或者促动师拥有一个小组应该考虑的好主意，可以给出建议，是否采纳则由小组自己决定。

策略二：换角色

当促动师需要参与到内容层面的讨论时，在这种情况下，要让小组成员意识到你已经跳出中立的促动师角色，现在进入与内容相关的角色，为了避免小组成员误解，促动师必须在发言过程中通过事先约定的某个标志性动作(比如站立和坐下)，进行明确的角色切换。

14.1.2 深度倾听：放下成见，深入理解

深度倾听就是排除头脑中的一切假设，也不要存在对错的标准，全面接受并理解，不过滤任何信息，全神贯注地去理解谈话者，不仅要理解语言，更要理解非语言信息；不仅要理解表面含义，还要会听弦外之音。倾听是促动师理解研讨进程的重要手段，只有正确理解研讨进程，才能做出有效的促动。同时，倾听也是小组成员的重要技能，促动师要促进小组成员之间相互倾听。

策略一：目光交流

注视对方的黄金触点(双目与鼻尖组成的三角区的中点)，并用目光激励对方。目光中透露的期望可以让沉默寡言者敞开心扉，积极地参与讨论。

策略二：表现出兴趣

通过其他非语言信息表现出对谈话的兴趣，如走近谈话者、身体前倾、不断点头示意、露出会心的微笑、手势示意其他人安静等。

策略三：关注对方的非语言信息

在交流过程中，语言传递的信息量非常有限，音调、肢体更能表达对方的本意，所以，非语言信息尤其要关注。

策略四：适时进行正确的促动

倾听不只是被动地听，也包含主动发问以提高谈话的深度和效率。促动师通过发问的方式促动谈话者澄清问题、反思假设、认清事实、发现机会。有时候，积极的发问是对谈话者最好的激励。

策略五：留下讨论的时间

谈话者发言完毕，促动师一般不要立刻转换主题或是终止讨论，而是要对谈话者进行反馈，或者引导其他小组成员在谈话的基础上提出新的想法、意见和建议。

14.1.3 解释澄清：澄清观点，促进理解

在研讨过程中，促动师要针对与会人员可能不太理解的内容不断地做出解释，解释可以是重述小组成员的谈话以表示他们的谈话已经被理解了，也可以是要求小组成员重复自己的讲话以澄清要点。促动师可以通过以下六个步骤进行解释澄清。

步骤一，发现需要澄清的内容。参与者发言时，促动师要注意倾听，当出现以下情况时，说明需要对内容进一步澄清：

- 参与者使用了很新的概念；
- 使用了有歧义的概念；
- 逻辑混乱；
- 陈述冗长；
- 词义虚泛；
- 内容生涩；
- 内容复杂；
- 听众开始小声议论、摇头、迷惑时；

- 正在陈述的内容不澄清将对会议产生很重要的影响时。

步骤二，礼貌地打断谈话者。促动师在需要解释的时候，要礼貌地打断谈话者，例如，我(或者大家)似乎没有听清楚你刚才的内容，你可以再解释一下吗？

步骤三，提示其他人注意。促动师可以提示其他小组成员关注一些重点，例如，请大家注意……

步骤四，进行解释澄清，可以用以下几种解释澄清的方法。

- 复述法：表述已经说清楚，只是未引起参与者足够关注时使用。
- 罗列细节法：表述比较虚泛或过分概念化时使用。
- 举例说明法：表述比较概念化或比较晦涩时使用。
- 要点简化法：表述啰唆冗长时使用。
- 逻辑梳理法：表述比较混乱时使用。
- 图示法：概念比较复杂时使用。

注意事项：

- 如果是由促动师做出解释，要忠实于原来的语言。
- 如果原来的话比较难以理解，促动师可以使用新的说法，但一定要询问谈话者，以确认是否可以这样说。
- 如果促动师难以解释，可以请谈话者本人转换一种说法。

步骤五，询问其他人是否明白，例如，大家是否理解了？大家还有疑义吗？

步骤六，引导回原来的话题。解释通常会打断正常的话题，解释完毕后，促动师要促动谈话者继续原来的谈话，例如，我们现在回到刚才的内容，请你继续……

14.1.4 收集观点：记录观点，直观呈现

收集观点是指促动师跟踪并在活动挂图上或者电子板上记录研讨过程中出现的观点和最终决定，确保每个人都能一目了然地看到。

规则一：简单清晰

冗长的语言不仅降低记录速度，也不容易被理解。

规则二：使用参与者自己的语言，而不是促动师的语言

仔细倾听参与者使用的关键字，并在活动挂图上记录下来。例如，我要将“灾难”这个词写下来，因为你强调这一点。

规则三：如果要变换说法，要征求参与者的意见

如果参与者忙于内容而疏于表述，或者一时找不到合适的词，促动师可以提

供表述方式，但记录前要征求参与者的意见。例如，我将你的说法简写为……合适吗？

规则四：请参与者自己寻找合适的措辞

比较安全的做法是请参与者自己寻求合适的措辞，参与者在措辞的过程中，其实也是一个进一步理清思路的过程。例如，告诉我你希望怎么写？告诉我你希望写在纸上的确切的句子是什么？

14.1.5 推进日程：明确日程，推进活动

推进日程是指促动师促动研讨过程按既定日程推进。

策略一：明确日程

促动师与小组事先共同建立日程表，在会议导入时解释日程表，并将日程表贴在会议室显眼的位置。

策略二：计时

安排一个小组成员做计时员，在关键环节报时。

策略三：离题管理

当小组讨论偏离了原来的题目，要进行提示并及时干预。对于有些偏离但却比较重要的题目，可以采用“停车场”。所谓“停车场”，是指在墙上开辟的专门区域，记录偏离主题的各类意见和建议。“停车场”记录三类内容：待议事项、决策事项、行动事项。所有停泊在“停车场”的事项留待会后解决，但在会议结束时，要回顾“停车场”的内容，并决定是否采取进一步行动。

14.2 八大洞见性提问

提问是促动师最重要的工具，促动师通过提出问题验证假设、收集信息和探索深藏的事实。有效的问题可以激发反思，达成对事物的正确认识，同时，提问也是小组成员需要掌握的重要技能，促动师要促进小组成员之间进行提问。下面将介绍八种常用的洞见性提问，如图14-2所示。

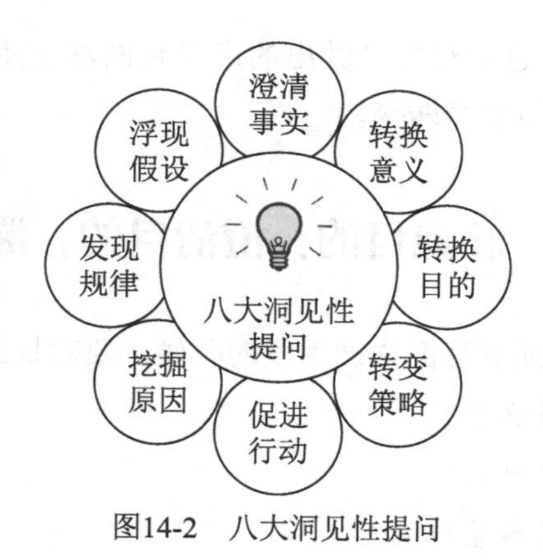

图14-2 八大洞见性提问

14.2.1 澄清事实：还原事实，呈现真相

使用谁(who)、什么(what)、何时(when)、何地(where)、如何(how)、多少(how much)等提问，发现事实。例如：

- 谁与这件事相关？
- 发生了什么事情？
- 什么时候发生的？
- 发生在什么地方？
- 如何才能解决呢？
- 需要多少投入呢？

注意事项：并不需要对任何推论都进行澄清，只有当这些推论可疑或者对研讨有较大影响的时候，才需要对事实进行澄清。

14.2.2 转换意义：转换情境，洞见本质

当小组成员对事实做出的意义判断影响了小组更有效的行动的时候，需要对意义进行反思和转换。例如：

- 你认为这是一件什么事情？
- 这件事情的正面意义是什么？
- 在什么情况下，这个事情的意义会发生变化？
- 还可以怎么理解这件事情？
- 换了一个情景或人，你还会这样想吗？

注意事项：小组成员通常对自己做出的意义判断深信不疑，需要从多个角度进行提问，才有可能帮助小组成员转变。

14.2.3 转换目的：澄清目的，溯本归源

当小组成员迷失目的或者片面强调手段的时候，要对目的进行澄清。例如：

- 我们到底在追求什么？
- 我们的核心目的是什么？
- 对我们而言什么是最重要的？
- 这些目的从大到小如何排列？哪一个层面的目的才是我们当前最关注的？
- 这真的是我们需要的吗？
- 这符合我们的价值诉求吗？

注意事项：小组成员经常无法分辨什么是目的、什么是手段。目的代表了根本的利益诉求。

14.2.4 转变策略：突破限制，激发创意

当策略无效或者关于策略的思路狭窄、毫无新意的时候，可以进行转变策略类的提问。例如：

- 换一个角度看呢？
- 如果没有任何限制，我们会如何做？
- 行业内外最好的公司如何思考这个问题？
- 如果乔布斯在世，他会如何做？
- 我们追求的核心利益是什么？为了达到这个目的，还可以怎么做？
- 反过来会怎么样？
- 为什么只有这些做法？什么限制我们产生更多的方案？

注意事项：限制小组成员创新的往往是小组成员头脑中已经有的假设，浮现这些假设不利于创新。

14.2.5 促进行动：落实责任，预防风险

当小组无法有效行动或者在行动过程中可能会面临困难和风险的时候，需要通

过促进行动类的问题进行促动。例如：

- 为了达成目标我们该做些什么？谁来负责？什么时候？
- 这些行动的风险是什么？如何规避？
- 谁希望我们取得成功，如何获得他们的支持？谁可能认为他们将会从我们的行动中受损，如何减少他们的阻力？

注意事项：小组成员经常低估行动的难度和可能面临的风险，需要通过促动进行有效的预防。

14.2.6 挖掘原因：寻根究底，探求根因

当小组成员停留在表面症状上解决问题的时候，或者没有挖到根本原因就停止的时候，需要寻根究底，探求根本原因。例如：

- 这些问题背后的原因是什么？原因背后的原因是什么呢？
- 问五个为什么？
- 如果所有原因都规避了，我们的问题能够彻底解决吗？
- 从历史的角度来看，这个问题可能的原因是什么？
- 从系统的角度来看，我们对于原因是否有新的看法？原因之间是否形成了相互强化的循环？

注意事项：小组成员倾向于回避可能带有政治敏感性的原因，需要营造一个宽松、保密的氛围。

14.2.7 发现规律：反思经验，洞悉规律

当小组成员停留在经验层面无法深入的时候，可以通过促动发现规律。例如：

- 这些经验背后的规律是什么？
- 如何有效地诠释这些经验？
- 这些经验背后是否有共同的模式？
- 这些经验和哪些理论相关？
- 这些经验和您了解的哪些领域很接近？

注意事项：小组成员有时候会拒绝理论观点或者认为自己没有能力总结规律，因此，在规律的发现上，要耐心促动。

14.2.8 浮现假设：悬挂假设，质疑反思

当小组完成研讨却没有认真思考这些结论所依据的前提假设时，可以使用浮现假设。例如：

- 这些结论是建立在哪些隐含的假设的基础上的？这些假设的可靠性如何？
- 我们研讨的前提是什么？这些前提条件真的存在吗？
- 出现了什么情况，我们的结论就不成立了？如何知道这些状况会不会出现？

注意事项：任何研讨都是建立在假设的基础之上的，假设往往是隐含的，是行业内公认的规则，很少受到质疑，一旦假设错误，则整个结论就会被颠覆。

14.3 十八类激发创意提问

无论何时，创新永远是企业不变的主题，行动学习研讨过程也是如此，促动师需要促动小组成员寻找创新的方法，以便更好地支持战略目标的达成。然而当思维已经被固化的时候，创新往往并不容易，促动师可以通过一些巧妙的提问，促动小组打破原有思维定式，产生新的创意，这种做法像是按动了团队成员身上的创新按钮一样，所以该类提问又被称作“神奇按钮式提问”。

14.3.1 类比暗喻：用“比喻”打开脑洞

从暗喻和类比的角度考虑组织目的，借此寻求新的观点。这种强迫思维的目标就是把组织目的和类比或暗喻联系起来，作为产生新观点的基础。

提问举例：

- 假如想要让我们的系统像“星际航行”中的系统一样运转的话，那么应该采用怎样的运作方式？
- 如果把我们的组织目的看成一个系统，我们如何才能完美地实现组织目的？
- 如果把我们的工作比作种植蔬菜、计划假期或进行野餐，那么我们应该如何完美地实现我们的组织目的？
- 假如我们使用一个机器人来完美地实现组织目的或更大的目的，那将会如

何？它将如何运作？

例如，将蚂蚁类比团队：

- 蚂蚁是自组织模式，我们如何才能建立自组织团队？
- 蚂蚁有非常简单的沟通方式，团队的内部沟通机制如何变得简单？
- 蚂蚁有非常明确的分工，团队内部的分工和搭配如何变得明确？

14.3.2 他山之石：用“跨界”突破定式

针对组织目的，选择一个与组织目的类似领域的操作方式，将它们运用到系统中，也可以利用来自完全不同领域的想法和解决方法来激发创造性思维。

提问举例：

- 我们如何使用联合快递公司追踪包裹的机制来达到登记选民的目的？
- 其他行业内最好的公司是如何做的？这对我们有什么启发？
- 如何采用人寿保险营销的模式来达到我们的目的？
- 如何借鉴零售业的连锁模式来达到我们的目的？

创新案例：

- 福特汽车的流水线借鉴于屠宰线；
- 美孚石油提出的服务迅速、友善助人的员工和奖励忠诚的客户三个差异化竞争点的打造借鉴于完全不同行业的三家企业：潘斯克、利兹卡尔顿和家庭仓库。

14.3.3 自由联想：用“臆想”发散思维

自由联想建立在异类联想的观点基础之上，异类联想的观点认为任何思想、目的或见解都可以与另外的思想或目的进行交汇，成为新思想的种子经常是松散的，它只是通过从词典中随机选择的词随意地联想到许多想法，或者在纸上画出一些形状开启大脑中的一系列联想。

提问举例：

- 对欧洲出生率下降的预测对组织目的的实现有何促进作用？
- 假如我们居住在太空站、月球或火星上，我们的系统将如何运作？
- 如何借助一匹斑马、一位技工、一艘快艇、一堆垃圾、一把梳子(或者从词典中随机选出的任何其他词)来完美地实现我们的组织目的？

- 如何借助抽认卡上的内容(印有一个字、一个词、一幅图画或一个卡通形象的抽认卡是作为刺激物来呈现的)来完美地实现我们的组织目的?

创新案例:

- 萝卜联想手机:萝卜利于健康,引申出手机的健康功能,如吃药的提示、紧急呼救、急救药盒等;萝卜鲜亮的颜色,引申为手机可以不断变换各种鲜亮的外壳。
- “头、帽”联想行动学习项目推广:头,行动学习项目推广要找领导;帽,行动学习项目的包装;头一次,推广行动学习项目要精心准备,争取首战必胜。

14.3.4 套用原则:用“原则”指引思考

几乎每一个区域或领域都有一套原则,针对系统的不同组成部分,这些原则描述了理想的情况和解决方法,在这一创造性的技巧中,需要参照其他的系统原则来衡量你的系统。

提问举例:

- 这类问题一般遵循什么原则或规律?这些原则或规律会如何影响我们的思考?
- 有哪些系统可以参照?一般原则是什么?这对我们有什么启发?

创新案例:

- 设计一个实体企业大学的教学设施,参照学校的规划原则设计教室、阅览室、图书馆、视听室、体育场;
- 设计一个实体企业大学的居住设施,参照五星级酒店设计室内泳池、健身房、餐饮设施、酒吧、会客室。

14.3.5 理论指引:用“理论”启发创意

从理论和已有的最佳实践出发进行思考,同时考虑理论发展的动态性。

提问举例:

- 如何通过应用来自科技发展、专利、研究成果等的概念,来完美地实现我们的组织目的?
- 随着理论和技术的发展,我们未来会有什么选择呢?

创新案例:

马斯洛的需求层次理论指出，人有生理需求、安全的需求、社交的需求、自尊的需求、自我实现的需求，我们应如何利用需求层次理论指导员工的激励？

- 制作需求分析量表，对每个人的需求进行测量。
- 制定个性化的激励办法。
- 增加福利和激励的种类，供员工自愿选择。
- 增加员工自由时间，鼓励员工内部自主创业，帮助员工自我实现。
- 减少指令型的领导方式，增加愿景型、参与型和辅导型的领导方式。

14.3.6 历史传记：用“扮演”突破身份

历史传记法是指回想一个十分有名或者非常有影响力的人物，然后提问题。历史传记法建立在对过去事件的思考之上，这些事件的结果通常与众不同或非常突出，让这个事件与你的组织目的产生交汇，带来新的想法。

提问举例：

- 如果你是乔布斯，你将制定怎样的杰出解决方法来实现这一目的？

创新案例：

如果乔布斯进入供水领域，他会提供以下供水服务：

- 打开水龙头就可以饮用健康安全的水；
- 清洗类的水(如洗碗、洗衣、洗厕所、洗澡)具有消毒功能；
- 声控的供水设备；
- 艺术级的用水终端；
- 千姿百态的用水设备，令人兴奋的体验；
- 一部设备制造出分别适合一家人饮用的不同的水；
- 天然矿泉水直接管道入户；
- 定制的健康饮水计划；

……

14.3.7 突破限制：假如“限制因素”消失，将如何

很多情况下，没有创意是因为有太多限制，要解放思路就必须先打破限制。

提问举例：

- 是什么限制了你选择新的做法？

- 这个限制因素是怎么来的？可以取消吗？可以突破吗？可以改变吗？
- 没有了这些限制，我们还有什么做法呢？
- 你现在觉得这个说法是否可行？
- 你现在的观点是什么呢？

创新案例：

问题：某燃气公司讨论如何降低供气成本，增加盈利？

研讨：研讨过程中提出一个新观点，在民用进口气中掺混国产气，这样可以显著降低供气成本。但小组中一位技术权威强烈反对，有些小组成员附和，讨论无法进行。

困境：技术权威反对，如果无法突破，将无法落实降低成本的举措。

促动师促动：

促动师：是什么让你觉得掺混国产气不可能？

小组成员：掺混国产气需要在现有的储气站内增加新的储气罐，这没有任何可能性，因为不符合安全规范要求。

促动师：是什么让你觉得要增加新的储气罐呢？

小组成员：现有的四个储气罐已经充分利用，不可能拿出罐盛放国产气。

促动师：假如拿出一个罐盛放国产气会怎么样？

小组成员：我们进口气的安全库存不够，周转速度要加快。

促动师：周转速度加快意味着什么呢？

小组成员：现有的排班不能配合。

促动师：如何排班才能配合呢？

小组成员：要测算，但应该能够解决。

促动师：你现在觉得掺混国产气是否可行呢？

小组成员：应该可以考虑。

14.3.8 科学幻想：假如“科学幻想”成真，会如何

这个技巧涉及了应用未来技术甚至是科幻小说与你的目的进行交谈，把自己想像成一个科幻小说家，正在写一部关于你的目的如何实现的小说。

提问举例：

- 假如生物学能够改变物质的分子结构会怎么样？
- 假如你能够把电脑芯片植入自己的产品上会如何？

- 假如你能够把这种物质冷冻十年的话会怎么样？
- 我们需要做到哪些今天尚不可能的事情，才能完美地实现组织目的？
- 我们如何通过未来的产品、服务、技术或组织来完美地实现我们的组织目的？

创新案例：

“思维复印机”用于“心智模式”改变：

- 科幻：公元2050年，人类的脑神经科学已经实现对大脑神经信息的复制。人类可以将一套有效的心智模式复制到每一个人的大脑中。
- 启发：是否存在一套对每个人都适用的心智模式或者对某类人适用的心智模式？如何在大脑中塑造特定的心智模式？如何将这样的心智模式塑造过程用于行动学习过程？

14.3.9 理想目标：假如“理想目标”达成，会如何

这个创造性技巧可用于澄清目的阶段，用你所选择的评价标准来预想你所遇见的解决方法，这些评价标准本身会给你启示，让你知道如何才能达到理想中的未来。

提问举例：

- 如果理想目标或者因素完全达到的话，解决方法会是怎样的？
- 假如目标的实现标准是零交通事故的话，那么十字路口会是怎样的？

创新案例：

具备哪些条件，才能让设备永不停机：

- 设备可自动修复；
- 特殊的材料；
- 运作过程的修复技术；
- 功能备份。

14.3.10 极端假设：假如“为所欲为”允许，将如何

打破一切现实中的局限，从完全理想的条件出发进行思考，需要对头脑中已经有的限制性假设进行反思，并假设这些假设不存在。

提问举例：

- 假如你可以免费在电视上做广告的话，将如何实现你们社区的目的？

- 如果没有任何限制，你会如何做？
- 如果你就是总经理，你会如何做？
- 如果完全没有任何政策层面的障碍，你会如何做？
- 如果所有事情都心想事成，你会如何做？

创新案例：

假如客户上下完全认同行动学习，你会如何设计行动学习项目？

- 提供一体化组织学习解决方案；
- 以业绩导向的项目实现行动学习的切入并快速见效；
- 在业绩导向的项目被肯定后，进入组织高层，启动战略性组织变革项目；
- 通过培养业绩导向的促动师，启动工作场所的行动学习，改造公司的业务运行分析会；
- 启动基于行动学习的领导力发展项目；
- 启动基于行动学习的专业发展项目；
- 将整个行动学习的推广过程作为一个行动学习项目。

14.3.11 最坏假设：假如“最坏情况”发生，会如何

这个方法要使用任何你能想到的消极观点或束缚，不要把他们看作障碍，持续不断地利用这些最坏情况来帮助你思考新系统投入使用后会出现怎样的问题，仔细考虑这些问题，并消除它们。

提问举例：

- 怎样对一个理想的系统进行改进以消除束缚或者消极的后果？
- 如果发生了意想不到的事，我们将怎样解决？
- 最坏的情况是什么？我们如何解决？

创新案例：

海洋石油领域技术规划项目，如果海洋石油已经采光了，我们该怎么办？

- 海上风能，太阳能技术；
- 潮汐能源；
- 海洋中的其他新型能源；
- 生物能源技术；
- 海洋开发设备研发；
- 海上城市的构建；

- 海洋旅游资源开发。

14.3.12 强行突破：假如“常规做法”禁止，该如何

在研讨过程中，强迫小组成员将现有的观点放在一边，思考全新的角度，强行解除所有的限制，思考新的可能性。

提问举例：

- 其他的角度呢？
- 没有任何限制，你会如何做？

创新案例：

一家公司开拓新业务不力，人员培训、激励政策、绩效考核等常规做法都考虑到了，还可以怎么做？

- 重新组建新业务小组；
- 重新组建新事业部；
- 预算3年内亏损，打造新的团队；
- 探索新的商业模式。

14.3.13 跨越界限：假如“现有边界”消失，将如何

打破思维的边界和事物本身人为设定的边界，实现创新。边界体现在时间、空间、关系、系统、定位等多个层面。

提问举例：

- 如何把我们的流程与我们的供应商、顾客甚至其他行业的流程相结合，从而完美地实现我们的组织目的，使每个人创造价值？
- 十年以后会怎么样呢？我们今天应该如何做呢？
- 站在对方的立场上，我们怎么思考这个事情？
- 站在整体(或者更小的单位)的角度，我们该如何思考这个问题？
- 从人生的终极意义出发，我们该如何思考这个问题？
- 如何通过制造产品或提供服务来满足我们的老顾客没有表达出来的需要，或新顾客群体可能有的需要，来完美地实现我们的组织目的？

创新案例：

如果上下游是一家企业，我们该如何设计我们的价值链？

- 采用按订单生产模式，采用即时制生产，大幅度降低库存；
- 采用上下游企业联合研发模式，共同进行开发；
- 改造制造模式，将上下游的生产线进行集成，从而大幅度降低物流成本和损耗；
- 共享技术和生产标准；
- 培养共享的供应链管理专家；
- 开发供应链管理软件。

14.3.14 整合突破：整合最佳实践，寻找创新方案

对现有的技术和资源等优势进行重新组合，跨越行业和组织边界思考组合的可能性。

提问举例：

- 如何通过目前被认为不直接相关的组织中的最优方法，来完美地实现我们的组织目的？
- 如果可以为我们目前的产品、服务或操作程序步骤寻找新的用途或组合，我们应该如何完美地实现我们的组织目的？
- 如果将当前的观点整合在一起会怎么样？

创新案例：

- 如何通过整合来提升我们的激励水平？
- 借鉴海底捞的充分授权和尊重模式，提高员工的主观能动性；
- 借鉴3M的自由时间模式，鼓励大家在自由的时间内创新；
- 采用GE的2：7：1员工分类模式，大大激发卓越员工和优秀员工；
- 采用中粮的行动学习模式，由员工参与制定战略及目标。

14.3.15 CBA质疑：质疑现有方案，寻找更佳创意

CBA方法是一种有破有立的创新思维方法，在明确地对现有方案进行挑战和质疑的基础上，思考替代性方案。

提问举例：

- Cut(去除)：我们是否可以去掉这一条？

- Because(理由)：为什么一定要保留？
- Alternatives(替代方案)：有什么其他的替代方案？

创新案例：

问题：某压缩机生产企业成品的返品率高，其中一部分是由于外观不良造成的返品，在所有的外观不良中，感温管磕碰伤又占很大比例。

研讨自然围绕如何避免感温管磕碰伤展开，已经提出了一些解决问题的思路，例如：

- 在感温管上加罩，但要增加很多成本，而且罩本身也存在磕碰问题；
- 感温管内置；
- 各个环节搬运时要小心；

……

困境：所有的讨论都围绕如何避免感温管磕碰展开，这是典型的“就事论事”的研讨方式。讨论思路无法进一步展开。

促动师促动：

促动师：我们是否可以去掉感温管呢？(去除)

小组成员：低端产品应该可以去掉感温管，但高端产品必须有感温管。

促动师：是否可以将现有的低端产品的感温管去掉呢？(去除)

小组成员：可以！

促动师：为什么高端产品必须有感温管呢？(理由)

小组成员：因为高端产品要实现比较精确的温度控制，必须有温度感应功能。

促动师：是否可以采用其他温度感应器？(替代方案)

小组成员：如果能够发明感温贴，应该同样可以满足这样的要求。

14.3.16 概念三角：解构现有方案，寻找替代方案

为了达成一个特定的目的(关注点)，先从一个初始方案(一般都是显而易见的常规方案)出发，将常规方案上升为一个概念，从概念出发，就可以找出既符合概念特征又能满足特定目的的新方案，如图14-3所示。

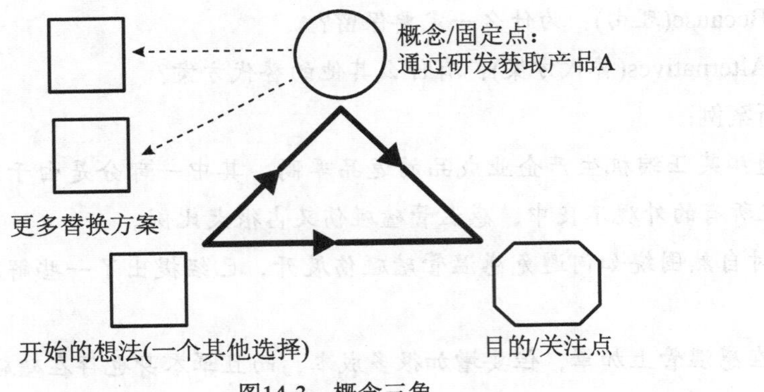

图14-3　概念三角

提问举例：

- 关注点是什么？
- 该关注点属于什么类型的概念？
- 从概念演绎出来的替代方案还有哪些？

使用概念三角创新的具体案例，如图14-4所示。

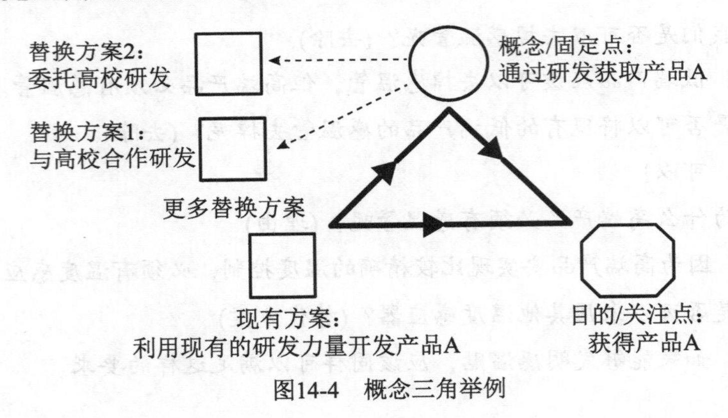

图14-4　概念三角举例

14.3.17　突破常规：打破行业常规，寻找蓝海策略

基于行业常规的做法分析出相关的要素，组织采取的方案是暴增、骤减、删除、创新等与常规做法相反的举措。

提问举例：

- 常规思路的要素是什么？
- 哪些可以减少？
- 哪些可以增加？

- 哪些可以剔除？
- 还有什么创新的思路？

创新案例：

乔布斯改造苹果产品：

- 电脑：原来共300多款，工程师都记不住，改造后，简化成一款。
- 手机：市场上其他品牌的手机都是多样式，苹果手机只有1种样式。

14.3.18 利益回归：回归根本利益，寻找全新方案

有时候大家局限于维护自己的观点，却忘了真正追求的是什么，一旦回归到根本利益，也许就有新的创意出来。

提问举例：

- 我们到底想得到什么？
- 什么才是我们的根本目的？
- 我们做这些事是为了什么？
- 为了得到这些利益，我们还有什么做法？

创新案例：

问题：某设备制造厂因为某个零部件加工精度问题，造成产品的质量事故。

研讨：围绕如何提高零部件的加工精度展开讨论。

- 购置新的加工机床；
- 提高作业人员的加工水平；
- 改进加工工艺。

……

困境：无法找到快速又便宜的解决问题的方式。

促动师促动：

促动师：我们到底想要的是什么？

小组成员：符合加工精度的零部件。

促动师：还有什么方式可以得到符合加工精度的零部件？

小组成员：委托加工。

促动师：是什么限制了我们委托加工？

小组成员：委托加工其实质量好，而且还便宜，只是因为我们以前没有考虑过，所以一直坚持自己做。

14.4 有效性反馈

反馈是一面镜子，可以让小组成员看到自己并做出相应的改进。促动师不仅是对小组成员进行反馈，也要不时地接受来自小组成员的反馈，以了解进展速度、过程和内容的有效性。

14.4.1 有效反馈八原则：促动反思，提升效能

无论是促动师向个人或小组进行反馈，还是小组成员给促动师做出反馈，都需遵循八项原则，才能促动反思，进而提升效能，而不让反馈流于形式。

原则一：从描述事实或复述内容入手

反馈时要从观察到的事实出发，如果是对观点做反馈，则首先确认自己是否正确理解了对方的意思。因此，最好是先陈述对方的内容，对方确认后再进行后面的反馈。例如：我听到你说……，是吗？

原则二：具体而非空泛

反馈是针对具体问题的反馈，反馈的意见也必须是非常具体的。例如：

- 空泛的反馈：讲得不错，但还有值得商榷的地方。
- 具体的反馈：你刚才针对培训形式的想法很有突破性，但似乎没有说明预算的限制。你是如何思考这个问题的？

原则三：反馈的目的在于引发对方的反思并做出自主的改变，而非强求对方改变

促动师的反馈是让对方看到更多的可能性，最终的决定权一定在小组成员，所以反馈是引发反思，但不是强制式的。例如：刚才我听到你说……，你背后的假设是……。

原则四：及时反馈

反馈要及时，但又不能太唐突。最好的时机是一部分内容相对完整地表达完成

时，针对这部分内容做反馈。同时，反馈也不能太多，否则对方的发言就显得支离破碎，也打击发言人的积极性。

原则五：指向对方行为可以改变的地方

反馈的目的是强化好的行为，改进不好的行为，指向更有效的方向。因此，反馈必须针对对方能够改变的行为。

- 无效反馈：你的个性太强，能反思一下你的个性问题吗？
- 有效反馈：我刚才注意到你有三次打断了别人的发言，导致他们没能完整地表述自己的观点，降低了谈话的有效性，能反思一下这个行为背后的心智模式吗？或者说，如果耐心倾听对方的发言，您最担心的是什么？

原则六：考虑对方的需要和内心感受

反馈要有同理心(移情，设身处地为对方着想)，把握对方的需要，了解对方的感受，以对方最能接受的方式进行，这样能够强化反馈的效果。具体做法可以采用"先跟后带"方式，即顺应对方的感受，再提出你的反馈意见。例如：我刚才听到你说了很多你的领导如何不公平地对待你的问题，遇到这样的事确实令人感到沮丧，如果换个视角，从你自身的角度来看有没有其他可能的原因？

原则七：核实对方对反馈的理解及感受

反馈要引发对方心智模式反思和行为改变，就必须确认对方是否准确地理解了你反馈的意思并能够接纳这样的反馈。但一般不直接问"你明白我的意思吗？""你理解了吗？"而是通过比较委婉的方式。例如：

- 你感觉呢？
- 你觉得对你是否有帮助呢？

原则八：如对方有防御和抵触情绪，简单陈述而不争辩

当对方对你的反馈存在抵触情绪时，只是简单陈述你看到的东西，提出可能的负面影响。不要与对方争辩。有些人认为接受反馈是示弱的行为，因此不愿意当众接受反馈。对于这样的人有以下策略：

- 反馈时先多肯定对方好的方面；
- 通过问题促动对方思考而不是直接反馈；
- 会后进行个别交流，单独反馈；

- 强调反馈是促进研讨效果的非常重要的行为。

14.4.2 个人反馈八步骤：反馈盲点，转变行为

当行动学习小组中的个体行为影响到小组整体的效能时，行动学习促动师可以通过以下八个步骤对其做出反馈，帮助其看到行为盲点，并反思行为背后的心智模式，促成转变发生，提升效能。

步骤一：反馈前征求意见

在反馈前征求意见，让组员告诉你现在是否是反馈的好时机，以确保他们能够集中注意力听你的反馈。同时，征求意见也是你要进行反馈的信号。例如：

我想暂停一下我们的讨论，给大家一些反馈，可以吗？

步骤二：描述你观察到的事实

清晰而且具体地描述你观察到的事实，不能泛泛而谈、夸张或带有情绪。例如：

在过去的30分钟内，您有三次叫停了其他小组成员的发言，然后发表了自己的看法，您本人注意到了吗？

步骤三：反思行为造成的直接后果

引导对方思考他的行为给整个团队动力或者课题解决带来的影响，尽量让学员自己进行反思。例如：

您有没有注意到，您打断其他小组成员的发言，对整个小组的研讨造成了哪些影响？

步骤四：听取其他人的想法

让其他小组成员谈他们的感受和想法，以促进对方更好地觉察自己行为造成的后果。例如：

对于他刚才打断别人发言，大家有什么看法和感受？被打断的小组成员能谈谈感受吗？

步骤五：反思行为背后的心智模式

让对方反思这样的行为模式是否反复出现，是否对其工作和生活产生了负面的

影响，他是否想反思其背后的心智模式并做出改变。对方可以选择现场反思，也可以选择离场后反思。例如：

这个行为模式在其他场合会出现吗？您愿意对这个行为背后的心智模式做出反思吗？您希望现场反思还是离场后反思？

如果现场反思，则继续提问：

能反思一下你打断其他人发言背后的意图或假设吗？如果让其他人把话讲完，您最担心什么？

步骤六：思考如何做出改变

确认其心智模式的反思成果，让其思考如何转变。例如：

你已经觉察到自己行为背后的心智模式，这个心智模式能够解释您的行为吗？什么样的心智模式在当下是更有效的？

步骤七：促成行动

提示对方基于新的心智模式应该如何行动。例如：

- 基于新的认识(心智模式)，再遇到这样的情形，你准备采取什么行动？
- 你准备从什么时候开始采取这个行动？你会如何在工作中体现你的新认识？

步骤八：跟进

确保你的反馈能够产生实际的效果，能够促进对方行为的转变，不再重复同样的错误。例如：

在下面的研讨过程中，看看您是否表现出新的行为，您愿意接受大家的集体监督和反馈吗？

14.4.3 团队反馈八步骤：反思心智，转变范式

当行动学习团队出现集体行为无效时，促动师可以即时介入，通过八个步骤的提问引导，让大家反思无效行为背后的心智模式，并促成转变。

步骤一：反馈前征求意见

征求意见可以让组员告诉你现在是否是反馈的好时机，以确保他们能够集中注意力听你的反馈。同时，征求意见也是你要进行反馈的信号。例如：

我想暂停一下我们的讨论，给团队整体做一个反馈，可以吗？

步骤二：描述你观察到的事实

清晰而且具体地描述你观察到的事实，不能泛泛而谈、夸张或带有情绪。例如：

我们现在罗列的所有原因，基本上都是描述其他部门如何不配合我们工作的，大家注意到了吗？

步骤三：反思行为造成的直接后果

引导团队思考他们的行为给问题解决带来的影响。例如：

如果我们只是看到其他部门的不配合，而不分析自己在这个过程中的责任，会带来什么结果？

步骤四：反思此模式在工作中的表现

让团队反思在日常工作中他们是否也有类似的行为，其结果是什么。例如：

我们在日常工作中是否也有类似的行为模式？带来的后果是什么？

步骤五：反思行为背后的心智模式

让团队反思行为背后的心智模式。例如：

能反思一下这个行为背后的意图或假设吗？这是一个什么样的心智模式呢？在这个问题上，什么才是最理想的行为？如果表现出理想的行为，我们最担心什么？

步骤六：思考如何做出改变

确认团队心智模式的反思成果，让团队思考如何转变。例如：

我们已经觉察到自己行为背后的心智模式，这个心智模式能够解释您的行为吗？什么样的心智模式在当下是更有效的？

步骤七：促成行动

提示基于团队的新的心智模式应该如何行动。例如：

基于新的认识(心智模式)，再遇到这样的情形，我们准备采取什么行动？我们准备从什么时候开始采取这个行动？我们会如何在工作中体现新的心智模式？

步骤八：跟进

确保你的反馈能够产生实际的效果，能够促进团队行为的转变，不再重复同样的错误。例如：

在下面的研讨过程中，看看我们是否表现出新的行为，我们可以相互提醒吗？

14.5 发展性反思

不做深入的哲学探究，借用领导力大师——斯蒂芬·柯维的观点，人可以分为四个部分：身、心、脑、灵，行动学习的发展性反思也是从这四个视角展开的。

人认知外界首先源自身体这个媒介，通过视、听、嗅、味、触五觉对外界的"观察"获得信息，然后信息被传递到我们的"心"和"脑"，心灵对信息产生感受，头脑对信息做出思考，最后灵魂为"感受"和"思考"赋予意义，产生行动"意愿"，指挥行动。

观察、感受、思考、意愿共同促成了人类的行为，所以行动学习的反思就从这四个方面入手。

接下来，我们分别从对解决问题的反思和对小组体验的反思两个视角来了解行动学习过程中，促动师应该如何引导小组成员从这四个方面进行反思，促成转变范式，带来学习发展。

14.5.1　反思解决问题过程，沉淀方法技能

在一次集中会议的开始，促动师可以通过下列问题引导小组成员对前一阶段的行动做出反思。

观察：

- 自从上次会议以来，我们实现了什么？
- 是什么让这些事情发生的？
- 是什么起到了帮助作用？
- 是什么帮助我们学习的？

感受：

- 这段经历给你的感受是什么？
- 什么地方让你感到兴奋？
- 什么地方你觉得受到挫折？
- 最大的吃惊是什么？
- 我们较为困难的是什么？

思考：

- 从这个经历中，你学到了什么？
- 我们如何使事情发生了转变？

意愿：

- 哪些事情我们可以做得更多/更少一些？
- 回到工作之后，你会如何创造类似的机会？

一次研讨会结束时，促动师可以引导小组对解决问题的过程从四个层面进行反思，可以先由个人填写团队反思表(见表14-1)，然后在大组中分享。

表14-1 团队反思表

观察	感受	思考	意愿
围绕问题解决都发生了什么？	我对解决问题的感受是什么？	现在我如何看待我们的课题？	我下一步打算怎么做？

14.5.2 反思集体行为模式，发展团队效能

行动学习的课题是挑战性难题，小组成员之间的相互支持是难题得以攻克的基础，所以瑞文斯称行动学习小组为“逆境中的同盟军”。行动学习促动师要平衡小组的挑战与支持，理想的情况下，我们希望团队能同时具备高支持和高挑战，如图14-5所示。

	低挑战	高挑战
低支持	无效	风险、不安全
高支持	温暖、安全	高绩效

图14-5　挑战/支持矩阵

当然，用瑞文斯的话说，温暖要先于光明。当支持力度不够时，尝试过多的挑战会导致行动学习项目的失败，所以要平衡挑战与支持。

其实对人们最好的支持来自倾听，倾听会让人产生被理解、被认同的感受；最好的挑战来自洞见性提问，洞见性提问会让人停下来反思，并做出改变。所以行动学习促动师要引导小组成员彼此倾听和提问。

有经验的行动学习促动师深知平衡挑战与支持的重要性，在促动时首先就会觉察到这个团队的氛围，是温暖还是冰冷？是有条不紊还是混乱？是坦诚还是防卫？当小组支持度不够时，行动学习促动师要引导小组成员对两个维度进行评分并做出反思，请他们思考当前的小组氛围会导致什么后果，会对工作造成什么影响。

行动学习会议期间，我会让小组成员针对研讨过程中小组成员表现出来的行为进行反馈，以提升团队效能，如表14-2所示。

表14-2　小组行为反馈表

行为	观察	感受	思考	意愿
有效的行为				
无效的行为				
新的公约				

14.6 本章总结：促动——以促进团队成长为落点

“重解决问题，轻学习反思”是不少组织实施行动学习项目时的通病，殊不知，真正的问题解决源自范式转变，而范式转变源自质疑与反思后的成长，脱离人的成长谈问题的解决毫无意义。

所以，行动学习过程把注意力的焦点同时放在人和问题上，促动师的流程专家角色更专注问题的解决，而团队教练的角色则更重视人的成长，而且关注的不仅是个体的成长，更是团队整体的成长，所以团队教练应以团队成长作为落点。

14.7 学习反思：智慧火花，精彩再现

3点收获：本章让我印象最深的三点

____

____

____

2个感悟：此时此刻，我的感受和启发

____

____

____

____

1项行动：我决定用到工作中的一点

____

____

____

____

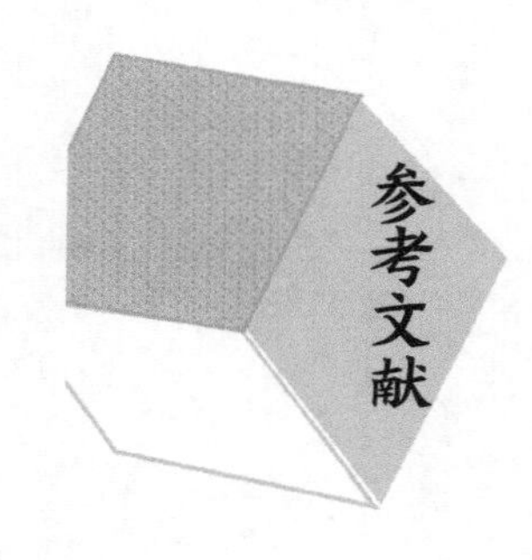

[1] 石鑫. 搞定不确定：行动学习给你答案[M]. 北京：北京联合出版社，2016.

[2] 石鑫. 行动学习成就高绩效团队[M]. 广州：广东经济出版社，2018.

[3] 刘永中. 行动学习使用手册[M]. 北京：北京联合出版公司，2015.